オビシャ文書の世界

関東の村の祭りと記録

水谷類・渡部圭一【編】
Tagui Mizutani
Keiichi Watanabe

岩田書院

まえがき

平成二六年（二〇一四）七月一四日、千葉県市川市史編さん事業の一環で同市の宮久保にある日蓮宗寺院所願《しょがん》寺を訪れた。市川歴史博物館がかつて調査したことのあるオビシャ祭祀関係文書の目録の存在を知り、現状を確認したいとお願いしての訪問であった。

それまでオビシャ関係の文書というものをほとんど知らなかった私たちは、とりあえずみておこうというほどの気持ちでその文書を拝見することになった。お札のような状ものと、それを包んだ包紙が、前回の博物館の調査により封筒に整理されている。ひとつひとつ取り出していくうち、私たちの目はその独特な文書の姿に釘付けになった。

もっとも古い年号は正保四年（一六四七）丁亥正月一五日で、表題には「三宝御奉謝之人数日記」とある。さすがに三五〇年以上経っているだけあって、紙は変色しているが、筆の運びはしっかりしている。まだ近世文書独特の御家流に染まっておらず、中世のかおりさえ漂う在地性豊かな文書であった。

オビシャ文書、オニッキとの出会いはこうして始まったが、その後、わずか二年ほどで、宮久保に匹敵するオニッキをいくつも発見することができた。つまり、この分野はまったくと言ってよいほどの手つかずだったことが判明した。千葉県の東部、多古町の次浦は、今でも私たちのなかで、奇跡の村落であり続けている。水谷類の論考で取り上げているように、慶長・元和年間から書き継がれたオニッキをふたつも伝えていた村だからである。同じく金子祥之が詳細に調査した千葉県の栄町酒直のオビシャ儀礼は、重層的なオビシャの組織や文書を使った儀礼の充実ぶりに驚くべきものがある。

さらに内田幸彦が紹介する埼玉県のオビシャの事例は、この行事の関東地方での広がりや多様性を示すために、どうしても目配りが必要な存在である。最後の渡部圭一の論考は、オビシャ論を、今はやや停滞気味の村落祭祀研究の突破口とするための試論である。中世の宮座研究以外に目立った成果のない村落祭祀研究に対し、オビシャとオニッキの研究はいかに貢献できるか、模索してみようと思っている。

茨城県稲敷市域とその周辺には、まだまだ未知のオビシャ文書が豊富に保存されている。今回取り上げた稲敷市羽賀のオビシャとオニッキの情報量は群を抜いており、掘り起こしかたによってはまだまだ貴重な成果が生まれるに違いない。埼玉県越谷市の越巻稲荷神社の産社祭礼帳、東京都板橋区の茂呂稲荷神社の御毘沙台帖などにも、それぞれ独自の存在感がある。今はまず情報を共有することに意義を見出そうと考え、シンプルな解題を掲載することにした。

とにかく、少しでも早く調査しなくてはならない、オニッキの可能性を多くの研究者に知らせなくてはならない、と私たちは覚悟した。わずかな成果にもかかわらず本書を刊行することには時期尚早との誹りもあるだろうが、それはオニッキに出会ってしまった私たちのミッションだと理解している。さらに本書には収まりきらない量のオニッキの翻刻テキストがあるが、それらについては近いうちに別の方法で公にするつもりである。ご期待いただきたい。

水谷　類
渡部圭一

『オビシャ文書の世界―関東の村の祭りと記録』目次

《資料編》

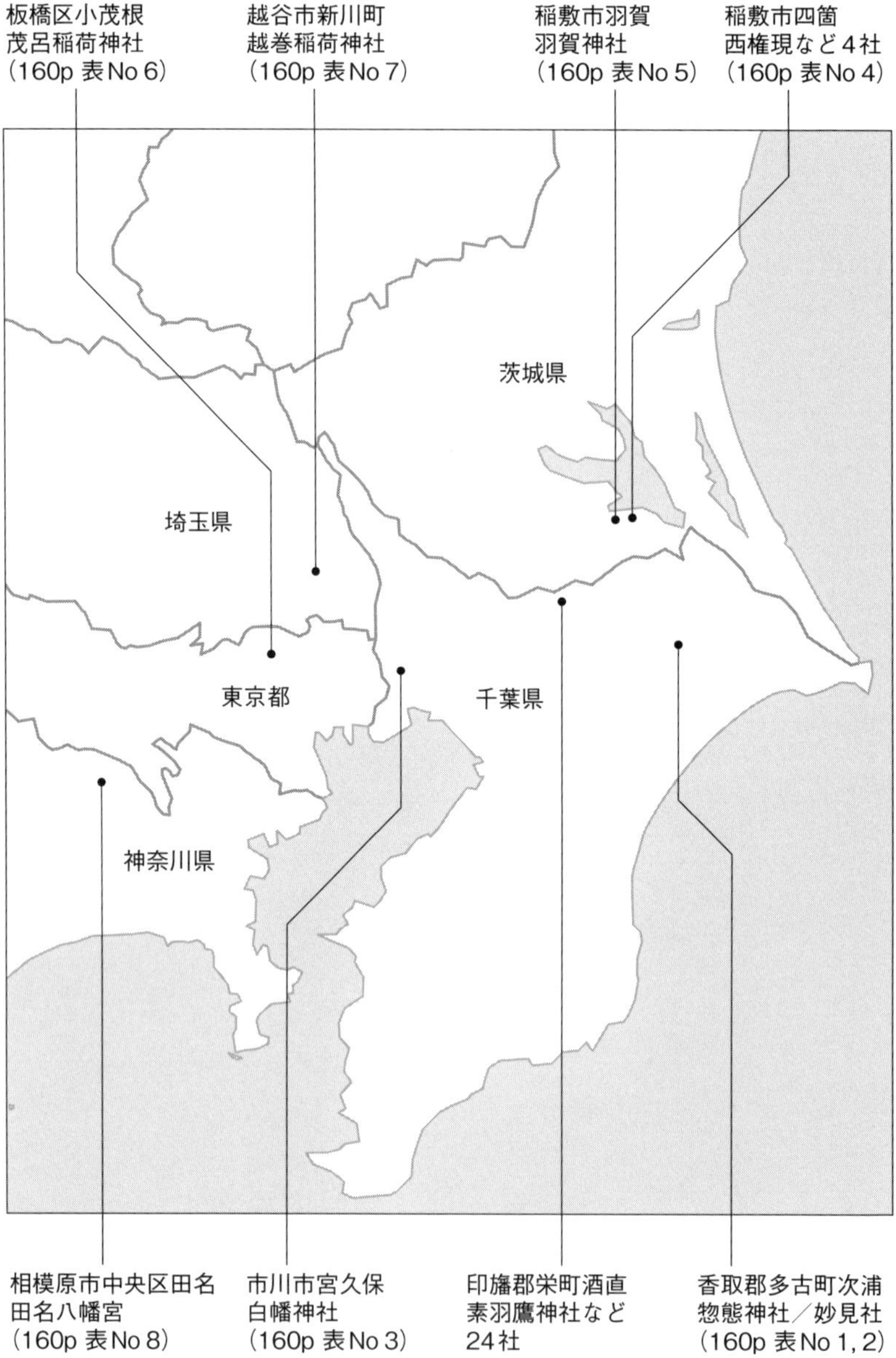

本書でとりあげた「オビシャ行事」実施地区

論考編

村の祭り研究の新しい地平
―オビシャ文書の世界　序論―

水谷　類

はじめに―歩射とオビシャ―

一万年以上前の新石器時代から、人類は石鏃や骨鏃を作って、弓矢で狩猟や漁労にいそしんできた。動物に対する道具というばかりではない。人と人、集団と集団との争い、すなわち戦さにも、つねに最前線で弓矢が用いられてきた。火薬による銃器が発明される一三世紀までは、最も一般的で強力な武器として、弓矢は人類共通の道具であった。

そのことを思えば、弓を射る競技または祭儀の起源を問うことそれ自体、あまりにも愚問と言うべきだろう。より多くの動物を捕え、また戦場で手柄を立てるため、人びとは弓射の腕を日々磨いてきたはずである。それが競技となり、当然の成り行きで神をも喜ばせる神事芸能となる。弓射は、戦争の武器や狩猟以外にも、早くから信仰的な意味を持った行事として世界中で行われてきた。日本列島で暮らしてきた人びとにとっても、それは変わりなかったはずである。

南関東にオビシャと呼ばれる行事の多いことはよく知られている。オビシャはオブシャ・ホシャ・ブシャ・ビシャ・ピシャなど、オビシャの語の元となったとされている歩射の字義から離れて、武射・舞射・奉社・奉謝・毘社・産社などさまざまな呼び名、あるいは文字表現で長い間伝承されてきた。文字表現の多様性自体、オビシャが多様な地域性と歴史性を帯びて伝習されてきたことの証しでもあろう。

むろん弓射の行事として知られるのはオビシャだけに止まらない。関東から全国に視野を広げれば、他にもオマト（御的）・マトイ（的射）、ケチン・ケチ（結鎮）、モモテ（百手）などがあり、流鏑馬なども同じく弓で的を射る行事である。それほど日本では、弓射の行事が多かった。

流鏑馬は馬に乗って的を射る騎射の一種であるが、これに対してブシャまたはオビシャは、射手が地上に立って的を射る歩射のこととされている。柳田国男は関東のオビシャを「たいてい春季耕耘の開始に先立って、年を祈りまた世の中の善悪をトせんために、弓を射て神意を伺おうとした式」とし（柳田　一九四三）、『日本の祭り』の「神幸と神態」では「関東その他の旧い御社の祭りの名に、備射祭だの奉謝祭などゝ書くものも、元は騎射に対する歩射の祭であった。……千葉茨城の二県などで、春の始めのオビシャといふ集会の如きは、今日はもはや弓を射る式ですらもない」（柳田　一九五六）と述べて以来、本来オビシャは歩射であるという説が定説化した。その後、『日本民俗事典』（大塚民俗学会編　一九七二）では「弓神事」の項目で「弓で的を射ることによって、神意のいかにあるかを占う神事」（直江広治）とされ、武士的な流鏑馬よりも歩射の方が一段と古い庶民の行事であったろうとする説が一般的になっている。

一方、鈴木棠三の『日本年中行事辞典』（鈴木　一九七七）では、「歩射神事（ぶしゃしんじ）」で小正月前後に、東海地方よりも西の各地で行われる弓射を伴う神事を紹介し、熱田神宮の歩射神事が宮中の歩射と連動して年占を行っている例などを挙げている。それとは別に、関東の行事として「備謝祭（びしゃさい）」を挙げ、村々で講や組に分かれて当番宅に行き、盛大に酒宴を催行する村の行事としている。

これまでの研究で、弓射を伴う儀礼は西日本から東日本にブシャ・オビシャの名で万遍なく分布していることが知られているが、特に関東平野の南部、千葉県と茨城県・埼玉県には密集してオビシャと呼ばれる村落祭祀が伝承されてきた。その歴史的・地域的特殊性について、弓射儀礼の歴史を遡りつつ考えてみたい。

一　古代の弓射儀礼

弓で的を射る弓射の儀礼または競技・娯楽は一年中行われるけれども、正月や小正月、または年の初めを意識した行事として行われることが多い。それも日本の東西くまなく行われていて、行事名や目的も実にさまざまである。正月に弓射儀礼が行われるのは、この行事がもともと宮中での行事として七世紀以来行われてきたことによると思われる。

天智天皇九年（六七〇）正月朔辛巳に「士大夫等ニ詔シテ、大イニ宮門内ニテ弓射ル」（『日本書紀』）とあるのが、宮中における正月の「大射」の初見である。この時は正月朔日のようだが、その後はおおむね正月一五日または一七日であった。二番目の射礼の記事である天武紀五年（六七六）では「乙卯。禄ヲ置キテ、西門の庭ニオイテ射（ウコナヘ）ス。的ニ中《ィ》タルヒトニハ、則禄ヲ給フ事差有リ。コノ日天皇嶋ノ宮ニ御シテ宴ス」（原漢文、断りのない限り以下同じ）とある。また『令義解』雑令にも「凡大射ハ正月中旬、親王以下、初位以上、皆射ル、其儀式及ビ禄、別式ニ従フ」とある。

ここでは的を置いて、当たった者には禄を賜ったとあり、神事というよりは競技的な儀礼であった。もちろん正月という決まった季節に行うこと自体に、信仰的側面、おそらくは年の初め、季節の代わり端に悪鬼・邪気を追い払うという信仰的な意味があったことは否定できない。しかし、その時代時代の人びとの嗜好性や価値観などによって、行事の意味は変化するので、いつまでも同じ信仰的な意味が後世まで通用するとは限らない。その後も長く内裏の豊楽院（または建礼門）での大射を天皇が叡覧する、いわゆる射礼が恒例となったが、中世には途絶えていった。

古代の弓射に関することと言えばもうひとつ、宮中・中央の大射に対して、地方での弓射習俗の存在を思わせるのが『風土記』に登場する「的《いくわ》の餅」伝説と呼ばれる説話である。『風土記』にはあわせて三話、収録されている。

そのひとつが有名な『山城国風土記』逸文の「伊奈利社」の伝承で、秦君伊呂具が富み栄えたあげく、稲の餅を的にして矢で射たところ、的の餅は白い鳥になって山の上に飛んで行ってしまったという。よく似た説話が『豊後国風土記』逸文にあり、そこでも富み栄えた人が餅を的にして射たところ白い鳥になって飛び去り、やがてその人は勢いが衰えて、土地も虚しき野になってしまったという。

弓射が遊びとして、当時広く行われていたことを表すとともに、大切な餅を疎かにしたがゆえに、富の象徴としての稲の餅が白い鳥になって飛び去ってしまったという、一種の教訓譚のように説話は展開している。

この説話に対して、白い鳥は稲の霊＝稲魂を表し、的に用いたゆえに福が失われてしまったという解釈が、折口信夫〔折口　一九三〇〕や柳田国男〔柳田　一九三四〕によって唱えられて以来、国文学の分野では定説化してきた。しかし孔子の『礼記』巻六二「射義」に「発して正鵠を失はず」の語があるように、古代中国で用いた弓射の的には白鳥（鵠は白鳥のこと）や鳥の眼を描くのが普通で、『風土記』の的餅伝承は作者の漢籍の知識に基づいたものだったと考えるのが妥当だろう。つまり白い鳥を穀霊信仰の現れとする民俗学的な信仰起源論的解釈は再考を要する〔山田　二〇一四〕。

古くから中国で射義は男子の大事な徳分のひとつとされ、先の『礼記』によると、天子が諸侯・群臣を集めて行う大射礼の他に、地方の郷士らが集って郷ごとに行う郷射のあったことが記されている。そこでは射礼の前に必ず酒宴を開くという「郷飲酒礼」の習俗のあったことが述べられてもおり、それだけで比較すると関東のオビシャが酒礼を重んじることにあまりにも通じていることに驚かされる。それはさておき、もともとこの「郷飲酒礼」の記述は日本古代の『令』の「春時祭田」条の元になったもので、その解説書『令集解』にも「春時祭田」には、儒教的な長幼を重んじる村祭の原則が述べられている。『風土記』の弓射儀礼に関する記述も、『礼記』の記述の影響下にあったと考えざるを得ない。

つまり『風土記』の成立した八世紀前半に村落レベルで弓射儀礼をやっていなかったとまでは断言できないにしても、的の餅説話をもとにして、古代日本の弓射儀礼の様態を論ずるのは、いささか問題があると言わざるを得ない。

管見の限り、「歩射」の語は『延喜式』木工寮と春宮坊条に見えるのが早い例である。木工寮では雑作の項目中に騎射的と歩射的が挙げられている。また春宮坊の射礼条に「凡正月十七日射礼《シャライ》節。東宮参豊楽院。歩射射手帯刀十人、末額脛巾ニ着ス」とある。春宮坊職員が歩射の射手を勤仕したのであろう。『和名抄』では「歩射　カチユミ」と和訓があり、騎射に対して地に立って矢を射る弓射の技を指す言葉であった。中澤克昭は一一世紀前半ごろの藤原明衡作『新猿楽記』の「中君の夫」に関する記述に「中君夫、天下第一武者也、合戦・夜討・馳射・待射・照射・歩射・騎射・笠懸・流鏑馬・八的・三三丸・手挟等上手也」とあって、歩射が実践的な弓射の技のひとつであることを示した。その上で、宮中の弓矢行事のうち、正月の射礼は歩射で、五月の手結が騎射であったと指摘している〔中澤　一九九九〕。

中世までの弓射儀礼の歴史的展開は、中国文化の影響を受けて始まった宮中儀礼が、武家から民間にまで伝播してやがて室町期ごろには村の神社での儀礼として、全国各地に広がったものと考えてよかろう。

萩原法子は、関東に多い三本足の烏の的を射るオビシャ行事を、中国古代の一〇の太陽を射る射日神話に基づく儀礼とする説を提示し、注目された。これも日本の弓射習俗のルーツを中国大陸に求める説である。しかし、重要な論点の多くが現行行事からの推論に依拠していて、歴史資料的には限界があると言わざるを得ない〔萩原　一九九三、一九九九〕。

ちなみに本書では、オビシャをはじめとする弓射儀礼の信仰的な意味について、あえて論及していない。オビシャ儀礼の信仰的意味については、時代ごと、社会ごとの価値観や信仰世界のあり方に左右されているから、源流論にはあまり意味がないと考えるからである。オビシャ信仰の源流論はひとまずおき、研究の課題を村落祭祀の側面に焦点を絞っておきたい。

二　歩射と奉射

宮中や武家の儀礼としてではなく、村々の神事としてのブシャ・オビシャは、いつごろから見られるようになるのだろうか。永仁四年(一二九六)「筑後国玉垂宮大善寺仏神事注文」(隈文書。『鎌倉遺文』一九二三八)に「(正月)十五日御供　是友村十七日歩射御供米　已上同」とある。また信濃の諏訪大社の縁起『諏方大明神絵詞』(延文元年〈一三五六〉成立)正月一七日条に「歩射ノ神事アリ」、三月卯日射礼条に「歩射」の語が見え、同じく諏訪神社上社の『年内神事次第旧記』(『諏訪史料叢書』)には、正月一七日に「ふしゃあるべし」「武射相撲在之」とある。すでに鎌倉南北朝期には、東西問わず全国的な儀礼の名称になっていたことがわかる。諏訪の場合は、相撲とセットになっていることから、射礼の伝統を引いた芸能・競技としての弓射の側面が強かったと思われる。

後北条氏支配下にあった相模国六所宮でも、天文一三年(一五四四)「北条氏朱印状写」(大磯町近藤栄氏所蔵文書。『大磯町史』)に「武射祭」の費用として三〇〇文が充てられている。六所宮は相模国惣社で、国衙の伝統的な行事を継承する立場にあった。この時期の史料が少ない関東の事例として貴重である。少なくとも、中世の歩射または武射と、近世のブシャ・オビシャとをつなぐ数少ない事例である。

中世後半、東西問わず、地方でもさかんに行われるようになっていった弓射行事に対し、その信仰的な意味を付与する言説が登場してくる。

甲斐武田氏の武芸書『武田射礼日記』（文明一二年〈一四八〇〉・武田元長）に「夫射礼者、公家武家トモニ用フル事久シ。毎年正月十七日大内弓場殿ニ於テ。羽林ノ器用ヲ撰テ。是ヲ行ハル、間。木工的ヲ懸ク。……今ハ併武家為嘉例行所也。歩射ハ根本神社ノ礼トシテ。酒饗ヲ備へ。神事ヲ成ト見ヘタリ。是偏ニ国家ヲ治メ。魔障ヲ退クル祭礼ナリ」として、もともとは宮中の儀礼として行われていたものが、特に源頼朝による文治五年（一一八九）正月二日の射礼以後、武家の伝統行事となってきたことを物語る。武家の行事とともに、室町期にはすでに関東の村々の神社で「歩射」が、酒宴を伴った神事として、当然のごとく行われていたことを推測せしめる。「酒饗ヲ備へ」とあるところなどは、現在のオビシャで酒宴が特に重視されていることと無関係とは思われない。

この時代、歩射の行事には、国家の治安を願うとともに、魔障を退けるという目的があることも、当時の庶民生活の指南書とも言うべき陰陽道系テキストに強調されている。

『旅宿問答』（永正四年〈一五〇七〉）に「正月舞射トテ所々ノ神仕射的ヲ魔王ノ眼ヲ抜出シ。射表相也。年縄引事ハ為防彼。暮楯杜用事ハ魔王ノ舌ノ意。為与短命ヲ以テ千秋万歳ノ松祝之。為障衆生七魂。以七草餓之。為被五臓ノ以五穀ノ粥ヲ調之」とあって、所々の神社で行われているブシャ（舞射）の的は、魔王の眼を射る意であるとしている。こうした僻邪の思想については、すでに陰陽道の教説とされる南北朝期から室町初期ごろまでに成立した『簠簋内伝』にも、五節祭礼には牛頭天王と蘇民将来の伝説に基づいた言説で「総じて蹴鞠は（巨旦の）頭、的は眼、門松ハ墓験（標）」などとなっていて、直接書かれてはいないが、正月の弓射儀礼（歩射）の的には巨旦《こたん》将来の眼を射る意味があると言っている。先の『武田射礼日記』などと同様、『旅宿問答』は関東圏での著作であり、中世の歩射儀礼は、すでに関東各地の神社の正月行事として、室町期には定着していたといってよいだろう。

歩射と騎射の区別はもとより、歩射と奉射にもはっきりとした区別が、民間においてすでになされていた。一八世紀前半に作られた『書言字考節用集』には「奉射的」について「伝云、貞観十二年、都良香亭に於いて、菅三張行スル所テヘリ、是事、太平記ニ見ユ」として、歩射ではなく奉射は菅原道真が初めて行ったと言っている。その少し後に刊行された『倭訓栞』では、「ぶしゃまと」として「奉射的と書り、菅三より始まるといひ伝へり、専ら神前の射礼を称すとおもへり、神前のみならず、馬上ならずして礼式を備て射を歩射といふ、延喜式にも歩射、騎射とならべいへり、又弓始めは正月四日、ぶしやは十七日ともいへり」とある。

江戸中期の文人たちは、歩射と奉射とをはっきりと区別していた。奉射的は神前での射礼のことで、歩射とは違うとしている。また江戸末期の故実家伊勢貞丈もその著『貞丈雑記』武芸部のなかで「奉射(ブシャ)と云は、神事に大的を射るを云、射手五人也、歩射とは別也」「奉射の二字、イタテマツルとよみて、神前にて大的を射て、神に手向奉るを云也」としている。歩射はあくまで騎射に対する歩射(かちゆみ)のことであり、神前で神事として大的を射るのが奉射であるとしている。ブシャは歩射であろうと推測した柳田の説は、すでに江戸中期に否定されていたのである。

三　村の祭りを担う人びと

歩射を伴う儀礼のなかでも、史料上の豊富な所見があるのが近畿地方の「結鎮」(けっちん・けちん・けち)である。大和国下田村・鹿島神社(奈良県香芝市)の結鎮座の入衆記録や、河内国中村・桜井神社(大阪府堺市)の結鎮頭役の記録など、著名な事例が少なくない。

近年の薗部寿樹の論考によって、中世後期の畿内・近国の結鎮とその主体が明らかにされている。薗部が取り上げる近江国蒲生郡得珍保今堀郷（滋賀県東近江市）では、一四世紀後半には早くも惣村による組織的な結鎮が行われていた。当時の今堀には東西の二座があり、村人はそのいずれかに出仕し、順に頭役を勤める仕組みであった。正月四日に行われていた結鎮儀礼はその頭役の一つで、勤仕の際、頭人には「結鎮直物」と呼ばれる経済負担も課されていたという〔薗部 二〇一二〕。

こうした宮座と結鎮の繋がりは、民俗事例のなかでも明確である。たとえば宮座研究の古典というべき肥後和男『宮座の研究』〔肥後 一九七〇〕は、近畿一円の歩射儀礼に紙幅を割いている。もちろん網羅的ではないが、傾向をつかむのにはよいので、該当する部分を抜き出してみよう（表1）。

彩り豊かな儀礼の内容に加え、近畿地方に特有の祭祀組織の複雑さが、特に射礼の担い手に表出している点が注目される。結論から述べると、ここでは年齢順または入座順を基準とした、いわゆる長老組織が大きな役割を果たしている。

たとえば大阪府や奈良県の事例にみえる「おとな」や「一老」は、年齢上位の者が構成する長老組織とその最高齢者を意味する民俗語彙である。年番神主（あるいはたんに神主）とあるのが、一般に長老組織から選出され神事を主宰する者であることも、多言を要さないであろう。近江の事例には「社守」も散見するが、肥後の記述によれば、その多くはやはり年番神主を意味している。このほか当屋が射手となる場合があるが、それもしばしば年齢の順に選出される役である。

一般に現行の民俗事例を安易に中世後期と結び付けることには二重三重の誤謬を生む可能性がある。とはいえ広く地域特性という観点でみれば、惣村で高度に発達した臈次階梯制という背景を抜きにして、今日の近畿地方の長老組

390	大	三島郡	高槻町成合	春日神社	一月十日に山の神と云つて弓を引く。おとな九人の中の二三人が引くので「ヤーホイ、ソチヤモチナイカイ」などといふかけ声をする。
391	大	三島郡	高槻町原	八阪神社	弓引があるが、これは四月の例祭に行はれる。これも大綱を作りそれに的をかけてするのであるが、その形は島本村のに共通である。
391	大	北河内郡	山田村田口	山田神社	座人は正月に藁を出すと一老がこれを大縄として三日に境内にかけた(中略)これを射るのは三日で、射手は年番神主である。彼は元日より釜・衣類を別にし斎戒し、当日は四位の服装をして弓を引く。(後略)
391	大	中河内郡	天野村小山田	住吉神社	正月二日弓引神事があり、座人の有志互に競射をなすので、的は馬場にかける。(後略)
391	大	中河内郡	堅上村青谷	金山彦神社	一月十三日に境内で弓引を行つたが、その的には鬼の像を画き、八人衆は各一矢づゝこれを射たといふが明治初年に廃止となつた。
391	大	布施市	長田	長田神社	この十三日に弓の神事があつたことが記録に見える。それによつて南北両座に神主があつたことや、この御弓の日に座が開かれたことを知る。(後略)
392	奈	奈良市	奈良坂町	奈良豆比古神社	一月五日に弓始めがあつた。(中略)半紙一帖で的を作り梅のづあへの弓に女良竹の矢で射礼を行つたのである。莚は射手の席である。(後略)
392	奈	添上郡	帯解町柴屋	八坂神社	一月十六日に「ひきめ祭」あり、弓始めのことである。前日の十五日にとんどがあり一老はその灰を保存し、それで墨汁を作り、去年の稲穂で筆を作り、それを以て的に鬼の字を五ツ書く、(後略)
393	奈	生駒郡	南生駒村壱分	伊古馬都比古神社	(前略)この射礼は今も旧正月十六日に行はれ、的は一寸しやもじの形に似てゐて鬼といふ字を中央に書く。射手は一老で竹の弓に女竹の矢を用ひる。(後略)
394	奈	宇陀郡	御杖村菅生	四社神社	旧正月五日に弓祭がある。(中略)今は簡略になつて神職が東西南北を射て悪魔払をしたといふが今は何もしない。(後略)
404	奈	山辺郡	二階堂村荒蒔	勝手神社	毎年一月十二日に勝手神社に於いて「けいちん」が行はれるが、神社の後方にある丘の上に一本の棒を立てる。そのさきに直径尺余中央に鬼といふ字を書いたる的をつける。(中略)やがて神職が来て当屋が準備した柳の弓を以て竹の矢十二本を射るが、的との距離は僅に二三間である。この間座衆は傍にあつて、これを拝見する。これも以前は座の一老が勤めたのであつた。(後略)
405	奈	磯城郡	初瀬町吉隠	天満神社	旧正月八日に結鎮が行はれてゐる(中略)又四角の竹框に半紙一枚を張つて的とし鬼の字を書き、五尺程の竹につけ当屋の庭前に設けられた弓場に立てる。午後二時頃座衆全部当屋に集合すると、極楽寺の和尚が来つて的に対し五尺程のところから弓をひく。初めは的の四隅を射、後に鬼の字面を射る。(後略)
405	奈	磯城郡	川東村北阪手	八坂神社	旧正月二十日午後行はれ、そこではげちん(華鎮)と称してゐるが、これに当るものは五人組と称する若者達であることは注目すべきで、これは他の例に見る座入の意味をもつものと考へられる。(後略)

肥後和男『宮座の研究』〔肥後 1970〕により渡部圭一作成。

「県」欄は滋賀県・大阪府・奈良県の頭文字を示す。長老組織に関連する部分を下線で示す。

表1　『宮座の研究』における近畿地方の「結鎮」記述一覧

ページ	県	市郡	地区	神社	内　容
385	滋	大津市	山中	樹下神社	正月十五日の射礼がある。それは当番六人があり、年に二人宛交代するがその新入者が射手となり、他の四人は先輩として指導の任に当る。社守がその外にあつて、それがこの日射場の設備をする。（中略）射ることは二本づゝ三度である。（後略）
386	滋	蒲生郡	鏡山村橋本	左右神社	一月二十三日に「弓の行ひ」あり。境内の一隅に木の柱を三本立てそれに横木を渡し、荒薦を二枚ならべて吊りそこに太縄を結び垂れ、更にその上に的をかける。（中略）この的を射るものは社守と座の末席のもの、即ち新入者である。（中略）その後、拝殿に蓆を敷き一同列座し盃事あり。（後略）
387	滋	蒲生郡	市辺村西市辺	若宮神社	一月七日の座に弓の神事を伴つてゐる。拝殿での座の式があつたのち、社務所の前にこれを行ふ。それはやはり二本の木を立て柱とし、それに薦をつつてそれに的をかける。（中略）射手は神主と神事当屋で、始めは座したまゝ各一本を射、ついで立ち上つて又一本を放つ。（後略）
387	滋	蒲生郡	市辺村	三所神社	正月五日にこのことがあり、松をたて、それに的をもたれかけさせ（中略）さて的を射るのは昔はおとなと神主であつたが、今は氏子惣代の一人と社守で（後略）
387	滋	蒲生郡	平田村下羽田	劒神社	正月五日に弓の神事あり。径二尺ほどの的をかけ（中略）射手は今は区長と社守である。（後略）
387	滋	蒲生郡	中野村中野	中野神社	正月五日に同様な弓の神事がある。的は薦吊り、（中略）射手は宮守と翌年の神事当番である。
388	滋	蒲生郡	中野村今堀	日吉神社	（前略）一月四日に御祈祷があつてその後弓を引くのであるが、やはり竹を二本立てその間にむしろを吊り的をつける（後略）
388	滋	蒲生郡	朝日野村下麻生	山部神社	一月五日に弓引あり。（中略）的は径三尺でやはり俵二枚をひろげてつるし、それにさげる。翌五日早朝おとな全部と堂付のもの二名、それに新旧の年番神主が出仕する。射手は神主でまづ旧神主が始める。（中略）新神主もこれに倣ふ。（後略）
389	滋	愛知郡	角井村大萩	白鬚神社	一月八日に弓の神事がある。ここでは男は廿五歳にして若衆を了り「イチンド」（内人）といふものになるが、この年始てイチンドになるもの二人がその頭人となる。（中略）頭人二人は当日舞鶴の素襖に大烏帽子を着け、神社に赴きて祭典に列するがその間に席をはづし的場に行きて弓を引く。この時的場には若衆が列座し矢を整へる。（後略）
408	滋	愛知郡	豊椋村池尻	豊国神社	御家知座なるものがある。（中略）古来一定の順序に従て二人の頭人が定められ、一年交代である。（中略）主たる行事は一月の射礼で、一月二日に両頭人合同し便宜の方を当屋として長老六人と神職を招待し的をはる。神職はそれに祝詞を奏し一同と神酒を頂く。（中略）了れば射礼を執行する。（後略）
390	大	三島郡	島本村大沢	早尾神社	座がある。正月七日ここに弓引が行はれるが、そのことに当るのは新旧神主で弓はほんものを用ひ、矢は篠で作られる。矢羽は紙である。それを作るのは旧神主で一応神前に供へ祈祷して置く。（後略）
390	大	三島郡	島本村見代	諏訪神社	正月四日の晩に当屋は親類や近所をあるいて手伝を頼み、五日朝に一同集つて大綱を作る。（中略）当屋四人が麻裃でこれを射る（後略）
390	大	三島郡	島本村広瀬	小烏神社	一月八日に同様の行事が行はれる。藁の蛇の長さ五間ばかりのものを作り鳥居に張りわたす。この日の夕方これを射るので射手は一老である。（後略）

織を理解することはできない。つまり近畿地方における結鎮は、中世後期の惣村で形成された臈次階梯制の組織と儀礼に規定されている。と同時に、惣村宮座が畿内・近国以外には形成されなかったことを思えば、そこには畿内・近国とそれ以外という地域差の問題が色濃く出ていることにもなる〔渡部 印刷中〕。

近畿地方以外のブシャとしては、西日本に分布する百手神事や関東地方のオビシャがある。その担い手には不明な部分が少なくないが、薗部が「近世以前にさかのぼるのは難しい」と指摘するように〔薗部 二〇一二〕、畿内近国の臈次階梯制の祭祀組織を背景にもたないことは確かである。

ところで薗部は、東日本の村々のオビシャ儀礼の運営主体を「村組頭役宮座」と称している。これも一応、宮座のひとつと見なしているらしいが、薗部自身も述べる通り文献史料に乏しい上、十分な研究が行われていないのも事実である。

関東での現行のオビシャ儀礼では、村落全体が複数の組に分かれ、ホントウ・ライトウなどと呼ばれる当屋の役割を交替で担当し、その組内においてさらに毎回当屋を担当する家々が順送りされていく場合が多い。祭祀頭役制ならばまだしも、これを宮座と呼ぶのは気が引ける。なんらかの村・組規約によって参加者の平等性原理を担保するのが宮座であるとするならば、少なくとも宮座への参加・不参加の家々の存在と、その社会的な役割・義務・権利の存在について明確にしなくてはなるまい。この点こそが、中世・近世の祭祀文書の少ない関東での宮座研究の難しさの原因となってきた。

本書に収めた二編（多古町次浦・栄町酒直）の論考に詳しく描かれている現行オビシャの主体は、いずれも中世戦国期から近世にかけて、独特な経緯を経て形成されてきた村落社会であり、これを西日本の、中世の惣村宮座やそこから発展、形成されてきた近世宮座と単純に比較すること自体困難である。

南関東のオビシャ行事は、近世幕藩制領主の支配下で形成された地縁的な村や村組を単位とする、重層的な組織に基づく「村の鎮守」祭祀である。現状ではその多くが、村内の複数の村組による一年交替制と、組内の家々による当番制との複合的な当番制で行われている。しかしながら本編で詳述するように、筆者らの調査成果によれば、近世も早い時期のオビシャは村組単位で行われているとは限らず、むしろ村組単位の当屋祭祀への移行はかなり遅れるケースも多い。一律に「村組頭役」と規定してしまうのではなく、こうした祭祀組織が、どのようにして形成され、それを生み出した中近世移行期から近代の村落構造はどのようなものだったかを、史料に基づいて明らかにする必要があろう。その上で、西日本の村落宮座との比較検討は許されるのではないか。

しかし、東日本または関東で、村落社会の祭祀としてのオビシャの運営主体としての村や村組の形成を歴史的に検証するためには、フィールドワークの成果だけでは限界があることは言うまでもない。どうしても史料的・文献的な裏付けが必要だったのである。

四　オニッキの発見

一九九〇年代、一時的とはいえ活発に論議された感のあるオビシャ研究も、現在は一頓挫しているように見受けられる。阿南透は、それまでのオビシャ研究をコンパクトに整理しつつ、いくつかの課題を提示している（阿南 一九九八）。そこで研究課題のひとつとして、「次に（事例の）観察だけでなく文書に基づく研究がもっと出て欲しいと思う。当番の引継の際に受け継がれる帳面には、オビシャの貴重な記録が記載されているはずであり、有効利用すれば、違った角度からのオビシャ論が可能になると思われる」と提案した。

オビシャ行事にしばしばオニッキ（お日記）と呼ばれる書き付けの登場することは、これまでも知られていた。そうした書き付けがない場合は、ただの木箱だったり、宮殿形の小祠だったりすることもある。その箱や小祠のなかには、村人の名前が書かれた書き付けが入れられていることもしばしばあり、それらがオニッキとかニッキ（表面に「日記」と書かれていることもある）と呼ばれている。ここではそれらを「オニッキ」と統一的に呼ぶこととし、これまでの報告から、オニッキに関わる習俗のいくつかを例示してみよう。

利根川の左岸茨城県側には、オニッキを伴うオビシャ儀礼が多数確認されている。福田万里子は稲敷郡金江津（現河内町）の豊富なオビシャの事例を報告している〔福田　一九五四〕。

同町平川集落の水神ビシャでは、区長・区長代理・小使本当の六人が、水神社より「オニッキ（お日記函に収めてある綴本の様なもの）を戴き、本当の家で開き、それを次の当である相当が受け取るとある。オニッキは一枚以上めくってはならないといい、神聖視されている。同じ高岡村の高岡では、神前に飾る島台の近くに御幣・お日記（おびしゃ日記ともいい、高岡の住民の氏名を記したもの。二つ造る）を置く。その前に二人づつ進み出ては神酒を戴き、お日記を取りかわす。これをオツイザ（お対座）といい、女は席に出る事を禁じられている」という。

桜井徳太郎は、茨城県稲敷郡大宮村（現龍ケ崎市）大徳のオビシャでは「この（オビシャの）日は神官を招いて、この一年間に誕生した氏子の氏名を記してもらい、それをオニッキとよばれるお祓い箱の中に収めて神前に安置する。それから祝詞の奏上などが型のごとく進められるのであるが、この氏子名を墨書してあるオニッキが、頭屋渡しの際の最も重要な物件となっている」と注目している〔桜井　一九五五〕。

小川直之は、龍ケ崎市上佐沼の事例を報告しているが、小川によると桜井が「大宮村大徳」として紹介したのは、この上佐沼のことであるとしている。上佐沼のオビシャ当番の引き継ぎで受け渡すものは、「鎮守など集落の神社の分社的なもの」「産子名簿や氏子名簿といった氏子帳」「歩射のトウヤの順番などを記した記録類」「歩射に使う道具類」などがあるという。

小川によれば、上佐沼では神体を入れた箱のことをオニッキと呼び、神体とは氏子の氏名を記録した紙のことである。オビシャの前日、当番の男たちが太鼓を叩きながら村内各戸をめぐり、一年間に新たに生まれた子どもの名前を調べる。これは「産子名簿」であり、家ごとに新しく生まれた子の名前を書いた名簿を作成するのである。当屋の家（ヤド）ではオハコまたはオニッキという木の箱にこの名簿を入れる。オビシャ前日の直会では、オニッキに納められた名簿に新たに記入された子どもの名前が読み上げられるという〔小川　一九九三〕。

千葉県と茨城県との境を流れる利根川の流域に、オニッキを重要な祭儀のご神体として用いるところが実に多く分布しているのである。しかしながらこれまでの調査の多くは、オニッキの中身、つまり当屋の書き継ぎや年代記についてほとんど見向きもしてこなかった。それは民俗学者が文字記録に重きを置かないという悪しき習慣に起因するものであるが、同時にオビシャ文書というものが膨大で、かつ現用文書ゆえの調査の難しさなども手伝っていたものと思われる。

筆者がオニッキを主体とするオビシャ文書に注目するきっかけとなったのは、千葉県市川市宮久保のオニッキに出会った市川市史編さんの民俗調査であった。宮久保にある所願寺で、正保四年（一六四七）から記載の始まるオニッキが確認されたのである。

所願寺文書、正しくは宮久保オビシャ文書は、文書点数が正保四年から昭和六二年（一九八七）までの全二八二点、年欠断簡四四点の合計三二六点である。ところどころ欠年はあるものの、一七世紀半ばから昭和まで、およそ三世紀半にわたる祭祀の当屋の記録が残されていたことは実に驚異的である。そしてそれを可能にしたオビシャの存在は、大きいと言わねばならない。その成果は『市川のオビシャとオビシャ文書』〔市川市史編さん民俗部会オビシャ調査グループ編 二〇一六〕に収められた。

その後、平成二八年（二〇一六）の日本民俗学会年会で、「オビシャ文書の発見―関東近世村落とオビシャ研究の可能性」と題したグループ報告を行った〔水谷ほか 二〇一六〕。本書はこのときの各報告の内容を発展させたものである。これに続き、筆者は千葉歴史学会平成二九年度大会でも報告の機会を得るなど〔水谷 二〇一七a・b〕、オビシャ文書の可能性とオニッキの分析から見えてくる村落祭祀の様相について考えてきた。

所願寺に保存されていた宮久保のオニッキの発見以来、千葉県をはじめとして、茨城・埼玉・東京・神奈川の各都県で、一七世紀初頭にまで遡る事例が次々に発見された。この発見によって、現行のオビシャ行事調査からだけでは見えてこなかったオビシャ儀礼の歴史的重層性が、直接の史料によって明らかになってきたのである。

オビシャのオニッキは、関東地方南部の千葉県・茨城県南部・埼玉県東部に特徴的に存在する。オビシャ儀礼のみならず、祭祀をめぐる近世村落の研究に確実な道を提供してくれることになろう、そう期待している。

おわりに―オビシャ文書オニッキの可能性―

オニッキの分析から期待される課題と可能性について、現時点で想定できるいくつかを列挙してみると、

(1)オニッキは、当屋が一年間、自宅でお守りする記録であるため、これまで近世文書の中心として扱われてきた地《じ》方《かた》文書には含まれず、未知の文書である。

(2)記述の開始の様相や、記載されている当屋の分析などから、村落祭祀に加担する家々、逆に加担しない家々など

の実態を探ることができる。

(3)また当屋の名前以外に、名簿的な記載があるオニッキもあることから、村落祭祀のみならず、村落内の家々の実態を知ることができる。

(4)「もの」として神聖視されるケースや、オニッキを用いた儀礼的パフォーマンスが発達しているなど、これまで知られなかったユニークな文書儀礼の世界に光をあてることができる。

(5)オニッキには村の歴史が年代記のように記述されている場合が多く、気候変動・降雨・洪水・地震などの災害、政治的事件、地域の出来事、怪異記録など、地元の情報伝達条件を反映した独自の年代記となる可能性がある。また、近世中後期から戦前までの米・銭相場の記録が充実している。複数のオニッキの記述を対照することで、地域横断的に村落の新たな歴史を見つけることが可能である。

多くの可能性を秘めたオビシャ文書であるが、現在までに完全翻刻されているオニッキは、まだ一〇点にも満たない。かつては関東南部の村々にそれぞれ複数点のオニッキがあったと想定され、現在も相当数のオニッキがオビシャの当屋の家に眠っている可能性がある。それらを集中的・総合的に調査することで、オニッキが提供してくれる近世村落に関する膨大な情報に接することができるかもしれない。

たとえば宮久保のオニッキは、オビシャを伝承してきた村人が、木箱に入りきれずボロボロになったオニッキを、所願寺に焼却して欲しいと頼んだところ、たまたま同寺住職が惜しいと思って保存していたことが、今日の再発見につながったのである。つまり、オニッキ自体は長年当番が持ち廻ってきたのであるが、古いものから廃棄される運命にあるものも多い。実際、多くが人知れず捨てられてしまったに違いない。それにもかかわらず、慶長・元和・寛永という関東の地方文書としては信じられないような書き継ぎの記録が、わずか二～三年あまりの調査で見出された。

まだまだ村々に残存しているに違いないオビシャ文書を、少しでも多く見つけ出し、関東固有の近世村落祭祀オビシャの根本史料として集成しておかなくてはならないと強く思うのである。

引用文献

阿南　透　一九九八「オビシャ研究史」『野田市史研究』九

市川市史編さん民俗部会オビシャ調査グループ編　二〇一六『市川のオビシャとオビシャ文書』市川市文化振興課

大塚民俗学会編　一九七二『日本民俗事典』弘文堂

小川直之　一九九三「オビシャ」龍ケ崎市史編さん委員会編『龍ケ崎市史　民俗編』龍ケ崎市教育委員会

折口信夫　一九三〇「鬼の話」『折口信夫全集』三

桜井徳太郎　一九五五「氏神の権威―「講」成立の信仰的基盤（一）」『日本民俗学』三（二）

鈴木棠三　一九七七『日本年中行事辞典』角川書店

中澤克昭　一九九九『中世の武力と城郭』吉川弘文館

萩原法子　一九九三「弓神事の原初的意味をさぐる―三本足の烏の的を中心に」『日本民俗学』一九三

一九九九『熊野の太陽信仰と三本足の烏』戎光祥出版

肥後和男　一九七〇『宮座の研究』弘文堂

福田万里子　一九五四「金江津村周辺のビシャ」『史論』二

水谷　類ほか　二〇一六「オビシャ文書の発見―関東近世村落とオビシャ研究の可能性」日本民俗学会平成二八年度年会グループ報告

水谷　類　二〇一七a「祭りの場で四百年間書き継がれてきた村の記録―オビシャ文書の実態と広がり」千葉歴史学会平成二九年度大会報告
水谷　類　二〇一七b「祭りのはじまり　村の歴史―オビシャ文書の発見と課題」『千葉史学』七一
柳田国男　一九四三『神道と民俗学』明世堂書店
一九五六「神幸と神態」『日本の祭』弘文堂書房
一九三四「餅白鳥に化する話」『一目小僧その他』小山書店
山田　純　二〇一四「「餅の的」と連想―『豊後国風土記』田野条の読解を通して」『相模国文』四〇
渡部圭一　印刷中「宮座」吉原健一郎・西海賢二・滝口正哉編『宗教・教育・芸能・地域文化（郷土史体系Ⅵ）』朝倉書店

オビシャと近世の村
―千葉県香取郡多古町次浦―

水谷　類

はじめに―次浦という村―

千葉県は四方が海と大河に囲まれている。東は太平洋、南は東京湾、北は利根川、そして西は江戸川である。県の全体が平坦な台地に覆われ、そのため小さな河川が地面を網目のように削り取り、中小の河川が大河と大海に土を流し込んでいる。台地上から流れ下る河川にそれほど広大な流域面積を持つものはないが、県北東部で一番の川が栗山川である。河川の種別では二級河川だが、延長距離は三八・八キロメートルと比較的長い。かつての大栄町、今は成田市に編入された台地上の片隅から人知れず水源が発し、降り注いだ天水をこまめに集めながら旧栗源町(現香取市)を経て、横芝光町の九十九里浜海岸へと流れて下っている。この川のほぼ中流域にあるのが多古町《たこ》である。

下総台地と海岸との高低差はそれほど大きくないため、全体に流れは激しくない。ちょうど栗源町辺りを出て、多古町次浦《つぎうら》に到達するころ、河川敷が急に広がり始める。そして多古町の南の外れを抜け、横芝光町との境に達するあたりでは、初夏にはまぶしいばかりの水田が広がっている。

栗山川は流域の田畑に、遠い昔から恵みの水を供給してきた。今でこそ青々とした水田になっている氾濫原ではあるが、つい最近まで、住民らは深田に悩まされてきたという。河川にほど近い場所は水はけがあまり思わしくなく、水が滞留しやすい地形を形成している。水田を造っても深田になってしまうため耕作には困難が伴い、その上米の収量も上がらない。昔は下田・下々田であったようだと、次浦のお年寄りは漏らしていた。

南北に延びる栗山川に沿って、当然のことながら古くから道が通じており、太平洋岸の九十九里浜から香取方面、すなわち利根川や関東の北部へと繋がっていた。この地域でかつて佐原街道と呼ばれていた小さな街道は、現在はほとんど使われていないけれど、次浦の台地上の集落を南北に突っ切っていた。人馬が行き交ったという往時の面影は、今はひっそりとあぜ道への入り口に立つ四国西国巡礼供養塔を兼ねた道標（嘉永五年〈一八五二〉八月建立。佐原・銚子・多古・次浦などの地名が刻まれており、建立者筆頭に「次浦村佐藤善兵衛」の名がある）が覚えているばかりである。

千葉県香取郡多古町次浦は、栗山川の右岸に面する台地上に展開する村落である。現在の県道一二〇号が栗山川の氾濫原に広がる水田と台地を分け、その県道に向かって台地の縁の崖がせり出している。北側は栗山川の支流の小川沿いを、台地奥に向かって細長く貫入する谷戸田によって区切られ、北側の本三倉村と境を接している。台地の南西部にも小さな谷戸が入り込んで、人家はないが次浦村の一部でもある松山の台地を隔てている。次浦の台地は、西の一部がわずかに下総台地と繋がっているのみの舌状台地を形成している。いかにも館や城郭向きの地形である。

台地の中央あたりの標高でも三六メートルあまりとさして高くないが、北側の崖は谷戸田の水田面から急峻に立ち上がっており、台地北側、集落の北外れあたりの一段高くなっているところを、地元では今もジョウヤマ（城山）と呼んでいる。

元禄四年（一六九一）「次浦村差出帳」（旧『千葉県史料』近世編下総国、室岡善太郎・佐藤縫一・堀猛共有文書）によると、もともとの高は三七四石で、畑八町八反余あり、そのうち屋敷は六反余とされている。元禄元年から新田として八〇石

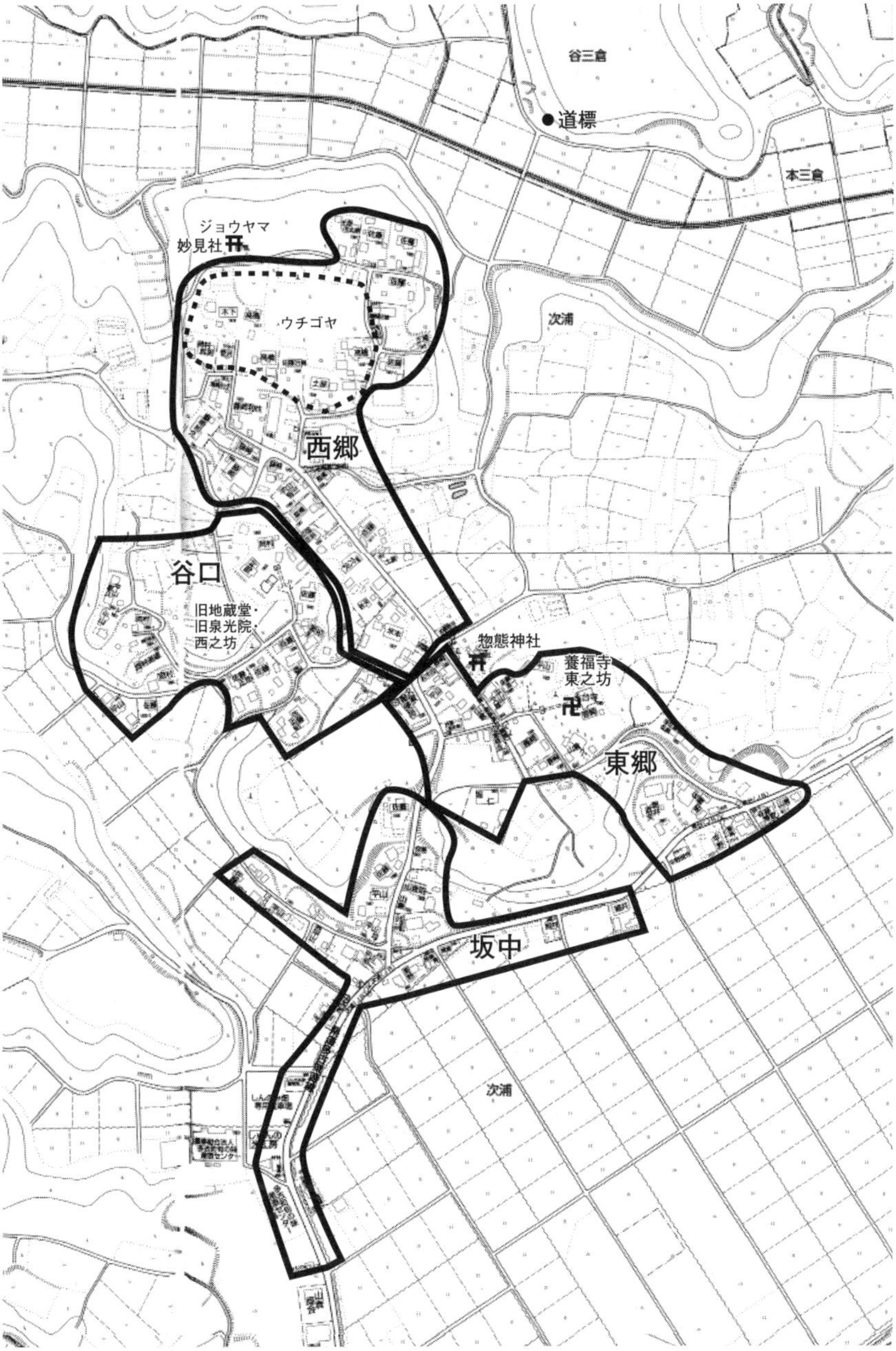

図1　次浦のクルワの範囲と主な寺社

四斗四升四合が加えられ、四五〇石四斗四升四合となった。村内には虫生村広済寺末の「真言宗　泉光院」と、稲荷山村大聖寺末の真言宗養福寺(二か寺は明治期に入って合併し、現在も次浦東郷にあり、寺名は永台寺となっている)があった。村明細帳に神社の記載はない。

ジョウヤマ付近の小道を歩くと、明らかに人の手によって削られたとみられる深い空堀が幾本も切り込まれている。わずかにこんもりとしたジョウヤマ付近を除くと台地上はほぼ平坦で、次浦の主要な集落はその台地上に展開している。

現在の集落は西郷《ニシゴウ》・東郷《ヒガシゴウ》・坂中《サカナカ》・谷口《サクグチ》の四クルワ(郭)に分かれている。今は組という場合が多いが、ここでは以前の呼び方であるクルワと呼んでおく。平成二八年(二〇一六)九月現在、新住民を除くと、集落は西郷二四戸、東郷二〇戸、坂中二〇戸、谷口二二戸、次浦集落の戸数は全体で八六戸となっている(ただし実際には転居者などもおり、正確な数字ではない)。

四クルワのうち、台地の北奥に位置する西郷と、同じく南東に展開する東郷がもともとの集落の中心で、坂中は東郷から、谷口は西郷から、集落の拡大とともに徐々に展開していったといわれている。言い伝えでは、次浦村はもと、現在地よりも西側の、現在ゴルフ場になっている台地奥にあった。さらに東郷の北側は今では畑の広がる平地になっているが、かつて大火があり、ここにあった集落を東郷などに移したのだともいう。いずれにせよ、長い集落の歴史は、今となっては霧の彼方に消え去ってしまったようだ。

西郷と東郷のちょうど境目に、次浦の鎮守である惣態《そうたい》神社と永台寺がある。惣態神社の前を通って、東郷から西郷の中心に向かって斜め北西にまっすぐに延びる道がある。これは馬場道と呼ばれ、かつてここにあったという中世次浦城のメインストリートに相当する。次浦城跡の、今も目に見える名残りである。

写真１　惣態神社

次浦には中世、この地を根拠地とした一族がいた。『平家物語』の異本のひとつとされる『源平闘諍録』治承四年（一一八〇）九月に、千葉氏との戦いに敗れた藤原（千田《ちだ》）親正（政）が次浦館に引き上げたという記事が載っている。平安末期の次浦は、千田庄と匝瑳《そうさ》北条の在地領主を統率して下総東部地域に君臨した下総藤原氏の棟梁親政がいた（野口実『中世東国武士団の研究』高科書店、一九九四）。野口は、藤原氏が居館を置いた次浦は、栗山川を利用する交通の要衝であったと推測している。さらに推測を逞しくすれば、次浦は「継ぎ＋浦」で、水運や交易を意味した地名であったのかもしれない。いずれにせよこの地は、長きにわたって下総東部の交通上の要衝であった。

　神代本千葉系図によると、千葉介常長の庶子に「次浦八郎常盛」がいる。その子には千田平次常家・江指右衛門尉常重がおり、鎌倉期の次浦には藤原氏に替わって、千葉氏系の一族が居住していたらしい。「金沢文庫古文書」（神奈川県立金沢文庫所蔵、以下同じ）の「題未詳聖教奥書」に、元弘三年（一三三三）八月三〇日、「次浦殿百日」とあり次浦某の百か日法要が行われた形跡がある。他にも年未詳九月七日の円秀書状に「次浦故修理助入道殿之息女比丘尼」、年未詳六月一〇日の輪如書状に「次浦五郎左衛門子息一人」、年月日・氏名とも未詳の書状断簡「(つ)きうらの八郎殿」などが見える。ここに登場する次浦氏のその後の消息は不明だが、この地に居住した北条氏と所縁のある千葉氏一族であろう。

こうした断片的な資料以外、中世後半ごろから戦国期にかけての次浦の様子を知る手段はない。ジョウヤマ周辺には、中世城跡・館跡を偲ばせる空堀・土橋などの要害遺跡が随所に見られる。規模は小さいものの、中世前期以降戦国期まで、何らかのかたちで城砦や居館が維持されてきたらしい。近世初期以降、今日まで続く次浦村の住民のうち、オニッキに継続的に名を連ねるいくつかの旧家は、そうした戦国期以来の城と城主などに繋がりのある家々と考えるのが自然であろう。

一　オビシャ儀礼とオニッキ

1　当屋によるオビシャの準備

まず平成二九年(二〇一七)正月の筆者の調査をもとに、オビシャ行事の流れを詳しく記述しておく。

惣態神社のオビシャは毎年正月七日に行われる。平成二八年のオビシャのホントウとワキトウ(地元で使うことはないが、このふたりを指すときは当屋と表記することにする)は坂中の二軒が担当し、ホントウがご神体とされる木製の宮殿を預かり、ワキトウがオニッキを含むオビシャ文書を納めた包みと銅製の瓶子の箱を一年間預かった。この年はたまたま、ホントウの家に不幸があったため、秋ごろからオビシャに関わるすべての物品をワキトウが預かり、ホントウの役割を引き継いだ。ブク（服喪）はきわめて厳密で、ホントウは正月のオビシャの時も、準備や下働きはやるが、儀礼の時は拝殿にも参列せず、当屋引き継ぎ儀礼のホントウ役は他の人に代理をしてもらうほどであった。

通常、ふたりの当屋のオビシャに関する役割は、ご神体・オニッキなどを一年間無事に預かること、そしてオビシャ前日の準備、当日の弓矢の儀礼と引き継ぎ式の準備などである。また惣態神社の一年間の行事は、四月下旬＝春祈禱、七月中＝神社境内の山刈り、八月中・下旬＝風鎮祭、一二月末＝神社内外の煤払い・門松立て、同三一日＝年越し、一月七日＝惣態神社祭礼（オビシャ）、二月三日＝節分などで、そのほとんどでホントウ・ワキトウが準備を担当する。

オビシャの前日の正月六日までにふたりの当屋は、オビシャで使用する用具、供え物、引き継ぎ式での肴類を準備する。その内訳は、餅二重ね（赤白）・餅一二枚（一升枡の底くらいの大きさの四角いのし餅）・赤飯二重ね（他に宮司に差し上げる赤飯一パック。以上餅・赤飯は、今では専門業者に注文する）、当屋引き継ぎ式に使用する肴のほうれん草のお浸しとキンピラ牛蒡各一重ねは、当屋の家で作り持参する。また腹合せにした鯉二尾も神前にお供えしていた。これは平成二八年まで行っていたが、同二九年からは中止となった。それまではこの鯉で、鯉の洗いと鯉こくが作られ、直会の席で参加者に振舞われたという。この他オビシャ当日までに、神前の供え物（野菜類）・水・塩（小盃一杯）・玉串用榊などをあらかじめ準備し、整えておく

写真2　オニッキを書く当屋（平成29年1月6日）

のも当屋の仕事である。こうみてくると、当屋は単にオビシャの準備担当というより、惣態神社と次浦の一年限りの宮守とするのがふさわしい。

２　神社でのオビシャの準備（正月六日午後）

ホントウとワキトウのふたりは、正月六日の午後一時ちょうど、惣態神社で集合する。準備に参加したのは当屋ふたりのほか、坂中の神社総代と手伝いに来た西郷の神社総代の計四名であった。

あらかじめ近所の材木屋に作ってもらっておいた竹製の的枠を運ぶ。大きさは約一五〇センチメートル四方で、綺麗に六角形の目が揃ったもの。この的枠を拝殿に運び込む。以前は当屋が自分たちで作っていたが、手間がかかるので、平成二九年からは材木屋に頼むことになった。毎年新調することも止めにして、できるだけ使い回すようにした。

ひとりが拝殿内で的枠に貼る紙に鳥の絵を描いている間、もうひとりは鳥居の両脇に幟の柱を立てるための穴を地面に掘る。昨年までは高さ一〇メートルにも及ぶ太い木の幟柱を立てていたが、柱立て作業があまりにも大変ということで、平成二八年の取り決めで幟を新調し、柱も軽くて短いものに替えた。もともとオビシャの儀礼の多くはホントウの家で行うものだったので、幟も昔はホントウの屋敷の入り口に一年中立てておいたという。つまり幟は当屋の標示であった。現在は神社の前に立てるようになったが、大勢の力を借りて太くて長い柱を立てるのが大変だったという。今は当屋ふたりだけでも準備ができるようになった。

的には白紙に墨一色で三本足の烏を紙いっぱいに描く。頭に丸い目と尖った嘴が付き、雄大な両翼と三角形の尾羽根。下に三本足を描く。この烏の絵は、毎年写真を撮って、それをモデルに当年の当屋が描いている。的は鳥居に取り付ける。まず長い竹二本を×の形に組み、両端を鳥居に結んで、×の中心も縄で結び付けておく。ただし的を鳥居

写真3　左から瓶子、オニッキの風呂敷包み、ご神体（平成29年1月7日）

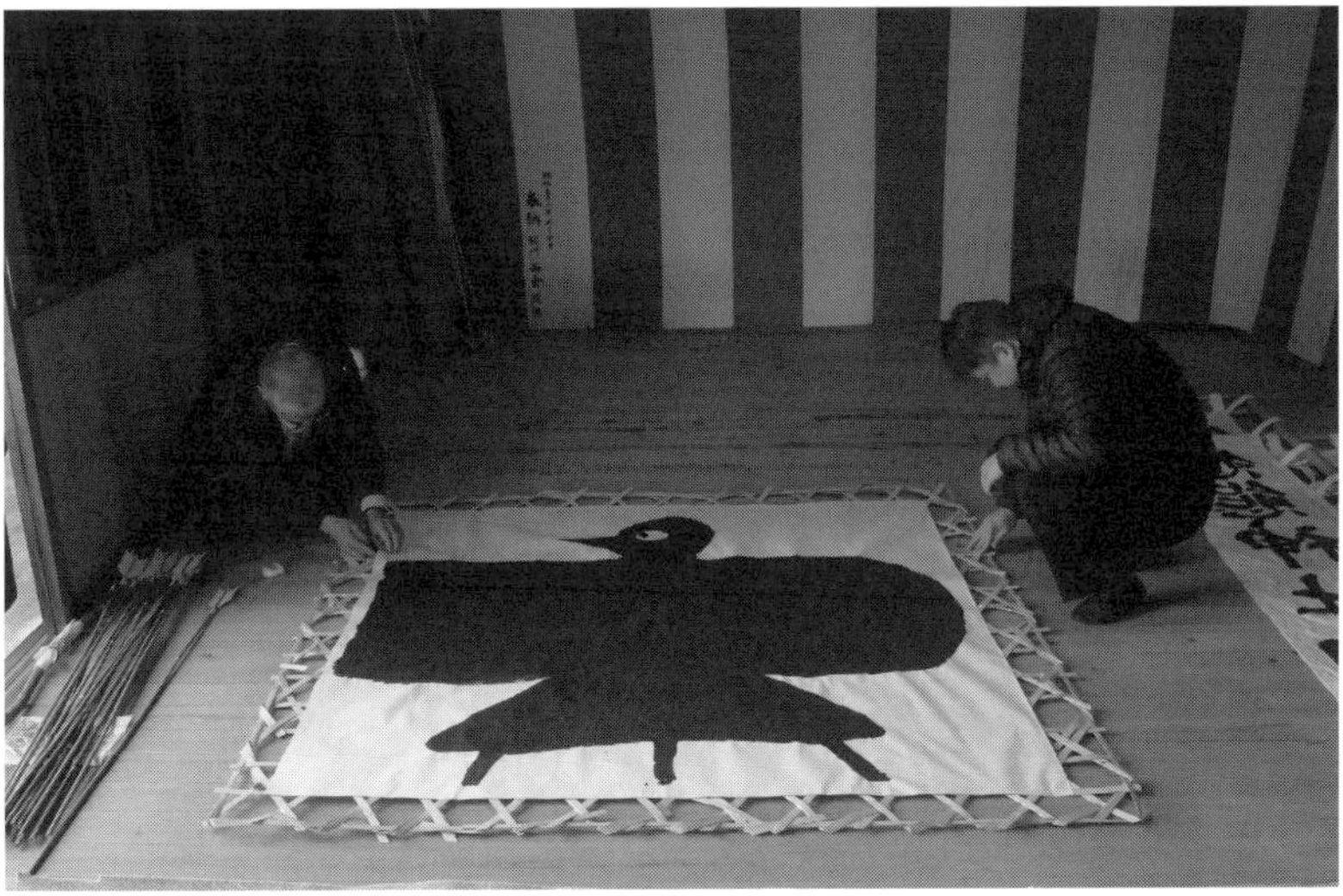

写真4　三本足の烏を描いた的（平成29年1月6日）

に取り付けるのは、一晩おいて乾いた絵を、翌朝、的枠に貼り付けてからである。

次にオビシャ行事のための弓と矢を準備する。矢は自宅で、竹に紙の矢羽を付けたものを一四本（内二本は予備）準備しておく。弓は三張り（内ひと張りは予備）で、榊の木の枝を用い、弦には麻縄を使う。弓の中央あたりの手で握る部分に半紙を巻き、赤い水引で留めておく。

オビシャのオニッキは、翌七日の引き継ぎ式までに記入を済ませる決まりである。通常は祭りの前日、六日にホントウが自宅で、ひとりで記入することになっている。ホントウは、神社での準備が終わって自宅に帰ると、オニッキに記入するための一年間の記載事項を見直す。オニッキの書き方は人によって違うというが、一年前のオビシャの日からこの日までに起きた世の中の大きな出来事のなかから自分の判断で選別し、さらに年末の新聞やテレビで特集されるその年の重大ニュースなどを書き留めたりしながら、準備をしておくという。それをもう一度見直し、修正を加えるなどして、オニッキの最後尾に記入する。

その項目の内容は、以下のようである。

1、年号月日。

2、区長名前・（ホントウ）名前・（ワキトウ）名前。

3、昨年のオビシャの日から今年のオビシャ前日までの一年間に、日本と世界、時には地元で起こった重大事件をおよそ一〇項目ほど記入する。特に決まりはないが、以前のオニッキを参考にしながら記入する。

4、昨年の物価として、米（コシヒカリ六〇キログラム）の値段、ガソリン一リットルの値段、灯油一リットルの平均値段。

5、神社総代（当番組神社総代名前、他の三クルワの神社総代名前）計四人。

こうして記入したオニッキは、木箱に納め、風呂敷で包んでおく。

当屋が準備するものにも、長年の間に変遷があったらしく、いつごろのものかは不明ながら、当屋を勤めた者によるメモ書きやスナップ写真が、引き継ぎの箱に入っていた。そのメモのひとつを掲載する（原文は横書き）。

1月7日惣態神社の祭礼に際し当番として準備したもの次の通りでした

神前に供《(ママ)》いたもの

1、紅白のお供餅2重、紅が上でもち米は1重2・5升で、5升使用した

2、1升ますの底の大きさののし餅12枚、もち米は3升使用した

3、赤飯2重

4、鯉2匹　腹合せ用

5、ところ芋　少々

6、野菜3品

受け取り渡しに必要なもの

1、きんぴら1重　2、ほうれん草1重　3、ベンケイ2個

べんけい1個にくしは12本さす　尚1本のくしに人参、牛蒡、里芋、大根、コンニャクの5品をさす

宴会の御膳には、きんぴら・里芋・コンニャクの3品をもり合せ、1皿と吸物（スマシ）をのせた

その外準備のものは、弓1、矢12本、烏（的のことか）1
当番としてやってきた事を参考までに記すと次の様でした
先づ毎月一日、十五日の朝の境内の清掃、手洗水の交換
春祈禱
風祭
七五三祝
祭礼
以上四回の行事の際は、野菜五品ないし三品、白米一升に塩少々をそれぞれ当番持ちでお供えした

このメモは、当屋を担当した人が、自分たちがオビシャのために準備するものの概要と、当屋の一年間の主な仕事を簡単に記したものである。特に、当屋の引き継ぎ式での肴や、後述するベンケイ（弁慶）の品目が現在と多少違っている。またベンケイに刺すデンガクの数にも、平成二八年まで行われていたものと違いがある。

3　オビシャの準備（正月七日午前一〇時）

午前中、神社で村人による準備がある。参加者は次浦区の役員たち二〇名あまり。

朝八時半、ホントウは一年間預かっていたご神体の宮殿と、オニッキをはじめオビシャ文書などを入れた木箱の包み、瓶子を納めた木箱などを持って、車で神社に向かう。

ご神体、引き継ぎ式用の酒盃一式、肴、本殿用の供え物などを神社拝殿に運び込む。また前日に三本足の烏を描い

ておいた紙を竹の的枠に貼り付け、絵を拝殿側に向けるようにして鳥居に取り付ける。また鳥居の両側に幟を立てる。

引き継ぎ式で供される肴用に、キンピラ牛蒡、ほうれん草のお浸しを詰めた重箱もホントウが準備する。平成二八年までは、肴として鯉二尾と、田楽を刺したベンケイと呼ばれる藁の作り物が一対、用意されていた。平成二八年の総会で、この年限りで鯉とベンケイを中止することに決まったので、平成二九年の調査では実見することができなかった。中止した理由は、長年ベンケイを作ってきた方が近年亡くなり、作り手がいなくなったためという。

写真5　引き継ぎ式に供されるベンケイ。現在は行われていない（当屋の引き継ぎ品に含まれていた写真による。年月日不明）

ベンケイとは藁製の苞一対で、高さ四〇センチメートルほど、上部と下部はすぼまっていて、一見酒瓶のような形をしている。上部には持ちやすいように取っ手が付き、下部には自立できるように割り竹製の三本足が付いている。苞の胴体に六本のデンガク（田楽）を刺す。デンガクは二〇センチメートルあまりの竹串に、賽の目状に切った牛蒡・大根・人参・里芋・コンニャクを串刺しにしたもの。ベンケイは、藁苞に竹串を幾本も刺したその様子が、たくさんの矢を体中に浴びた武蔵坊弁慶のようだとしてこの名がある。

神社の神前に捧げる供え物は、一番上の棚に、向かって左から四角形ののし餅一二枚、三宝に紅白の鏡餅、三宝に盛った洗米、そして中央にご神体の宮殿を置き、三宝にお神酒の入った瓶子ふたつ、紅白の鏡餅ひと重ねを並べる。野菜などの神饌は中の段に並べる。一番下の段には、引き継ぎ式に用いる赤飯を詰めた重箱ひと重ね、キンピラ牛蒡、ほうれん草のお浸しを詰めた重箱、各ひと重ねを置く。

今年のホントウが、オニッキの風呂敷をほどいてオニッキを取り出し、ライトウ（来頭。次年のふたりの当屋のこと）に見せていたが、これは特に決まり事ではないという。オニッキを他の人びとに見せるなどの儀礼的なことは特にない。

4 本祭（一一時）

宮司が到着すると、参加者全員、神前に着す。

宮司によるお祓い、祝詞奏上、参加氏子による玉串奉奠などが型どおり執行される。

5 当屋引き継ぎ式（一一時一五分）

当屋の引き継ぎ式が始まる。この儀礼を采配する人をザブギョウ（座奉行）と呼ぶ。座奉行はふたりいる。現在は、その年の当番組（後述）の神社総代などからふたりが勤める決まりとなっている。平成二九年は坂中の神社総代と常会長が担当した。もともと座奉行はクルワ内の古老が取りしきるもので、もしふさわしい人がいない時は古老が指導していた。

座奉行は酒を三々九度用の酒器ふたつに入れ、盃・肴などをオオダイ（大台。戸板を使う）に乗せて拝殿の中央に置き、当年と次年のそれぞれふたりの当屋、計四人を拝殿中央の座に着かせる。ちなみに昨年までは、オオダイの左右に先述のベンケイを立て、鯉の料理も並べられていた。平成二九年からオオダイの上には、酒器類と肴のキンピラ牛蒡、ほうれん草のお浸し、赤飯の重箱だけが乗っている。

昭和六一年（一九八六）以前まで、奉納された二尾の鯉が料理の達者な人によって見事にさばかれ、その小さな切身が、神社に参詣した村人全員にひと切れずつ配られた。残った鯉の大半は、各組が二、三個は所有する銅製の大鍋（十人鍋と呼ぶ）で、味噌仕立ての鯉こくに料理され、これも参詣者とオビシャの全参加者に、腹いっぱい振舞われた。鯉こくの他におこわの握り飯も用意された。このご馳走を当てにして、村人たちはこの日、朝から食事をしないほどだったという。

写真6　当屋の引き継ぎ式。奥のふたりが当年、手前のふたりが来年の当屋（平成29年1月7日、以下写真8まで同じ）

オオダイの上座、すなわち本殿側に当年の当屋ふたりが座る。またホントウは本殿向かって左、ワキトウは右に座る。オオダイの下座に次年の当屋、すなわちライトウふたりが座り、こちらは本殿に向かって右にホントウ、左にワキトウが座る。

座奉行ふたりは、指導的なひとりがオオダイの、本殿に向かって左側に座し、副次的なひとりはそれに対面した右側に座る。座に着くと、盃事の一切は座奉行が指図する。

盃事には、盃の回し順や受け渡しをする左右の手に決まりがあるなど、きわめて複雑なので、はじめに座奉行を中心に練習が行われる。そこで、受け渡しのやり方を確かめてから本番が行われる。

まず座奉行が、「盃事をしている間は決して言葉、声を発してはなりません。もし声を発したらすべて最初からやり直しします」と言い渡し、「では始めます」と言って本番が始まる。

進行役の座奉行から盃が、当年のホントウに渡され、ホントウは右手で受ける。同じく座奉行は、渡した盃に三回酒を注ぎ、ホントウはそれを両手で受けた後、三回で飲み干す。ついでホントウは盃を対角線上の座に座るライトウのホントウに右手で手渡すと、ライトウのホントウは左手で受け取り、その盃にもうひとりの座奉行が酒を三回注ぐ。この間、指導役の座奉行は、肴の重箱からほうれん草を箸で取り、当年のホントウの右手掌にのせる。ホントウはそれを受け取って直接頂く。盃を渡すときは右手、受け取る時は左手と決まっている。肴は右掌で受けて、直接頂くのが決まりである。

ライトウのホントウは、盃を飲み干した後、正面に座る当年のワキトウに渡し、当年ワキトウはそれを左手で受け取る。すると副の座奉行はキンピラ牛蒡を箸で、ライトウのホントウに渡す。次に、当年ワキトウが盃を対角線に座すライトウのワキトウに差し出すと、ライトウのワキトウはそれを受け取る。それぞれ盃を干した後、座奉行から肴を頂いて食べる。こうして一回りしたことになり、同じことが三回繰り返されるのである。この間、六人はもとより、周りにいる誰一人として声を発することはできない。厳粛な静寂のなか、盃事は進行する。

終わると座奉行から「以上をもちまして、引き継ぎ式を終わります」と挨拶があり、四名の当屋がお辞儀をしてよろしくお願いしますと挨拶し、当屋の引き継ぎ式は終了する。

6 弓射（一一時半）

オオダイは撤去され、弓射に移る。拝殿に弓矢が準備され、当年の当番組の坂中の神社総代、当年の当屋、次年の当屋がそれぞれ一二本ずつ、矢で的を射る。当たったかどうかで作物の稔りを占うようなことはしない。拝殿から的

写真7　弓射の儀礼

のある鳥居までは一〇メートル以上あるが、半分以上は的まで届き、そのうちの半数以上は的に命中する。的を突き抜けて、矢は道路やその向かいの家の垣根や屋根に達するが、特に心配することはない。自動車が通る時は、弓射をいったん止める。矢が的に命中するたびに歓声が上がり、和気藹々のうちに終了する。

7　直会（正午）

弓射儀礼が終わると正午ごろ、拝殿で直会が始まる。平成二八年までは集落内にある次浦青年会館で行われていたが、これも平成二九年から簡略化するとともに、会場も神社拝殿に移されることになった。もちろん、かつてはホントウ宅とライトウのホントウ宅で宴会を行っていた。

上座（本殿側）と下座に向かい合ってそれぞれに九膳、本殿に向かって左端に宮司用の一膳、右端に座奉行役のための二膳、合わせて二一膳が用意される。当年の当屋ふたりは上座（本殿側）の席の一番左端に、ライトウふたりはそれに対面する下座の左端に座る。お膳に肴を準備するのも座奉行ふたりと坂中の者である。この他に座に着くのは、次浦の区長以下、区会議員と各組の代議員・神社総代・常会長である。

最初に区長の挨拶、次に当番組坂中の神社総代と常会長のふたりで座奉行を勤める由、挨拶し、開始される。

座奉行は「まずは初献ですので、吸い物の蓋でお願いします」と言い、上座と下座のそれぞれに座奉行が回って、各自の膳に用意された汁椀の蓋に瓶子から酒を注ぐ。全員に注ぎ終わると、「では初献、めでたい酒ということで皆さんお願いします」と挨拶し、全員が盃を飲み干す。

初献が終わると、座奉行はふたたび全員に、今度は急須で酒を注いで廻り、その後数回に及ぶ。この酒盃を時雨《しぐれ》と呼び、かつては熱燗であったが、今は冷酒を注ぐ。

この間、当年の当屋などによって、的枠が鳥居から取り降ろされる。

一通りお酌が済むと、「あとはご楽座で」と言って、それぞれ勝手に飲み食いし、会話する。その後、座奉行がさらに酒を勧め、最後に赤飯を全員に勧めてマンゴン（満献）となる。赤飯が終わると直会は終了する。

参考までに、平成二八年の行事改正よりも以前と思われる引き継ぎ式行事のメモがあり、それに直会の進行役である座奉行の口上が書かれている。

祭礼の行事

一、座奉行の選任

原則として（※この後に記載はない）

二、進行方法

（イ）大変おめでたい祭礼の座奉行という大役をおおせつかり、身の引き締まる思いでいっぱいです。ご協力の程、宜敷お願い致します。

（ロ）ただ今から初献を差し上げます。盃は吸い物椀の蓋でお願いします。乾杯の音頭を〇〇〇〇さんにお願いします。

（音頭は年長者とし、事前に了解を得ておくこと。酒は冷酒を使用すること）

（ハ）ただ今から時雨を差し上げますので、前の盃を起こしてご自由にごゆっくりお召し上がりください。

ご楽座にお願いします。

（時雨は燗酒を使用すること）

＊鯉の味噌汁を出す（満献の前、適当な時刻）

＊座の盛り上がり状況と時間を考慮し、適当な時期を見て

（ニ）ただ今から郷風により、満献を差し上げます。皆様、ご自分の席におつき下さい。

＊神様にお供い（ママ）した酒により、下座から上座に向かって親碗を使用してもみ上げする。

（ホ）満献を受けた方から、お供いした赤飯を一挟みずつ献上する。

写真8　直会。奥の列（上座）の左端に当年の当屋、手前の列（下座）の左端に来年の当屋が座る

（へ）これをもちまして、祭礼の行事を滞りなく終了いたしました。皆様のご協力に感謝いたします。有難うございました。

このメモには初献・満献の挨拶などがはっきりと記録されている。ここに書かれている親碗は、三々九度に用いる大盃であろうが、今は使われていない。

直会が済むと、全員が庭に降り、ライトウふたりはご神体とオニッキの包み、瓶子の箱を胸に捧げ持ち、先頭に立つ。他の人はその後ろに整列し、ライトウふたりを先頭に出発。本殿を背に全員が鳥居をくぐり終わると、ライトウふたりはそのまま自分たちの家に向かい、他の人はそれを「よろしくお願いします」と言って見送る。これも平成二九年からのやり方で、去年まではほぼ全員で青年会館から当屋の家まで送っていき、当屋の家で二回目の直会を盛大に行ったという。

平成二九年に当番組となったのは谷口で、ご神体とオニッキの包みを抱え持つホントウと、瓶子を持つワキトウのふたりは、途中でそれぞれの家に向かって分かれていく。なお谷口では、半年間経つとご神体とオニッキのお守りをホントウとワキトウが交替するという。こうしてご神体とオニッキは、ホントウの家のなかの神棚に上げられた。ここで一年間、毎朝お水を替えるなど、大切にお守りする。もしも火事などの災害があった時は、何よりもまずご神体とオニッキを担いで逃げなくてはならない、と言われている。

8　行事の変更

平成二八年、次浦区の総会で、惣態神社オビシャ行事のやり方に関する大幅な変更が決議された。ここまで触れたことと重複する部分もあるが、その取り決め書を掲載しておく（原文横書き）。

正月7日祭礼簡略化事項抜粋

1、惣態神社正月祭礼簡略化の件

この件について去る8月21日開催の常会長会議の決定事項を参考に検討、議論した結果、次の結論に達した。

まとめ

1、上り旗はサイズを変更。長さ・2・7m（1・5間）幅・40㎝程度とし、柱は鋼管材・長さ5m程度を想定。地中に1m程度塩ビ管を埋設して置く。

2、カラスの射的は従来同様、本三倉の越川さんに依頼し、単年ではなく複数年使用する。製作者が高齢のため今後は代案も考慮しておく事が必要。弓、矢は状態に応じて使用に耐えられれば複数年使用（2～3年）とし当番が引き継ぎ保管する。

3、お膳関係では膳に半紙、お椀の蓋を置き、鯉コク・澄まし汁などの汁物はなしとする。きんぴら1重、ほうれん草1重を用意し、原則当番のみでできる範囲とし隣組の協力は依頼しない事とする。

4、座奉行は当番常会長と当番常会の神社総代が務める事とし、特別な事情で任にあたれない場合は当番常会以外の神社総代が変わってこれを務める事とする。

5、式が終了した後、軽い茶菓（乾き物）でお神酒を頂く。

6、終りに鳥居の前に全員で並び新当番と列になって鳥居をくぐり新当番を見送る。ここで終了となる。（新当番が準備する青年館使用の酒席はなしとする）

7、暮れのしめ飾り、角松《（ママ）》飾り及び祭礼奉納品は年末までに準備手配の用意をしておく。（従来通りで神様と同時保管《（ママ）》の書き物参照）

8、当番手当は5万円で変更しない事とする。

9、新たに女性の祭礼参加も積極的にお願いし、男性同様神社座敷に上がって頂くように前向きに考えていきたい。

平成28年9月25日

戦前から戦後にかけて、オビシャの儀礼をはじめとして、当屋の役割なども度々変遷したといわれるが、いつ、どのような経緯で変更したか、取り決めを記した記録は残っていない。戦後の行事変更についての記録は、次に示す惣態神社オニッキの昭和六一年の記載があるのみである（かっこ内は原文。※記号に続く注記は引用者による。以下同じ）。

昭和六十一年一月七日当番

米本重信当番

室岡愼二区長

室岡愼二

当番行事

一、太平洋戦争末期から敗戦後の混乱期に其の一部が略され、昭和五十年代に定形化した、当番が年間に行う仕事又、一月七日当番引継ぎが行はれる御奉社執行の折、当番が準備する品物等については、申送り文書として別送されて来たが紛失の恐れもあるので、御日記の一節として当年記入した。

○毎月一日・十五日境内の清掃、手洗水を行う
当日当番は野菜五乃至三品・白米壱升・塩若干をお供へする
○一月七日御奉社（当番引継）には紅白のお供餅弐重（紅が上、白が下で、餅は壱重弐升五合、総量五升）
壱升枡の底の大きさののし餅拾弐枚（総量約参升）
赤飯弐重箱
鯉弐匹（生きたもの腹合せとする）
山芋若干（昭和拾年代は「むかご」を使用した）
河骨の根若干（※こうほね。スイレン科の水生植物で、室岡愼二氏によると昔は救荒食だったという）
榊の木壱本（弓用、弦は麻縄）
矢竹拾弐本（矢羽は白紙）
的（約六尺四方に竹を編み、烏の絵を画き貼り着ける）
当番受取り渡の式に用る物
きんぴら壱重箱
ほうれん草壱重箱（おひたし）
べんけい弐台（壱台には竹ぐし拾弐本を差し、壱本の竹串には、人参・牛蒡・大根・こんにゃく・里芋の味噌田楽を差す）
式の膳には「きんぴら」「こんにゃく」「里芋」の参品を盛り合せ壱皿とし「お清汁」を付ける

昭和六一年のオニッキを記載した室岡愼二氏には、今回オビシャの調査で当初から度々お世話になった。本人の弁

によると、この時まで戦前・戦中の行事変更に関する明確な取り決めがなく、当屋の簡単なメモ書きや口頭のみで引き継がれてきた。そのため自分は、このことをどこかで記録しておかねばならないと思っていて、自分がホントウになったこの年のオニッキに記載したとのことであった。この時のオビシャのやり方が、基本的にはその後、平成二八年の行事変更まで継続して実施されてきたという。

ここには記載されていないが、平成二八年まで弓射儀礼後の直会は、次浦青年会館で行ってきた。鯉の洗いや鯉こくなども、神社で振舞われた後は、青年会館に運んで直会に供されたという。さらに、それ以前は、ホントウの家で直会が行われていたというが、それがいつごろから青年会館に変わったのかは記録がない。

二　次浦の祭祀組織

1　次浦と四クルワ

先にも述べた通り、次浦は四つのクルワに分かれている。西郷・東郷・坂中・谷口は、それぞれほぼ二〇軒余りの家で構成されている。四つのクルワは、次浦の北奥、南東、南端、西に位置し、このうち西郷と東郷が古くからの中心的な集落とされてきた（図1）。

しかし、惣態神社オニッキや後述する妙見社オニッキには、初期の記載からこれらの地名はもちろん、さらに多くの村内の小地名が記されている。たとえば、惣態神社オニッキの冒頭、慶長五年（一六〇〇）の四人の当屋の一人には「（藤崎）雅《西》楽之助」、同七年「（佐藤）助三《サク》郎」、同一二年「（佐藤）宗《小屋》右衛門」、同一七年「（黒田）次《坂中》郎右衛門」とあるなど、当屋の名前に名字と地名がふられている（カッコ内は別筆、以下同じ）。西は言うまでもなく西郷、サクはこの地域では

「谷」をサクと呼ぶのが通常なので、後のサクグチ(谷口)。「小屋」はウジゴヤまたはウチゴヤと呼ばれ、西郷の一部で、ジョウヤマに近い地域を指している。坂中も現在の坂中である。東は元和五年(一六一九)と登場がやや遅いが、実際に東郷の住人は早くから当屋に名を連ねており、注記していないのはむしろ分かり切ったことだったからだろう。

現在の次浦区でも、四クルワを基礎として区役員が組織されている。区会議員八人は、区長・代理庶務・代理会計・青年館・総務・社寺消防・産業土木・教育衛生担当が各々ひとりいる。代議員は四クルワから選出され、西郷は五名、それ以外の三クルワは各四名で、合計一七名いる。それぞれのクルワに常会長一名がおかれるなど、四クルワが区(村)組織の基本となっている。

こうした区役員のなかに、神社当番・神社総代(各クルワから一人)・寺総代(同上)なども含まれている。神社当番と呼ばれているのが、ホントウ・ワキトウで、一年ごとに四クルワが交替して担当する。その年の当屋を出すクルワのことは当番組と呼ばれる。多くの区役員が四クルワから平等に選出されているなかで、当屋のみが一年ごとの交替になっているのが象徴的である。

このことからも惣態神社が次浦の鎮守とされているのは明らかだが、しかし次浦には他にもいくつかの神社があり、そこでもオビシャが行われている。

2 オビシャと無尽講

現在調査中であるが、四クルワそれぞれにもオビシャがあり、その他にウチゴヤの妙見社のオビシャ、次浦全戸で回している白幡八幡社のオビシャがある。つまり、次浦には現在、合計七つのオビシャが行われていることになる。

惣態神社のオビシャは先に述べた通りの当番制であるが、西郷・東郷・坂中・谷口のオビシャは、クルワ内のそれぞれ二〇戸あまりで一戸ずつ当屋を担当している。現在確認できているのは、西郷と谷口で、これらにもオビシャ文書のオニッキが存在している(東郷と坂中のオニッキは未確認)。

谷口クルワでは毎年正月に、稲荷社を祀るオビシャが行われている。オビシャの時には、当屋の家の床の間の正面に稲荷社の御祭神豊宇気媛命の絵像掛軸を掛け、その前に木彫の鶴と亀を載せた盆を置いて、その前で当屋の引き継ぎ式などを行っている(筆者未見)。

またオビシャ文書が一〇数点残されており、それらは掛軸や鶴亀などとともに木箱に入れられ、毎年当屋に引き継がれている。木箱はふたつあり、その古い方には「貞享四丁卯歳(一六八七)」と書かれているが、この箱が用いられた当初から谷口オビシャのものであったかどうかまでは確認できない。

谷口オビシャのオニッキは、天保一二年(一八四一)・明治二八年(一八九五)・明治三六年から書き継がれた横帳で、その後、戦後の昭和四〇年代まで、当番名と収支決算を記した帳簿が断続的に残っているが、オニッキの形式は明治期以降、消滅してしまったように思われる。

右のうち、天保一二年のオニッキの表紙は「天保十二丑年　稲荷大明神日記　二月吉日」で、裏表紙には「次浦邑中」とある。その冒頭に、

一無尽蔵《ママ》と申わ、稲荷明神を祝ひ奉る事にして、いつ頃より始れりといふを知らす、往古より祭礼ハ有し事ながら、社なけれハ祭る事もなく、定日なけれハ谷々区々に寒風雨天の日俄に集会、神酒を取て祝ふのみなりしを、先年鎮守の社前に石祠を造営し、村内一同二月中の午ノ日を祭りと定め、今年天保十二丑年御影を請し奉り、日記を改め、四谷隔番ニ祭礼いたし長く神慮を崇敬する事ニなれり、

(傍線は引用者。読点は適宜補った)

として、最後に「西谷　永福寺　東坂中　泉光院」と署名されている。稲荷神を祭神とした無尽講は以前から行われていたが、天保一二年からは四谷（四クルワ）隔番で実施することにした、というのである。

ここにはじめて、次浦の四クルワがオビシャを隔番で行うようになったという文言が登場する。もちろんこれはあくまで現在谷口で行っている稲荷オビシャに関するもので、惣態神社など他のオビシャのことには触れていないが、それでも惣態神社オビシャが現在のように四クルワ交替で行うようになったシステムの一端が、こうして別のオビシャの運営から派生した可能性のあることが推測できよう。ちなみに、この谷口の稲荷オビシャのオニッキは、天保一二年を最初に記録され、一番目の当番から次のようになっている。

天保十二丑年二月廿一日
一祭主　　　　四兵衛
天保十三寅年二月十二日
一祭主　　　　源左衛門
天保十四卯年二月廿一日
一祭主　坂中　新左衛門
天保十五年辰二月廿一日
一祭主　　　　正兵衛
弘化弐巳年二月十五日

一祭主　弥左衛門
弘化三丙午年二月廿日
一祭主　清左衛門
弘化四丁未年二月廿日
一祭主　小左衛門
弘化五申ノ二月十四日
一祭主　金兵衛
嘉永二己酉年二月十九日　にし
一祭主　嘉左衛門

祭主(当屋)はひとりで、祭日は毎年二月に固定しているが、日は定まっていない。干支で決まっていたのであろうか。ここに記載されている当屋の名前は次浦村全体におよんでおり、裏表紙にもある通り、このオビシャももとは村全体で行われていたことがわかる。つまり、現在谷口クルワ内でのみ行われているオビシャも、本来は次浦全村に参加者のいるものだった可能性がある。

次にもうひとつ、西郷クルワでもオビシャが行われている。西郷のオビシャ文書の大半も無尽講に関するもので、谷口と同様、オビシャと無尽講が融合している。西郷のオビシャ文書のなかに、戦後の昭和二九年(一九五四)に書かれたオビシャの準備に関する取り決めのメモがある。オビシャ儀礼に関するものなので、ここに掲載しておく。

西郷毘社(甘酒)当番準備品目ノ控
当日ノ準備品
一、弁慶一対十二本、大根三、人参三、里芋三、牛蒡三(フカシタモノ)
一、カワド(川戸)一重(※コウホネのこと)
一、トコロ一重
一、赤飯二重
一、榊
一、野菜
一、御日待札
一、甘酒、白米三斗、糯米四升(粳米五升ト交換)
一、魚
一、豆腐
一、城山に赤飯、甘酒と上げる(当日当番が実施)
一、翌日の働の膳部は酒一升、魚、昼食ノ都度働ノ間ニテ適当に行ふ
一、神田使用の苗二百五十把は毎年当番にて準備の事
昭和弐拾九年三月弐拾七日　　郷世話人

この控えによって、西郷のオビシャにはもともとオビシャのための神田が存在していたことが判明する。しかし神

田運営の現状やその他オビシャ儀礼の実際については現在調査中である。

西郷のオビシャ文書には他に、最も古いもので明治八年の「無尽蔵諸懸り帳」や、明治一〇年旧三月二五日の「無尽蔵調簿《帳簿》」があり、後者には「西小屋中」と地名がある。西小屋中と西郷との連続関係は不明で、オビシャにも統廃合が頻繁にあったことが想像される。

西郷オビシャ文書中の平成一八年(二〇〇六)二月二二日付「無尽蔵会費徴収名簿」には、現在の西郷の住民二七名が名を連ねていて、このクルワのオビシャが無尽講として現在も続けられていることがわかる。残念ながらオニッキに相当するものは見つかっておらず、この無尽講オビシャがいつごろから行われるようになったかも明らかにできていない。少なくとも無尽講のオビシャとして、明治初期ごろまでに始まったことは確かのようである。

先の谷口の無尽講オビシャといい西郷の無尽講オビシャといい、村の住民が多数集まる無尽講などの年初の集まりを、ここではオビシャと名付け、行っていたと理解して間違いなさそうである。

ところで無尽講は、村の住民全員が参加するものではなく、もともと任意の融通組織、非地縁の互助組合である。つまりこれに村人全戸、またはクルワ全戸が参加していたはずはない。現在の各クルワのオビシャ参加者は、いずれも基本的にクルワ全戸が編成され、平等に当屋を勤めることになっているけれど、こうした全戸参加は無尽講オビシャでは、もともとは行われていなかった。同じように次浦全体のオビシャでも、現在のような全戸参加のオビシャがいつの時代から始まったかについて、少なくとも幕末・明治ごろまではそうなっていなかったと推測できるものの、確実な年代の記録を見つけることができないでいる。今後の大きな課題のひとつである。

3　妙見社のオビシャとオニッキ

次浦台地の北の端、ジョウヤマに近いところに、今も妙見社がある（図1）。その小石祠には、「元禄二己巳（一六八九）二月廿五日」「奉造営妙見石宮」と造立年月日が彫られている。よく知られている通り、千葉県にある千葉氏系の城跡には妙見社が祀られていることが多く、これも次浦城所縁の神社であろう。いつごろから祀られるようになったか確実なことは言えないながら、少なくとも元禄年間まで遡ることができる。

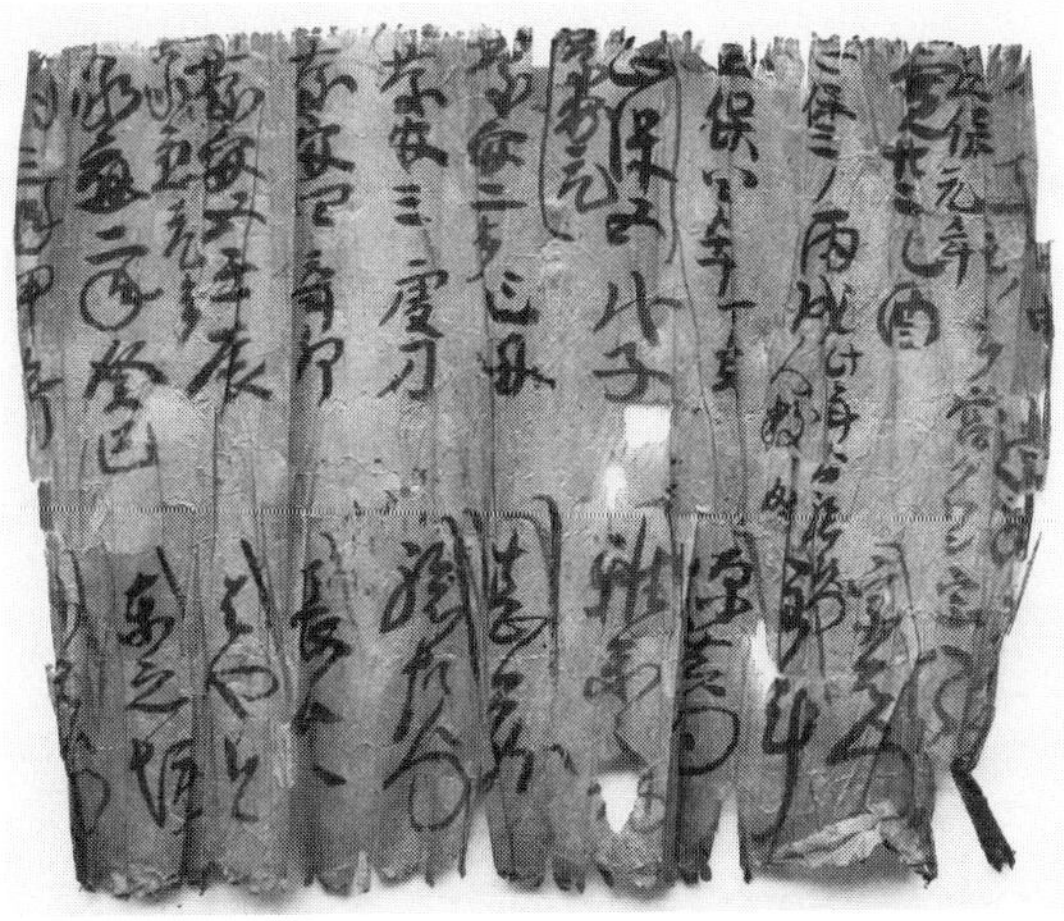

写真9　妙見社オニッキ。寛永21年（正保元年）から

妙見社を祭神とするオビシャは現在、西郷のうちのさらに小さくまとまった地域、通称ウジゴヤ（またはウチゴヤで、内小屋と書くことがある）に属する八戸で行われている。妙見社の境内（鎮座地）を移管するために、それまでの地主高橋氏と「妙見講員」が交わした昭和一九年の「契約書」には、講員として高橋氏を含めた八人が署名しており、終戦直前まではほぼ現在まで継続するウジゴヤの八戸がこの妙見社オビシャに参加してきたことがわかる。

妙見社オビシャ文書には、元和一〇年（寛永元年〈一六二四〉）以来、明治三八年まで、実に二八〇年以上に及ぶオニッキが残されている。そしてその翌年から数冊にわたって、平成の現代までの分を合わせると三九四年という長きにわたってオニッキが書き継がれてきた。慶長五年から記録が開始される惣態神社オニッキと、まさに双璧と言うべきものである。

妙見社オニッキの存在が判明したのは平成二九年正月七日、惣態神社オビシャの見学の時に神社総代のひとりからお聞きしたのがきっかけであった。惣態神社オニッキよりも古いと思われるオニッキがあり、それは四クルワ以外の別のオビシャで持ち回りしているオニッキである、ということであった。早速、是非とも調査したいとお願いしたところ、妙見社オビシャの皆さんに了解を取ってからということになり、約一か月後、拝見することができた。

今年の当屋のお宅に伺い、オビシャ文書を見させていただいたところ、何冊もの横帳が納められた木箱の底から、古色蒼然とした数葉のオニッキが現れ、感動したことを今もはっきりと覚えている。

妙見社オビシャ文書は数点のオニッキと、その他オビシャ関係文書からなっている（「多古町次浦妙見社の奉社日記」解題参照）。そのうち寛延二年（一七四九）に元和一〇年以来のオニッキ内容を写し、さらにそこから明治三八年まで書き継いだオニッキ一冊と、明治三九年以降、平成の現代まで書き継いだ数冊のオニッキ群である。さらに貴重なことは、寛永二一年から享保七年（一七二二）まで、一二九年間分の古いオニッキの原文書が残されていたことである。その書式を寛延二年の写と照合することで、誕生期のオニッキの姿が確認できたのは大きな成果だった。

最古のオニッキ二点は断簡であるが、一点目と二点目は紙寸法からみて、半折した同じ紙の片割れである。また三点目は半折二枚綴りの横帳で、最古の二点と用紙は別だが年次は連続している。筆跡は、違う筆跡や墨色が混在していることが確認できるので、年ごとに書き継いでいったものと推測できる。

オニッキ原本の書き方の特徴は、冒頭の寛永二一年から万治三年（一六六〇）までの当屋の名前の右肩に、別筆による合点が付いていることである。寛延のオニッキ写の当該個所にも同じく合点がついている。この合点は何のためのものか、今となっては不明であるが、推測が許されるならば、後の時代になって当屋を勤めた回数を確かめるため、古い記録部分に遡って、勤めた回数に従い合点を付けたのであろう。

少々長いが、このオニッキの冒頭から慶安三年（一六五〇）までの分を掲載する。

次浦之郷御妙見奉社、二月初未之日也、掛米ハ四盃入舛ニて壱舛ツヽ、大途壱間ニて弐人ツヽ、

一元和十巳星　作　加賀守　（合点2）

寛永元年甲子

一同弐年乙丑　源右衛門　（合点2）

一同三年丙寅　雅楽之助　（合点3）

一同四年丁卯　小右衛門　（合点3）

一同五年戊辰　隼人　（合点2）

一同六年己巳　勘解由左衛門　（合点3）

一同七年庚午　西之坊　（合点2）

一同八年辛未　三郎左衛門　（合点2）

一同九年壬申　与右衛門　（合点2）

一同十年癸酉　次左衛門　（合点1）

一同十一年甲戌　主計　（合点2）

一同十二年乙亥　東之坊　（合点2）

是ヨリ以上八十二人之数終リ

一同十三年丙子　縫殿之助　（合点1）

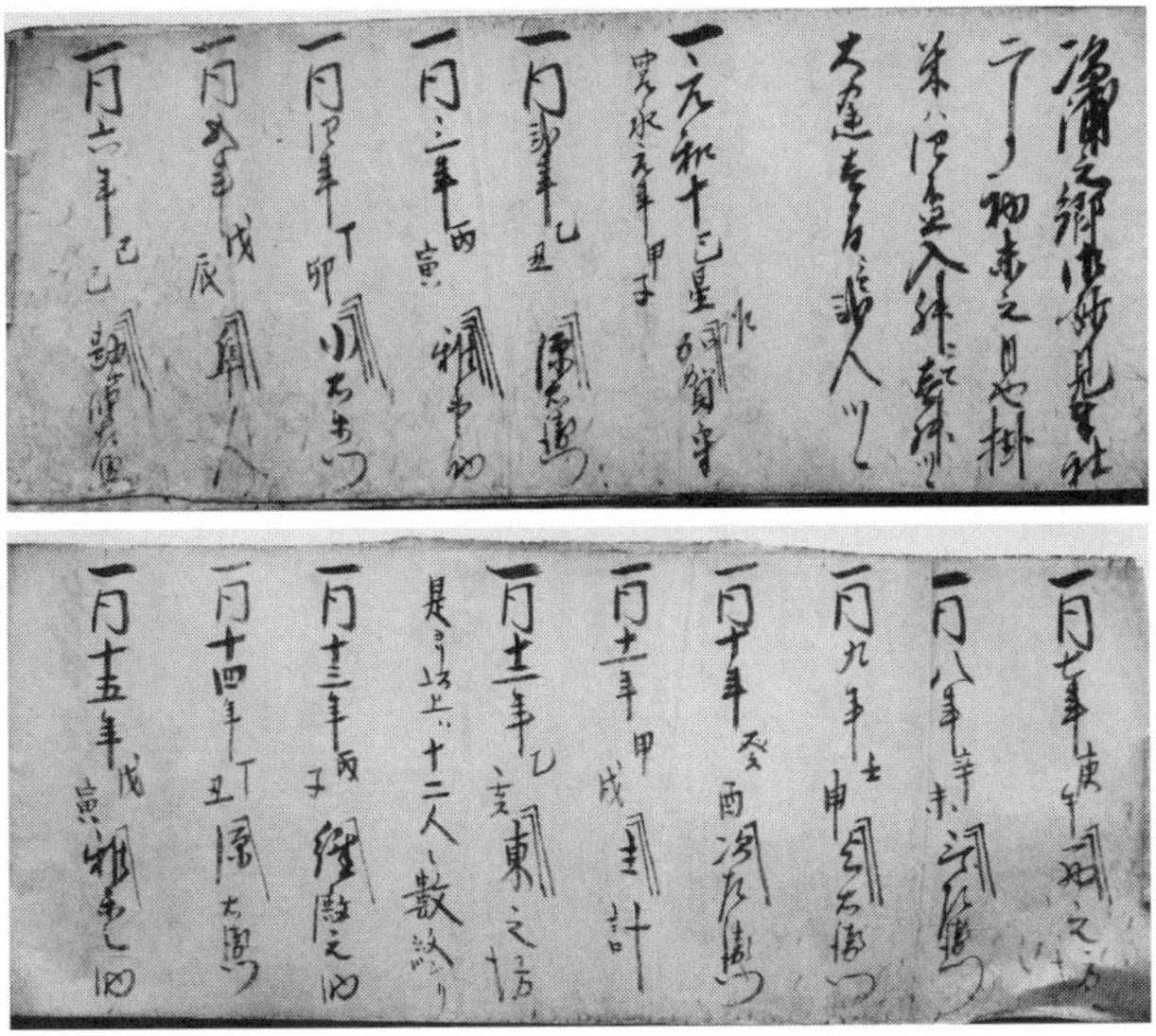

写真10　妙見社オニッキ（寛延２年写）。冒頭から

一同十四年丁丑　　　源右衛門　　　（合点1）
一同十五年戊寅　　　雅楽之助　　　（合点1）
一同十六年己卯　　　小右衛門　　　（合点1）
一同十七年庚辰　　　勘ケ由　　　（合点1）
一同十八年辛巳　　　西之坊　　　（合点1）
一同十九年壬午　　　三郎左衛門　　　（合点1）
　午ノ年天下一同不作
一同廿年癸未　　　與右衛門　　　（合点1）
同廿一年甲申（正保元ト改）
此年遺跡宮クハン（官）　申坊　　　（合点1）
正保元年　宗八郎（二成ル）
同廿二年乙酉（正保二年ト成）　　宗右衛門　　　（合点1）
同三年丙戌　　　主計　　　（合点1）
此年ゟ孫左衛門人数ニ成
正保四年丁亥　　　源右衛門　　　（合点1）
正保五年戊子　慶安元　　雅楽之助　　　（合点1）

慶安二己丑年　甚蔵　（合点2）
慶安三庚寅年　孫左衛門尉　（合点2）
慶安四辛卯年　長七（良）　（合点1）
慶安五壬辰年（承応元年）　はやと　（合点1）
承応二年癸巳　東之坊　（合点1）

このうち重要と思われるのは、寛永一二年の「是ヨリ以上八十二人之数終リ」という記載である。この年から一二年遡った冒頭の元和一〇年を起点として、その後の一二名が特別な存在であることを意味している。つまりこの最初の一二人こそ、元和一〇年を起点とするオビシャ開始時の当屋と推測できる。

その後は、合点を付けながら繰り返していく形で、この一二人は当屋を一人ずつ勤めていったと思われる。したがってこの後の当屋の名前は、原則的には同じ一二人の名前が繰り返されるはずなのだが、実際にはそうなっていない。冒頭の加賀守は、六一年後の貞享二年の「賀加之助」がもしも同じ家の子孫だとすればではあるが、二回だけ勤めてその後は見えなくなってしまう。そもそも加賀守という侍の名乗りは、近世には一般庶民が通常使える名前ではない。おそらく、暫くして名乗りを改めたのであろう。とすると、一三回目に当屋を勤めた「縫殿之助」がもしかしたら加賀守かとも思うが、これも普通の百姓が名乗るものとは言えない。それに縫殿之助も貞享元年に当屋を勤めているので、先の「賀加之助」と重複してしまう。いずれにしても姓氏不詳のため、これ以上は残念ながら追跡できない。

他の人々はその後、一二年～一〇年の間隔で当屋を勤めている。当初一二年ごとに当屋を勤めようと全員で決定したが、服喪などの理由で必ずしもその通りには行かなかったのだろうか。一、二年ずれていくことはままあること。そうしたずれが修正されないまま、それでも当初定めた順番を重視しながら、しばらくは続けられている。

ところが慶安年間ごろになると、当初の参加者以外の名前が散見されるようになる。その象徴的な出来事が正保三年の「此年ゟ孫左衛門人数ニ成」であろう。「孫左衛門」が当屋の人数（仲間）に加えられたのは正保三年であるが、実際に当屋を勤めたのは四年後の慶安三年であった。このころ以降、当初の一二名に入っていない名前が次々に参加するようになる。そしてそれにつれて、当初の一二名が当屋を勤める間隔が伸び、軒並み二〇数年以上、時には三〇年を超えるようになっていくのがわかる。

当時、必ずしも家の当主の名前を継承して名乗るとは限らないので、名前だけで整理したこの種の分析がどれほど信頼できるかはもちろん疑問だが、次浦の家々で今も用いられている屋号には、近世の初期から現代まで継続している場合も多くある。屋号を参考にして、惣態神社と妙見社の両オニッキを検証することには、それなりの意味があると考えてよいのではなかろうか。

当初、オビシャの当番組を編成した一二名は、その多くが同じ名乗りを屋号にして、幕末までに六〜八回、当屋を勤めていることがオニッキから確かめられる。しかし近代以降、オニッキに屋号を用いず、実名を書くことが増えてくる。その結果、幕末から近代への連続不連続が見えなくなってしまったのは実に残念なことである。むろん、オビシャとその祭祀組織にも、幕末から明治維新期という時代は、きわめて大きな変化をもたらしたに違いない。にもかかわらず、オニッキにはそうした変化の痕跡が、今のところあまり見いだせていない。

妙見社オビシャ文書のなかに明治九年「妙見太神之連名」と題された小横帳がある（「多古町次浦妙見社の奉社日記」解題参照）。そこには二六名の名前が列記され、そのいくつかには祭主（当屋）を勤めた年次が記されている。その年次は明治一〇年から同一五年までで記載が終わっているが、冒頭から一四番目までは現在も西郷に居住する家であり、その後の一二名は谷口・東郷・坂中の家である。つまり、妙見社オビシャに参加していた家は、明治九年段階では西郷の半分くらいのまとまった一群と、次浦の他のクルワから参加する数名の住民で構成されていた。そうしたありかたは一見不規則にしか見えないが、少なくともこのころまでの妙見社オビシャの参加者が、西郷やウジゴヤだけに限定されてはいなかったことだけは判明する。いまでこそウジゴヤの八戸に限定されているが、妙見社のオビシャも、明治期までは次浦村全体から参加者が集まっていたのだ。先に述べた谷口・西郷のオビシャと同様であったことになろう。

ちなみにこの連名帳こそ、明治期に入ってから妙見社オビシャの当番システムを確定した結果を示していることは明らかで、明治九年が妙見社と次浦村にとって何らかの画期であったことを教えてくれている。これも推測でしかないが、その要因は明治六年に惣態神社が村社に決定したためではないかと考えている（「多古町次浦惣態神社の奉社日記」解題参照）。

明治九年連名帳に記されている名前は、ほとんどは現在も次浦内に継続する家であるが、多くが現在の妙見社オビシャには参加していない。合致するのはウジゴヤに属するわずか三戸だけである。このことから妙見社オビシャの祭祀組織は、明治期の改訂以後から、先に触れた昭和一二年の「契約書」の段階までの間に、ウジゴヤの九戸（戦後、一軒が転出して現在は八戸）へと再び変更されたのである。妙見社オビシャ祭祀には、近代以降、大きな変化があったことがわかる。そして同じような祭祀組織内の変化は、惣態神社にも起こっていた。

４　惣態神社オニッキから見る次浦の祭祀組織

次浦惣態神社のオニッキは、慶長五年から寛保二年（一七四二）までの一四三年間のオニッキを書き継いだ横半帳を筆頭に、その後も書き継がれて、現代の平成二九年までの実に四一七年に及ぶ、膨大な当屋祭祀の記録である。残念ながら原本は残っていなかったが、先に述べた通り、同じ次浦の妙見社オニッキは、写とほとんど同内容の原本が残っていたことから、慶長年間以来のオニッキが写として残っていたとしても、疑問をさしはさむ余地はない。このような祭祀記録が東日本、まして関東地方に存在していたこと自体これまでの常識を大幅に超越しているが、それにまして先の妙見社オニッキと合わせると、ひとつの村に同様の記録がふたつも残されていたのであるから、もはや奇跡としか言いようがない。

惣態神社オニッキの冒頭には、次のような識語が書かれている。

（藤崎）西雅楽之助
慶長五年庚子年　（米本）与市
此年四人シテ　市之丞
相勤申候　（平野）主計

つまり、慶長五年のオビシャの当屋はこの四人が行ったとはっきり言っているのである。この四人は当然のことながらオビシャに参加する家々のなかでも特別な存在と考えられる。慶長五年はどんな年であったのか。この書き出しは、少なくともこのオニッキの書き出しであって、オニッキに基づく近世惣態神社のオビシャの始まりを意味していると考えてよいのではないか。もちろんこれ以前に、次浦にオビシャ儀礼がなかったとは断言できないが、今日まで継続するオビシャ行事とその祭祀組織に関して言えば、慶長五年はその始まりの年である。それは先の妙見社オビシャについても同じことが言える。妙見社オニッキも、寛永元年がオニッキ記載の冒頭であり、当屋一二人の筆頭であったからである。私たちは、まさに近世初期の村落祭祀の誕生から、その連続した現在までを、オニッキという特殊な祭祀記録のおかげで、目の当たりにしていることになる。

筆頭の雅楽之助の上には、別筆で「藤崎」と注記され、さらに右肩あたりには「西」と地名表記がある。筆跡と墨色の比較から、姓氏は後筆、地名は最初から名前の右側に書かれていたものをそのまま写したものであろうと思われる。また姓氏を後から追記したのは、後世になってオニッキに記された名前と当時の屋号や名乗りとが一致しなくなる事態が常態化し、それを遡って確かめる作業を行ったからであろう。必ずしも正しい注記ではないかも知れないが、頼りにはなる。藤崎雅楽之助は、この後も度々名前が登場し、幕末までに七回、惣態神社の当屋を勤めている。

三人目の市之丞は姓氏が不明で、慶長一三年にも一度当屋を勤めているが、その後は名前が見いだせない。当初重要な地位にいたにもかかわらず、名乗りを変えたのか、あるいは姓氏が注記されていない、つまり不明になったことから推測すると、早くに退転、または村外に転出してしまったのかもしれない。

一方、二番目の与一には米本の注記がある。にもかかわらず米本与一は、この後一度もオニッキに現れない。米本家は、今も西郷に隣りあって二戸あり、慶長一二年にはもう一軒の米本刑部家が当屋を勤めている。現在地元で聞くところによると、刑部家が米本の本家筋であったという。しかしこちらもその後一回しか当屋を勤めておらず、米本家はどういうわけか、近世を通じて惣態神社のオビシャにあまり参加していなかった。

次の平野主計家は、惣態神社オニッキに、幕末までで合計九回登場する。当屋を勤めた回数では、筆頭の藤崎雅楽之助家よりも多い。さらに付け加えると、平野主計家は妙見社オニッキの寛永一一年から幕末までの間にも合計六回当屋を勤めている。一方、藤崎雅楽之助家は、寛永三年から幕末までの間に妙見社の当屋を七回勤めている。いずれ劣らぬ働きがうかがえる。ちなみに、妙見社の場合当屋はひとり、惣態神社はホントウ・ワキトウ合わせてふたりという違いがあり、もしも参加者のもともとの人数が同じであったとすると、惣態神社の方が二倍早く順番が回ってくることになる。

惣態神社と妙見社のそれぞれにオビシャがあり、次浦住民の特定の家はその両方に参加している場合もあれば、どちらにも参加していない家があり、どちらかにより深く関わっているらしい家があるなど、どうやら単純な比較はできないようである。

試みに両社の当屋の名前を年代順に並べ、当屋を勤めた回数・間隔・それぞれ一方のオビシャの当屋を勤めた最初の年を調べてみた(「参考1 次浦惣態神社の奉社日記における人名一覧」および「参考2 次浦妙見社の奉社日記における人名一覧」参照)。惣態神社の当屋名前表は、毎年二人ずつあるため膨大な量になるので、延宝二年(一六七四)に当屋を初めて勤めた土屋小左衛門までしか集計していない。

慶長五年から幕末までの約二六〇年間の内、当屋を一〇回勤めた家は佐藤五郎兵衛家(坂中)のみ。九回は平野主計家(東・坂中)と佐藤惣右衛門家(サク・小屋)の二戸、八回は黒田次郎右衛門家(坂中)・高橋与右衛門家(内小屋)・藤崎次左衛門家(西)・佐藤市右衛門家(馬場小屋)・堀井仁左衛門家(東)の五戸、七回は藤崎雅楽之助家(西)・平野清右衛門家(東・井戸作)・高橋新右衛門家(二郎台)・佐藤四郎左衛門家(坂中・小屋・名主)の四戸となる。先ほど述べた通り、これらの家は妙見社オビシャでも当屋として参加しており、彼らが次浦村の重鎮であったことは間違いない。なかでも佐藤宗右衛門・佐藤惣右衛門・平山源右衛門・佐藤四郎左衛門家は、名主を勤めたとも書かれている。

一方で、何回も当屋を勤める家ばかりではなく、一度しかその名が見えない家もあることを見逃してはならない。そしてその家数は、思いの外多いのである。慶長五年から寛永二〇年までの四三年間で、ホントウ・ワキトウ合わせて六六人の内、三分の一以上の二六人が、その後一度も当屋として名前が上がってこない家である。もちろん、その内のいくらかは代替わりして子どもの名前になっている者もいるとすべきであろうけれど、先述した米本与一のように、不参加を続ける者もかなりあったかもしれない。いずれにせよ、慶長五年にオニッキの記載が開始され、当屋の順番を決めてからも、その祭祀組織は決して盤石なものでなかったことが、このことから想像されるのである。

惣態神社オニッキには、当屋名の右肩に地名が付記されている。妙見社オニッキでは、地名の付記が常態化するのは正徳年間(一七一一〜一七一六)ごろからであって、それ以前は名前だけしか記されていない。惣態神社オニッキの地名を見ると、冒頭から西・サク(谷)・小屋・坂中・ヲヤノ・東・鴻巣・馬場小屋などがあり、現在の西郷・東郷・坂中・谷口(サクグチ)も近世初期から登場していることが判明するが、しかし四クルワ交替で当屋を回している痕跡はまったく見つけられない。この傾向はその後、近代までもずっと続く。幕末ごろになると地名表記がまばらになるため、どの時代から四クルワ当番制が始まったのか、確認できないのは残念であるが、屋号調査や各家の歴代当主の名前などの調査を継続する必要があろう。

5　複合的村組当番制の成立過程

このように惣態神社と妙見社のオビシャを運営する祭祀組織は、もともとは村全体で当屋を一年ごとに勤仕する当番制を採用していた。それがいつしか組ごとの順役と組内の家による当番制という二重の当番制になった。関東の村落祭祀ではごく当たり前のシステムであるが、村内にある複数の村組が順番で当番組を勤め、さらにその組内の家々が当番制でヤドや当屋を勤める方式を、ここではとりあえず複合的村組当番制と呼んでおくことにしよう。

先述したように、谷口クルワのオニッキの天保一二年の記事に、この年、村組である四谷(四クルワ)隔番でオビシャ(ここでは無尽講)の運営を行うことに決定したとあり、四クルワでのオビシャ運営がこのころから始まった可能性のあることを示唆している。しかしながら、惣態神社・妙見社のオニッキからは、直接的に村組当番制の開始を裏付ける記述は見つけられなかった。

ところで、妙見社オビシャ文書のうち、やはり先述した明治九年「妙見太神之連名」(「多古町次浦妙見社の奉社日記」解題参照)には、二六名の村内住民が名を連ね、この年以後、妙見社の当屋をこの二六名によって行うことを取り決めている。いったいこの二六名とは、村内でどのような位置づけにある住民なのか。

それらの屋号の大半は、近世初期以来の旧家、あるいは本家筋であることが判明しており、必ずしも古来の本家ではなかったとしても、近代以降、現代まで、村の重鎮として確実に続いてきた家柄であった。

ここで注目されるのは、惣態神社オニッキの大正一四年(一九二五)の次の記事である。

本年度ヨリ、区ノ総会ノ決議ニヨリ、うちかまどそとかまどノ区別ヲ廃し、区民一同拝殿ニ於テおびしゃノ式ヲ挙行スルコトニナリタリ

ここに見える「うちかまど」と「そとかまど」という呼称は、現在では村の住民のほとんどは関知していなかったが、近世以来の地主であった一一軒あまりの家柄をうちかまどと呼んだことを、戦時中若くして当屋を勤めたことのある室岡愼二氏は覚えていた。また、そとかまどとうちかまどとの差異は、神社拝殿に上がることができるかどうか

であった。つまり、オビシャの時だけでなく一年中の神社での行事において、うちかまどの家々は拝殿に上がることができるが、そとかまどの家々は、当屋を勤めるなど特別なとき以外、拝殿に上がってはならなかったという。大正一四年の総会決議は、そうしたうちかまどとそとかまどの差別を解消しようとした画期的なものであったことになる。大正当時、うちかまどとされていた家柄は、西郷四戸（土屋・高橋・藤崎・藤崎）、東郷二戸（平山・堀）、坂中二戸（室岡・黒田）、谷口四戸（岡村・佐藤・佐藤・米本）であったが、本家筋などにも消長があり、必ずしも近世期以来変更がなかったとは言い切れない。

一方、そとかまどとされた家々にも差があって、その中の一〇数軒は自作農として独立した家々であり、それ以外は自立していなかった家々であったという。室岡氏によると、自立していなかった家々は、当屋を勤めることはできなかったとも言われるが、それを明確に示すことのできる史料はまだない。ちなみに明治五年の村明細帳（『多古町史』、堀家文書）で、村内の家数は七二軒であった。うちかまどとそとかまどを合わせた二〇数軒というのは、村の半数から三分の一に相当することになる。

先の明治九年「妙見太神之連名」に書かれた二六軒は、明治初年の段階で妙見社オビシャの当屋を勤めることが認められていた家々であり、一一軒のうちかまどと、そとかまどのうち自立していた家々の一部であろう。同じくそれは、惣態神社の当屋にも当てはめることができると考えられる。この二六軒による当番制、すなわち組を介さない当番制が近世を貫いて行われ、明治初年以降もまだその体制が続いていたと推測してよいのではなかろうか。

結論的に言えば、われわれがこれまで近世関東における村落祭祀の運営主体の典型と想定してきた複合的村組当番制は、少なくとも次浦村に関する限り、近代にいたって改変された比較的新しい制度だったことになる。こうした傾向は、関東各地の村落祭祀にも認められるのではなかろうか。今後の検証が必要である。

三　オニッキと村の年代記録

次浦の四つのオニッキには、一年間の記録が書かれている。オニッキを記載するのは当屋の重要な仕事であるが、その内容が村の住民たちで共有されていたかどうかについては不明だ。少なくとも現在は、ほとんどの村の住民が内容を読んだり、確認したりすることはなく、そのまま次の当屋の元で保管されるのである。

オニッキに記載された内容についてみると、オビシャに直接かかわる部分は別として、村や周辺の出来事などの記録は、近世初期から前期くらいまではほとんどなく、同中期ごろ以降から急激に増えてくる。それは次浦の場合だけでなく、これまで見ることのできたほとんどのオニッキに共通する傾向である。そして特に幕末から明治期、さらに戦前戦後から平成の現代まで、時にその記述は膨大なものになっていることもある。

惣態神社オニッキの年代記録が最初に確認できるのは、延享二年(一七四五)の「此年三月當社拝殿修復仕候」である。しかしこれもオビシャに関わることなので純粋な村の歴史記録とはいえない。とするとその三年後の寛延二年(一七四九)の、

御地頭本間長蔵様時代、当巳之年百年ニモ無之不作ニテ、世中及困窮ニ候、関八州之悪作ニ候得共、下総・上総・常陸大不作ニ候、別シテ当地川間通リ皆無ニ候、六月廿九日八月十三日大嵐

とあるのがその嚆矢ということになる。こうした天候不順、農作物の豊作・不作、世上の混乱そして大地震などが記

録の主な対象である。しかし同じ記事は、妙見社オニッキの同年には記録されていないことから、それぞれのオニッキが全く別々の主体で記録されていることもわかる。

物態神社オニッキでは、寛延二年以降、毎年ではないが記録されることが増加している。この年は、慶長以来の古いオニッキが筆写された寛保二年（一七四二）の七年後で、オビシャやオニッキに村人が関心を寄せた何らかの事情があるのかもしれない。

ひとまず近世中期ごろに書かれ始めた主なものを拾ってみよう（年号以外の干支・月日、当屋の名前などは省略する）。

宝暦二壬申（一七五二）　御地頭本間長蔵当年九月、本間修理ト御名改申候
宝暦七丁丑（一七五七）　当年五月四日ヨリ諸国一同ノ洪水、別シテ新嶌領皆無依之男女物貰入込七十年来ノ大水ニ候
宝暦十一辛巳（一七六一）当年八月十七日夜世間一同大風ニテ、民家破損数多シ七十歳余ノ老人不覚大風ニ候
明和八辛卯（一七七一）　当卯ノ不作、二三百年ニモ覚へ不申候、日損ニテ仕付不申処百石余
明和九年壬（一七七二）　風雨数度、別而八月四日・同九月十七日大風ニ而半作、二月廿九日江戸大火、明暦此来也、其後上野御本坊消失、大凶年トゾ
安永二癸巳（一七七三）　当巳ノ年満作、米下直、両ニ二石余、台銭相場五貫四百文
安永三甲午（一七七四）　当巳ノ御地頭本間十右衛門様、大坂御目付、二月廿二日ニ御出立、御帰り九月下旬、中年鉄銭鋳止申候、返り御触に而在辺迄廻申候、四文銭ハ半分之儀ニ候

このうち明和一〇年（安永二年）は、米相場と銭相場についての当オニッキ最初の記録であり、この後からほぼ定型化することになる。また安永五年には、将軍家治の日光社参について、次浦村にも人馬と金銭の負担がかけられたことが記録されている。この後では、小金原での将軍鹿狩に村人が大ぜい駆り出されたことなどにも多くの記述が割かれている。

オニッキに含まれたこのような年代記録は、村の祭りとしてのオビシャとどう関わるのであろうか。ご神体と同等の扱いを受ける神聖なオニッキに記載することについて、村人たちは何を意識していたのだろうか。

現在のオビシャ儀礼では、オニッキの記載はオビシャ当日直前とされている。オビシャの場で次の当屋、すなわちライトウに手渡されるのは、前年の当屋が記述したオニッキであり、そこに書かれている名前は前年までの当屋の名前であって、ライトウの名前はまだ記載されていない。一年後のオビシャの前日になって、その年の当屋は自分の名前をオニッキに記述し、さらに一年間に起こった出来事と相場などを記録するのである。オニッキは、ライトウが一年間、オニッキとご神体を無事守ってきた証しでもあり、当屋を無事勤め上げた記録でもある。オニッキは、数百年にわたる当屋たちの名前を、次の年に引き継いでいく象徴的な、それこそ神聖性を付与された記録なのだろう。

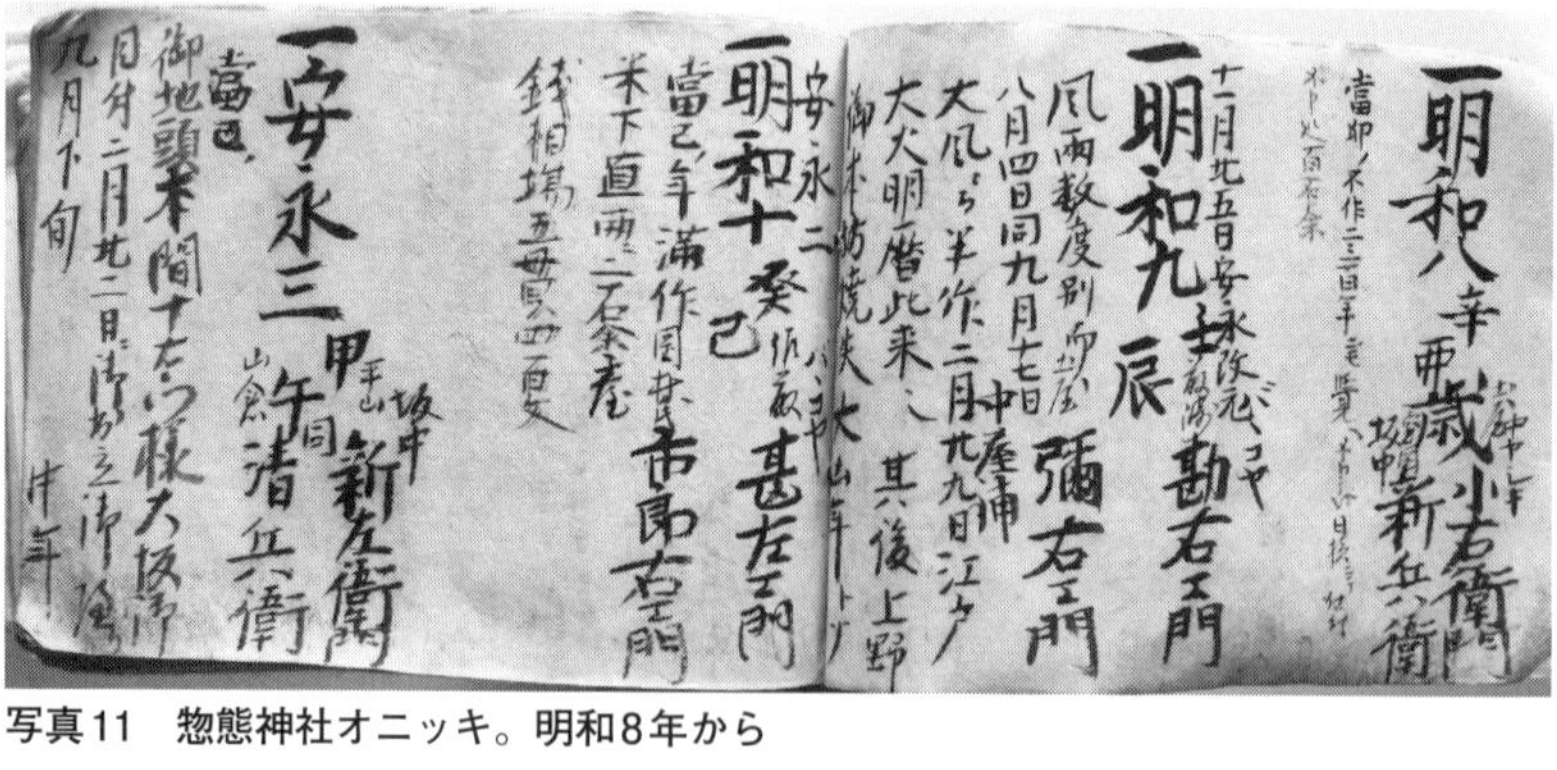

写真11　惣態神社オニッキ。明和8年から

近世中ごろから始まる一年間の出来事の記録も、それ自身は歴史としての役割を担っているわけではないが、ご神体と同様に扱われることで、村が数百年間経験してきた事件や乗り越えてきた天災・人災・苦難を、神に委ねることで、新しい年を歩みだすことを意味しているように思える。一年間の出来事を、オニッキという、それこそ神の側に保管された記録に委ねることで、良いことも悪いことも浄化してしまおう、神に預けてしまおう、という意識があったのではないか。そこに自分の名前も記録されることで、自分自身の存在と当屋を勤めた事実とともに、神の元に永遠にとどめられることになるのである。

オニッキからは、それぞれの時代の人々の関心がいったいどこに向けられていたか、あるいは彼らの情報源や情報ネットワークの存在、あるいはその正確さの程度などまでもうかがうことができるかもしれない。もちろん村の年代記、あるいは歴史叙述の素材としても有効な史料といえよう。もしくはそれ以上に、オビシャ記録の内容に災害・水害・天変地異・政変などの記述も多く、今日の喫緊の課題でもある災害史に大きな役割を果たすことが期待できる。大きな可能性が、まだまだ未発見のまま、村々のオビシャの当屋の家の神棚に保管されたオニッキに、今も秘められているような気がする。

おわりに―「新しい村」―

最後にもう一度、オニッキの書き出しについて考えておきたい。惣態神社オニッキの慶長五年（一六〇〇）の冒頭、「四人シテ相勤申候」とあるのは何を意味するのだろうか。その四人は藤崎雅楽之助（西）・米本与一（西）・市之丞（不明）・平野主計（東）であり、先にも述べた通りこの四人が、慶長期の次浦では村の中心的な家柄であったことを表していると考えるのが自然であろう。それ以降はふたりずつが基本で、稀に一人や当屋なしの場合もあるが、当屋を四人で勤めることはこの時以来一度もない。だとすれば、慶長五年がオニッキの実質的な始まりと考えることができる。この前年の慶長四年、下総国矢作領の検地が行われたことが関係しているのではないだろうか。新たな権力による新体制の象徴たる検地により、次浦村の近世が始まった。それがオニッキの始まり、オビシャ当屋体制の新たな開始を意味するのではないだろうか。

次浦と並び注目される市川市宮久保所願寺のオビシャ文書でも、その冒頭の正保四年(一六四七)から数十年間、染谷・森両氏がオニッキのなかで格別な地位を占めていた(「市川市宮久保(所願寺所蔵)の奉社日記」解題参照)。そこには二軒の別格の家と、その下に連なる小百姓という、近世初期に見られる独特な村落住民構成の存在が推測される。オビシャ文書からうかがえる宮久保村の住民の構成は、染谷・森両氏による村落指導者的な地位を表す表現が消えるのが延宝年間(一六七三〜一六八一)ごろからであり、そのころ村内住民の平準化が進んでいったと考えられる。

同じく、茨城県稲敷市四箇のオニッキにも「延宝八年庚申年ゟ始りて」と、延宝八年にオビシャが開始されたことをわざわざ注記している。

南関東に広く分布するオビシャ行事が、オニッキの記帳が開始されたそのころ、まさに「新しい時代を迎えた新しい村」として再出発すると同時に、オビシャ行事そのものを開始したかのように思われるのである。村の住民をオビシャの場に集合させたのは、こうした「新しい村」の誕生に寄せる共通の思いだったのではなかったろうか。そのオビシャが、最初に当屋の順番を取り決めた格別な村の住民を中心に始められながら、一七世紀の中ごろか後半には、当初期の格別な住民に留まらない住民らの参加により、村全体の行事になっていく様子が、各地のオニッキからうかがえる。これこそが村落祭祀資料オニッキの大きな功績と言えるのではなかろうか。

オビシャとオニッキ儀礼
―千葉県印旛郡栄町酒直―

金子祥之

一　オビシャにおけるオニッキと儀礼

本稿では酒直《さかなお》地区のオビシャを事例に、オビシャ行事のなかでオニッキがどのように用いられているのかを記述していく。本書はオニッキなどのオビシャ文書を対象として編まれているが、そのうち本稿は、オニッキの儀礼的側面に焦点をあてていくことになる。

ここで対象とする千葉県印旛郡栄町酒直地区では、平成二九年（二〇一七）現在、一一ものオビシャが行なわれており、これらのオビシャの場で祀られる神は二四社に及んでいる。多くの地域でオビシャが簡素化、簡略化されている現実があるなかで[1]、酒直という一つの地区だけでこれだけの規模のオビシャが、今日も継承されているのは注目に値しよう。しかもこれらのオビシャすべてに、オニッキとそれにまつわる儀礼が伴っている。すべてのオビシャにオニッキが存在することは、この地区のオビシャを特徴づけるものである。

オニッキとそれにまつわる儀礼について注目した研究者として、櫻井徳太郎をあげることができる。櫻井は、利根川下流域のオビシャ調査から、「ビシャの祭事で印象深い特徴的な要素は、オニッキと称するビシャ講所有の帳簿をめぐっての儀礼である」〔櫻井　一九九〇　一四八〕と言い、それをオビシャに見られる「特殊な神事」〔一四八〕として位置づけた。

そのうえで、櫻井は、オニッキにまつわる儀礼には「二系統」あると述べて、つぎのような整理を試みた。ひとつは、「氏子入りの儀礼」であり、もうひとつが、「トウヤの受け渡しの儀礼」である。この指摘は、注目すべき内容を含んでいるため、本稿ではそれぞれを〈氏子入り儀礼型〉と〈トウヤ儀礼型〉と名づけ、櫻井の指摘を丁寧に見ておきたい。

〈氏子入り儀礼型〉の例として、櫻井は稲敷郡大宮村〔現・茨城県龍ケ崎市〕上佐沼地区(2)のオビシャをあげる。この型の場合、オニッキは、「年ごとにビシャ仲間で誕生した子どもの名前を記入したもの〔帳簿〕」〔一四八〕である。オニッキは、「〔オビシャの〕本祭りの正月二〇日に、神主〔神社づき〕の神職が執祭のため頭屋の家へ出張し、祭壇を荘厳し、いっさいの準備がすんだのち、真先にとりかかる神事」〔一四八〕で用いられる。「新入りする氏子名の記入が終わると、頭屋をはじめビシャ仲間一同勢揃いし、氏神神社つまりウブスナまで行き、その拝殿で「氏子入り」の式をもよおす」〔一四九〕。その後直会となり、やがて「宴たけなわになると、新しく頭屋になる〔下頭という〕組の青年たちが仮装してオニッキを貰いにくる」。オニッキを受けた帰り道で、本頭側の青年がそれを奪いにくる。「両者泥に塗れて格闘し合うことしばらくして、やがて勝利は下頭の側に輝」〔一四〇〕き、新頭屋のもとに運ばれる。「この地方では、……氏子入りの意味を示す儀礼は他にも数多くみられる。けれどももっとも重要なのはビシャ祭りの際のオニッキ行事であることは注目しておかなければならない」〔一四九〕と指摘する。

もう一方の、〈トウヤ儀礼型〉の例は、福田万里子の調査成果に依拠したもので(3)、稲敷郡金江津村〔現・茨城県河内町〕平川地区である。こちらの場合、オニッキとは、「ビシャ行事を司祭担当する頭屋の順番や氏名、またその選定方法を記した頭屋台帳、あるいは祭事次第、神供を調整する方法や手順、諸役の分担、祭費の負担額や醵出の方法、さらに祭礼に関する経費の収支決算、出納を巨細なく記載する帳簿などを総称」〔一四九〕したものとなる。これらオニッキの引き渡しの式がトウヤ宅で行なわれる。引き渡しには厳格な所作がある。受取り方は、八献二汁五菜でもてなしを受け、「オニッキ・御幣をかついで自家に帰る。このとき、渡し方から送り馬、受取り方から迎え馬が出、ウブスナの水神社を七回半、各組の当番の家（一一組ある）を一回まわって行く。馬は送り迎えともに、おのおの白木綿一反で美々しく飾られ御幣をつける。ほかに若衆三人と、白地の袷襦袢に襷がけ裸足の子どもが一〇〜二〇人くらいこれに従う。オニッキの道中、一行は各家からオヒネリをもらい、また賽の目に割った大根の端に油墨をつけて、それを道行く人の額に塗りつけながら進むので、その雑踏で部落中は大へんな賑いとなる」〔一四九〜一五〇〕。

あらためて「二つの系統」の相違点を簡潔に整理しておこう。〈氏子入り儀礼型〉は、オニッキが、生まれた子どもの名を記す「生子帳」「氏子帳」であり、オビシャ行事の最初に位置づけられる氏子入り儀礼で使用される。対して、〈トウヤ儀礼型〉では、オニッキは当屋が引き継ぐ帳簿・祭具類の総称となっていて、とくに当屋の名を記した帳簿や、オビシャの執行方法を記した帳簿を指す場合が多い。この場合のオニッキは、オビシャ行事のうち、新当屋へと引き継ぐ当渡し儀礼に際して重要な意味をもつことになる。

櫻井のこの類型は、儀礼的側面に注目したオニッキ分類として重要だが、不完全であることも事実である。明言されてはいないが、おそらく櫻井は、〈氏子入り儀礼型〉から〈トウヤ儀礼型〉へと変化したと推測していたように見受けられる。だが、二つの類型間にどのような関係があるのかについて直接的な言及がないため、果たして独立した類型と見なせるのか判然としない。〈氏子入り儀礼型〉と言われた、上佐沼地区の事例でも、青年組を介してオニッキの受け渡しは行なわれているわけだから、純粋に〈氏子入り儀礼型〉とは言えないかもしれない。(4)

しかしながら、櫻井の提起はつぎの二点で有効であると考えている。ひとつは、オニッキには様々なパターンがあることを指摘したこと。そしてより重要なのは、オビシャ行事のなかでオニッキがどのように用いられているかという、儀礼の文脈に即してオニッキを理解しようとする視点を提起したことである。オビシャ行事のなかでオニッキについて言及される場合、それは書かれたもの／歴史史料としてのオニッキであったが、やはりオニッキは儀礼の場で用いられる儀礼文書であることを、見逃してはならないと考えるからである。そこで本稿では、櫻井による類型とその視点を引き受けて記述をすすめる。

では、これから検討する酒直のオニッキ儀礼は、〈氏子入り儀礼型〉と〈トウヤ儀礼型〉のどちらに位置づけられるのだろうか。結論から述べれば、基本的には〈トウヤ儀礼型〉に属するものであることが明らかになる。だが一方で、櫻井の意図したそれでは理解できない部分が大きいこともわかった。それは端的に言えば、オニッキがたんなる帳簿類としてではなく、神体そのものとして神聖視されている事実によるものである。

このような特徴をもつことに注目しながら、酒直のオビシャとそこでのオニッキ儀礼について以下に詳しく検討したい。なお本稿では、酒直のオビシャを論じるにあたって、二つの限定を設けた。第一に対象の限定である。酒直のオビシャは一一あるため、そのすべてについてここで詳細に論じることはできない。そこで全体については概観するにとどめ、「ムラオビシャ」と、一番組で行なわれている「クルワのオビシャ」について検討した。いずれも現在も比較的丁寧に行なわれている行事である。第二に、視点の限定である。本稿では、歴史的なアプローチよりも、現状分析に力点をおいた。まずはこれらの行事の現状を把握する必要があったためである。

二　酒直地区の歴史的概要と社会関係

1　酒直地区はどのような地区か

本稿で事例とする栄町酒直地区は、龍角寺地区と隣接した土地である。龍角寺地区の名前は、この地区にある寺院に由来する。天竺山寂光院龍角寺と言えば、七世紀後半には創建されたと考えられる、関東地方ではもっとも古い寺院のひとつである。また白鳳期の様式を示す銅造薬師如来座像を伝える寺院としても名高い。地域内には龍角寺古墳群のあることでも知られており、酒直地区にも古墳が存在している。

酒直地区の説明を龍角寺から始めたのは、この寺院や龍角寺地区と深い関係があると地元では認識しているからである。「龍角寺の七不思議」などの伝説にも、龍角寺地区だけではなく酒直地区の事例が登場する(6)。例えば、集落の北側にある白幡神社の杜を含む場所を地元ではウンチンヤマ（運賃山）と呼んでいる。かつて香取海が広がっていた時代には、龍角寺に参詣する者たちが、この場所で舟を降りたことによるのだという。

酒直という地名は、戦国時代末期には使われていたとされる(7)。史料上の初見は、慶長九年（一六〇四）正月二五日付「本多正重寄進状」である。これは酒直村区有文書のうち最古のもので、本多氏が「明神」へ「田地弐反」、「多寶院」へ「畠一反」を寄進したものである。ここに見えている明神は素羽鷹明神、多寶院は龍角寺の末寺である素羽鷹山多宝院を指す。本史料に、「さかなふ　多寶院」とあるものが、「酒直」という村名の初見である。

近世初期の村高は八〇〇石、新田一九八石四斗三升四合で、合計九九八石四斗三升四合であった。一八世紀に入ると新々田が高に結ばれ、村高は一〇一四石七斗七升六合に微増する。やがて一八世紀末の段階で、一一一八石一斗九合まで増加している。この数字が『旧高旧領取調帳』と一致するため、これ以降、明治初期まで村高の増加はなかったと考えられる。部分的ではあるが、近世後期の戸数や人口を示すと、天保一五年（一八四四）は家数八四軒、人数三六二人、馬三九頭。安政三年（一八五六）には家数八〇軒、人数三九一人、馬三九頭。元治二年（一八六五）では家数八一軒、人数三八二人、馬三九頭となっていた。

都市化が進む以前の酒直の様子を聞き取りから示して見ると、つぎのような空間構成をとっていたことがわかる。集落は台地部に形成されている。先に示したウンチンヤマの伝説でもわかるように、こうした台地部は古くから拓かれていた場所で、「香取海の時代にも水底に沈むことがなかった」と認識されている。台地部はまた、畑地としても使われていた。南側には印旛沼が広がり、水田が拓かれている。こちらには民家はほとんどなく、漁で生計を立てていた家など数軒に限られていたのだという。治水技術や開墾技術が発達してから、より大規模に水田が作られ、宅地化が進んでいった。また直接には接していないが、すぐ北側には利根川が位置している。つまり大きく分けて、台地部に集落と畑が、低地部とヤチ（谷地）には水田が広がり、集落の南北には利根川・印旛沼などの水辺が位置する構成となっていた。

かつては農村地帯であったが、とくに昭和六〇年（一九八五）以降のニュータウン開発によって、都市化が進んだ。酒直地区にも酒直台一丁目、二丁目の二つの地区が作られた。ここには約五〇〇世帯が移り住んできた。また酒直地区は栄町の中心部に近いこともあり、利便性の高い地域であるため、都市化にあわせて地区内にも移住者が増えるようになった。

しかし現在は、少子化、高齢化、人口減少傾向が見てとれる。平成二九年四月時点での人口は、二五二世帯、五七一人となっている(8)。平成一九年（二〇〇七）の人口が六七六人であったため(9)、わずか一〇年の短期間のうちに、一〇〇名もの人口減少が進んだ。地域にとってとくに大きな出来事だったのは、平成二六年には酒直小学校が閉校になってしまったことである。明治三五年（一九〇二）多宝院本堂を仮校舎として小学校が誕生してから、一三九年で歴史を閉じることとなった。

2　酒直地区の社会構成と祭祀対象

オビシャ行事について検討するため、酒直地区内の社会構成と、祭祀対象の神社について見ておきたい。

酒直地区には、バングミ（番組）と呼ばれる村組がある。酒直地区は、一番組から六番組までの六つのバングミで構成されている。一番組が一八軒、二番組が一三軒、三番組が一〇軒、四番組が一五軒、五番組が一九軒、六番組が一八軒である。(10) これらバングミの範囲を示すとつぎのようになる（図1）。

実際には、図1に示した範囲を越えて所属している家々があるが、ここでは各バングミの中心的な範囲を示した。図の範囲外に居ながらバングミに所属している家は、分家して少し離れた場所に屋敷を構えた事例である。新たに屋敷を構えた場所が、どこかのバングミの領域にあたる場合には、そちらのバングミに所属することが多い。現在は、台地部にあたる古くからの集落の場所に限られずに、屋敷を構えることができるようになっている。このような場合、集落からは離れるが、転出前に所属していたバングミに加わることになる。

バングミを古くはクルワ（曲輪）と言ったようで、現在でもナカクルワ（中曲輪）という地名にその名残りが見られる。現在ではバングミとクルワとの対応関係は、はっきりしないものとなってしまった。なぜなら、クルワがバングミへと編成される過程で、クルワは小字の一つとなり、ある空間を指し示すものでしかなくなってしまったからである。現在の小字となったクルワと、かつての地縁組織としてのクルワが一致しているのかどうかについては、特定できるだ

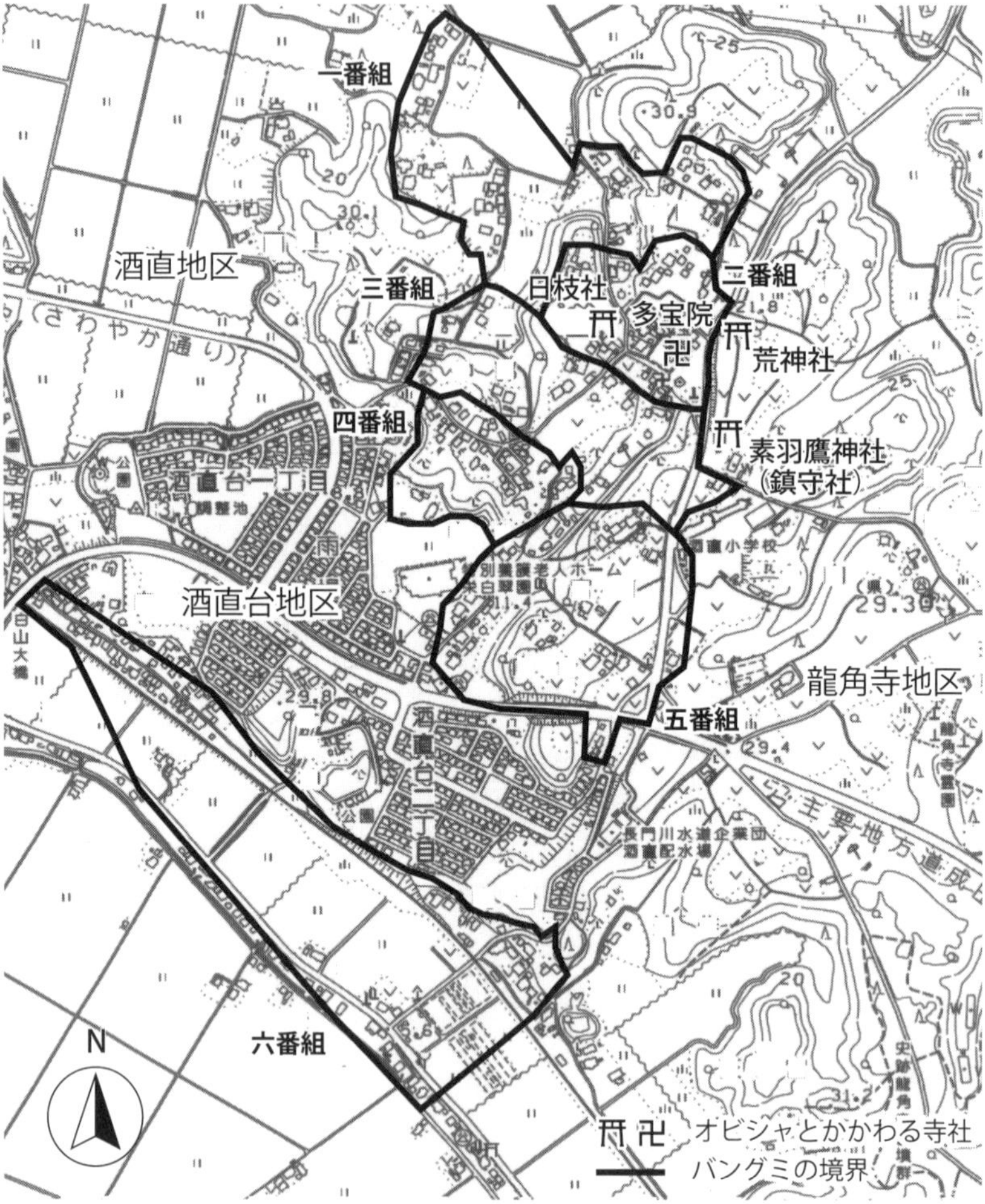

図1　酒直のバングミとオビシャとかかわる寺社

けの資料が得られなかった。

図1にはオビシャ行事とかかわる神社や寺院についても図示しておいた。オビシャと関係する宗教施設は、神社が一四社とお寺が一寺（多宝院）、お堂が一宇（多宝院内にある子安観音堂）である。これらに加えて、文化元年（一八〇四）まで、もう一寺（清教寺）があったというが、このときから無住になり、以降多宝院が兼務していた[11]。

関係する一四社のうち、独立した社殿をもつのは、鎮守社（素羽鷹神社）、荒神社、日枝社の三社のみであり、これら以外はすべて石祠であり、鎮守社の境内社となっている。『千葉県神社明細帳』の記載を見ると、明治四一年五月に八社を合祀した事実が判明する。すなわち、明治末期の神社合祀によって、多くの神社が社地を失い、鎮守社の境内に集められたことがわかる。このとき合祀されたものは、鷲神社、浅間社、天神社、白幡社、稲荷社、御霊社、子の神社、疱瘡社であった。この他の神社についても、ニュータウン開発などその後の過程で境内へと移されたのだという。

三　酒直のオビシャ行事の複層性

1　二つの祭祀単位―ムラとクルワ

冒頭でふれたように、酒直地区では平成二九年（二〇一七）現在、一一ものオビシャが行なわれており、これらのオビシャの場で祀られる神は二四社に及んでいる。オビシャ行事の量的な側面に注目しても、その豊富さに驚かされる。しかも、酒直のオビシャは、その量的豊富さだけでなく、その行事内容、すなわち質的にも注目すべき内容を含んでいる。それは複層的な祭祀組織の構成と、本書で注目するオニッキである。後掲の表1がそれらをまとめたものであるが、それぞれについて見ていこう。

まず、オビシャ行事を担う祭祀組織について見てみると、一一のオビシャは、それぞれ祭祀組織が異なっている。これらのオビシャの担い手は、「ムラオビシャ」と「クルワのオビシャ」の、大きく二つに分けることができる。

「ムラオビシャ」は、酒直というムラの全戸が参加するオビシャである。このような形式をとるのは、毎年一月二二日に行なわれてきた「ムラオビシャ」ただ一つである。ムラの全戸と言っても、そこに参加することができるのは、男性戸主に限られている。オオオビシャ（大奉社）とも言われていることからわかるように、このオビシャでは、酒直のオビシャでもっとも多い一四社が祭祀対象となる。鎮守社である素羽鷹神社のほか、村内各所に祀られている小祠のほとんどがこのオビシャの祭神である。[12]

対して、「クルワのオビシャ」とは、村内のバングミ（番組）が担い手になるもので、一番組では荒神ビシャ、五番組・六番組では稲荷ビシャが行なわれている。三番組でもかつては日枝ビシャが行なわれていたという。しかし、昭和初期にはすでに途絶えていたようで、現在八〇歳代の人たちでも実見したことはなく、話として聞いたことがあるというのみであった。

また「クルワのオビシャ」には、女性たちが組織するオビシャがある。まず一番組の女性たちが担い手となる白幡ビシャがある。これに加えて、一番組から六番組まですべてのバングミの女性たちが、それぞれ独立して子安ビシャを行なっている。これらは主婦が参加する女オビシャであり、男性は関与しない。

つぎに本書で注目するオニッキについて見てみると、これらすべてのオビシャで、オニッキが存在し、毎年それらが更新され引き継がれている。[13] 家を単位とした輪番制の祭祀組織（当屋制）を指してオビシャと呼ぶ地域もあるが、酒直の場合には、オビシャと言うと、オニッキの引き継ぎを軸とした祭祀形態を指して使われている。それゆえに、例えば子供組が担い手となる天神講は、オビシャ行事同様に家を単位とした輪番制の祭祀組織であったが、オニッキの引き継ぎがないために、地元では「天神ビシャ」と言われることはなかった。

このようなオニッキの祭祀を軸とし、かつ様々な祭祀組織がそれを担うという酒直の複層的なオビシャは、古くから見られたものなのだろうか。表2は酒直地区の多宝院に残された『天保四年正月　拾四社本地種字並神名譜　全』をもとに作成し、表1との対応関係を示したものである。この史料には、酒直のオビシャで祭祀対象となる神々の本地、種字、神名が書き上げられているため、これによって、近世後期の酒直村のオビシャ行事を概観することができる。

二つの表を対照すると、つぎの四点が確認できる。

第一に、近世後期の酒直村で執行されていたオビシャの多くが、変化を加えながらも現在まで伝えられていることである。他方で、現在に引き継がれなかったオビシャは二つあり、それはいずれも「中曲輪」が担い手となっていたオビシャである。ひとつが、聞き取りからも廃絶したことが確認できた山王社（日枝社）を対象とするオビシャである。もうひとつが、愛宕社・弁天社・稲荷社の三社を対象とするオビシャであるが、こちらは聞き取りでは確認できなかった(14)。

第二に、オビシャの担い手の変化である。「ムラ」が祭祀単位となったものと、「クルワ」が祭祀単位となったものとの二つがあることは、現在と同様である。けれども現在のオビシャは、「クルワのオビシャ」と言いながらも、実際のところは、バングミが担い手となっている。だが史料には、「三曲輪」とあるように、近世後期には三つの「クルワ」があった。それが近代化のなかで、六つのバングミに再編成されていったものと推測される。その結果、北之内、中曲輪、中臺の三つのクルワが担っていた「小奉社」は、それぞれ一、三、五、六番組に引き継がれ、二、四番組では、「小奉社」を欠くことになった。だがその一方で、女性が担い手となる子安ビシャは、すべてのバングミで行なわ

表1　平成29年(2017)現在のオビシャ

区分	名称	祭祀対象	実施日	担い手	オニッキ	宗教者の関与
ムラオビシャ	オビシャ オオオビシャ ムラオビシャ	鎮守社、荒神社、白幡社、日枝社、稲荷社、弁天社、愛宕社、浅間社、天神社、御霊社、水神社、鷲神社、子の神社、疱瘡社	1月22日に近い日曜	ムラ全戸の戸主	あり	神職
クルワのオビシャ	荒神ビシャ	荒神社	2月5日	一番組の戸主	あり	神職
	白幡ビシャ	白幡社	2月5日	一番組の主婦	あり	神職
	稲荷ビシャ	朝日稲荷	2月初午	五番組	あり	なし
	稲荷ビシャ	朝日稲荷	2月初午	六番組	あり	神職
	日枝ビシャ	日枝社	不明	三番組の戸主	あり	不明
	子安ビシャ	子安観音	1月13日	各番組の主婦	あり	多宝院

▒は、すでに廃絶したものを示す。
聞き取り調査をもとに筆者作成。

表2　天保4年(1833)のオビシャ

区分	名称	祭祀対象	実施日	担い手	オニッキ	宗教者の関与
大奉社	大奉社	素羽鷹明神、三宝大荒神、鷲宮大明神、天満天神、浅間宮、子権現社、疱瘡大善神、御霊大権現、弁財天女、稲荷大神、愛宕大権現、山王大権現、水神宮、白幡大権現	1月22日	村	奉社日記、日記	多宝院
小奉社	北之内小奉社	三宝大荒神	2月5日	北之内	奉社日記	多宝院
	北之内小奉社	白幡大権現	2月5日	北之内	日記	多宝院
	中臺小奉社	稲荷大明神	2月初午	中臺	奉社日記	多宝院
	中曲輪小奉社	山王大権現	2月初申	中曲輪	奉社日記	多宝院
	中曲輪小奉社	愛宕大権現、弁財天女、稲荷大明神	2月初申	中曲輪	奉社日記	多宝院
	三曲輪女奉社	子安大明神	1月13日	三曲輪女	奉社日記	多宝院

表中の表現は、史料中の文言をそのまま用いた。
『天保四年正月　拾四社本地種字並神名譜　全』をもとに筆者作成。

れている。

第三に、宗教者の関与である。天保期には多宝院がオビシャ行事に深く関与していた。『天保四年正月　拾四社本地種字並神名譜　全』に記載された、神々の本地、種字、神名は、後述するオニッキに記載されていた内容そのものである。つまり、「大奉社」「小奉社」の区別なく、酒直村のオビシャのすべてに多宝院の宗教者が関与していたのである。ところが、神仏分離を背景としたものと考えられるが、近代化過程でオビシャへの多宝院の関与は大きく後退した。具体的には、女性が担い手となる子安ビシャだけに限られた。それ以外のオビシャは、神職が関与するか、宗教者の関与は見られなくなった。

第四に、オニッキを軸とした祭祀方式が、すべてのオビシャに見られることである。近世後期には、すべてのオビシャで多宝院の宗教者がオニッキの神符を作成していた。しかし、その後、多宝院が関与できなくなったため、作成者に統一性はなくなった。現在のオニッキの作成者を見てみると、「ムラオビシャ」では、地元の人びとが作成している。一番組が行なう二つのオビシャと六番組の稲荷ビシャは神職であり、宗教者の関与がない五番組の稲荷ビシャは、やはり地元の人びとである。女性たちの担う子安ビシャは、多宝院がオニッキを作成している。

以上の整理から明らかなように、江戸時代後期には、オニッキの祭祀を軸とし、ムラとクルワがそれぞれに祭祀を執行するという複層的なオビシャが存在していた。クルワからバングミへの祭祀単位の変化や、宗教者の関与の変遷など、近代化による祭祀の変化を今後より実証的に分析する必要があるが、少なくとも現在行われているオビシャの基本的な祭祀形態は、近世後期のそれを引き継いでいると見ることができる。

2 クルワのオビシャ

これまで酒直のオビシャについて概観してきた。そこでつぎに、それぞれのオビシャとそこでのオニッキの用いられ方について検討していきたい。ただ、酒直のオビシャすべてを扱うことはできないので、まずは「クルワのオビシャ」のうち、一番組が担い手となっている、荒神ビシャと白幡ビシャについて取り上げよう。

現在、一番組では二つのオビシャを行なっている。それが荒神ビシャと白幡ビシャである。いずれも二月五日に行なわれるもので、本来は、荒神ビシャがオトコヤド(男宿)、白幡ビシャがオンナヤド(女宿)であった。すなわち、荒神ビシャは男性戸主が担うものであり、白幡ビシャは女性(主婦)が担うオビシャであった。つまり戸主は戸主で、また主婦は主婦で、同じ祭日にそれぞれ別のオビシャを執り行なってきた。

オビシャの当番の呼称は、トウマエ(当前)とヤド(宿)という二つの呼び名がある。どちらもオビシャの当番を指す言葉として使われているが、厳密に言えば、トウマエは人を指すのに対して、ヤドは家を指す呼称である。すなわちトウマエは、オビシャを代表して執り行なう人(戸主ないし主婦)を指すのに対し、ヤドという言い方は、人びとが集まる場所としての当番の家を指している。

現在は、二つのオビシャを合同で開催するようになった。そのため、ヤドには男性も女性も集まってくる形態となった。だが、合同で開催するようになった現在も、オトコヤドとオンナヤドは、それぞれ決められており、オトコヤドがヤドとして自宅を提供し、オンナヤドは会計の管理を担当する役割分担がある。

平成二九年現在の行事内容を、簡単に見ておきたい。当日朝、ヤドの家に幟を立てる。幟には三か所に榊をつけ、ヤドの庭に東へ向けて立てる。幟が用意できるといったん解散する。一一時ごろから祭典が始まるため、それまでの間に、ヤドでは神饌や注連縄、榊、御幣、祭壇を準備する。注連縄は荒神社の社殿、白幡社の石祠に持って行き、飾りつける。榊は二種類用意し、小さなものは玉串奉奠で用い、大きなものは幣束とともに荒神社の社殿に納める。時間が近づくと、組の人びとが「お世話になります」と言って、再びヤドに集まってくる。

ヤドの床の間には祭壇が設けられ、オニッキは御神体となる（写真1）。神職が新年のオニッキを書き、書き上がったオニッキを前年までのオニッキの束の一番外側に巻きつける。オニッキは太いロール状に巻かれ、木製のオミヤの中に納められる。神饌のほか、灯明とお茶を供える。祭壇の飾りつけが済むと、荒神社の社殿へと移動する。御幣や注連縄など用意した祭具で社殿を飾りつける。一一時をややまわったころに、荒神社で一般的な祭式（開扉、修祓、献饌、祝詞奏上、玉串奉奠、閉扉）の祭典が執行され、その場で参列者に神酒が振る舞われる。荒神社での祭典が済むとヤドへと戻ってきて幟を下ろし、直会となる。現在ではヤドで直会を続けると当番宅の負担が大きいため、料理屋へと会場を移して直会が続けられた。直会が終わると新トウマエの家へオビシャの祭具を送り、オビシャは終了となった。

3 「クルワのオビシャ」におけるオニッキ

ここであらためてオニッキに注目して「クルワのオビシャ」を見てみると、一番組の場合、その作成者は布佐地区の竹内神社から招かれた神職であった（写真2）。すなわち、地元ではなく、宗教者が

写真1　一番組のオニッキとオミヤ（2017年2月5日）

作成するものとなっている。オニッキに書かれる内容は、荒神社が「奉斎三宝荒神社璽」「平成二十九丁酉年二月五日」、白幡社が「奉斎白幡神社璽」「平成二十九丁酉年二月五日」であり、神社名と祭日が記されるのみである。

このオニッキの束をオミヤに納めて、オビシャの御神体としている。つまり、「クルワのオビシャ」で言うオニッキとは、この御神体としての神符を指している。先に見たように、櫻井の指摘した〈トウヤ儀礼型〉の場合、当屋が引き継ぐ帳面・祭具などの総称をオニッキと見ていたが、一番組のオビシャのオニッキとは、神体となる神符を指す言葉である。現在の当渡しは、オミヤを新トウマエ宅に渡すのみで、儀礼的要素はなくなっている。引き継ぎの際にも、オビシャ仲間が一座することはなく、新旧トウマエの間だけで行なわれる。

ここで注意したいのは、トウマエが引き継ぐ祭具は、オミヤだけではないことである。ハコと呼んでいる木箱に祭具が納められている。ここには、幟、膳椀、神饌の配置図などが入っている。オビシャに用いる祭具であり、「クルワのオビシャ」の場合には、当番帳などの帳面は作成されていない。引き継がれる祭具や帳簿を詳しく見てみよう。

幟は大小四本が引き継がれる。小さいものは縦五〇〜六〇センチメートル、横二〇〜二五センチメートルほどの大きさである。宝暦五年（一七五五）と嘉永四年（一八五一）のものがある。それぞれの幟に記されている内容は、「宝暦五乙亥歳　二月五日」「奉納三宝大荒神　御奉社」。そしてもうひとつが、「嘉永四年辛亥年　二月五日」「奉納三宝大荒神　御宝前」「大野氏」である。

大きい幟も二本残されており、安永六年（一七七七）と、天保三年（一八三二）のものである。こちらは正確な大きさを測ることができなかったが、縦四〜五メートル、横五〇センチメートルほどの大きさであった。幟に記されている文言は、「安永六年　酉二月吉日」「奉納三宝大荒神」「酒直北之内　男女中」。天保三年のものには、「天保壬申年　中春初五日」「奉祭三宝大荒神」「当邨　後藤いは」「活水室敬書」とある。

四本ある幟のうち、現用されているのはわずかに天保三年の大旗だけである。これをトウマエの自宅の庭に立てている。二本ある小旗はまったく使われておらず、何に用いられていたのか、今となってはわからなくなってしまっている。小旗の一つに「御宝前」とあるからには、オニッキのある祭壇の近くに、かつては立てられたのかもしれない。

一番組のオビシャでは、神饌についての決まり事が明確に残っている。それはトウマエが引き継ぐ祭具のなかに、膳椀一揃いとそれぞれに何を盛り付けるか指示した配置図があることによる。神饌として供えるのは、赤飯、汁物、里芋の煮物、沢庵、金平に酒である。これらはヤドが準備することになっており、荒神ビシャも白幡ビシャも、この神饌を用意してきた。

ここまでの一番組のオビシャを事例とした、「クルワのオビシャ」の特徴についてまとめておきたい。一番組のオビシャにおけるオニッキは、神職の作成した神符を指しており、それがオビシャ行事の神体として位置づけられている。当渡し儀礼などオビシャ行事の儀礼的要素は簡素なものになっているが、神饌には明確な決まりがあった。また一番組のオビシャの場合、トウマエの自宅で儀礼を行なうスタイルが維持されている。酒直に限らず、多くの地区で個人宅から集会所や公民館、神社といった広場空間[15]へと儀礼の場が移っている。しかし「クルワのオビシャ」の場合は、いまなお旧来のヤドで行なわれる場合が少なくない。もっとも直会は料理屋に移動して

写真2　一番組のオニッキの作成（2017年2月5日）

行なうなど、ヤドの負担軽減策もとられている。

以上が「クルワのオビシャ」の現状であるが、「ムラオビシャ」の事例に入るまえに、ひとつ検討しておきたいことがある。じつは、一番組のオビシャと「ムラオビシャ」では祭祀対象が重なっていることである。表1にも示しておいたとおり、荒神社、白幡社の二社ともに、「ムラオビシャ」でも祀られている。このことは何を示すのだろうか。

祭祀対象が重なっていることは、儀礼の場でも小さな混乱を生じさせている。先行する一月二二日の「ムラオビシャ」で荒神社、白幡社ともに掃き清められ、真新しい注連縄で飾りつけられる。しかし、それからわずか十日足らずで、この飾りつけは一番組の人びとに撤去される。そして「クルワのオビシャ」で、あらためて注連縄を飾っている。それだけではない。

同じ神社のオニッキが、ムラ内に二つ存在しているのである。神体と見られているオニッキが複数存在し、ムラとクルワとでそれぞれにオビシャ行事が行なわれている事実は、原理的に考えれば不可思議である。だが、これらの事実は、「クルワのオビシャ」と「ムラオビシャ」との関係を考える際に重要な事実であるように思われる。なぜなら、「クルワのオビシャ」の祭神の多くが、「ムラオビシャ」と重なっているが、それにもかかわらず、どちらかだけで祀れば事足りると考えられていないからである。このような二つのオビシャの関係を「重複‐併存関係」と呼んでおきたい。このことについては、最後にもう一度ふれるので、ここでは多くの場合、「重複‐併存関係」にあるという事実確認にとどめたい。

以上の「クルワのオビシャ」の事例記述をふまえて、つぎに「ムラオビシャ」について詳しく検討していくことにしよう。

四　「ムラオビシャ」におけるオニッキ儀礼

1　「ムラオビシャ」の階層構造

すでにふれたように、「ムラオビシャ」は酒直というムラ全戸で担うオビシャであり、そこに参加することができる者は原則的に男性戸主である。各家から一人参加することが期待されており、戸主が出られない場合は、代わりの男性（息子や隠居した父親）が出ることが多い。

「ムラオビシャ」に参加する家々は、テイガタとキャクガタの二つの役割に分かれる。テイガタ（亭方）というのは、オビシャを主催し歓待する側であることから亭主方の意味であり、キャクガタ（客方）はもてなしを受ける側である客人方を指している。オビシャでは、一年間神々を守護してきたテイガタがその年のオビシャを主催し、この場で神々を受けるキャクガタにもてなしをする仕来りである。

ある家がテイガタとキャクガタのいずれに属するかは、地区内の地縁組織によってあらかじめ決められている。六つのバングミを一～三番組と四～六番組の二つに分け、オビシャを執行する。平成二八年（二〇一六）を例にとると、旧年中に守護人（一年間、社を預かってきた当屋の人々のことを指す）を勤めてきた一～三番組がテイガタとなり、キャクガタである四～六番組へと神々を受け渡した。もちろん翌平成二九年には、四～六番組がテイガタとなり、キャクガタの一～三番組へ受け渡す。

「ムラオビシャ」では、テイガタにあたる三つの組の人びとが当番組となり、その年の行事を取り仕切る。テイガタには、さらに複数の役職が存在するが、それを理解するためには、この行事で受け渡される神々の序列について見ておく必要がある。

「ムラオビシャ」で受け渡す一四の神々には〝格付け〟があり、つぎのような順序で構成されている。序列の第一位には鎮守社(素羽鷹神社)が位置づけられる。この①鎮守社に続いて、②荒神社、③白幡社、④日枝社、⑤稲荷社、⑥弁天社(厳嶋社)、⑦愛宕社、⑧浅間社、⑨天神社、⑩御霊社、⑪水神社、⑫鷲神社、⑬子の神社、⑭疱瘡社という序列が決まっている。

このうち、いくつかの社については、なぜその地位にあるのかを説明する伝承が残されている。荒神社は鎮守社に続く第二位にあるが、それは浅間焼けとかかわるという。浅間山の噴火によって、関東一円は大きな被害を受けた。酒直においても作物がとれず、飢饉が続いた。こうした異常事態を鎮めるために、荒神社が篤く信仰された。そのため、荒神社は浅間山に向けて西向きに祀られ、鎮守社に次ぐ地位を与えられているのだという。反対にもっとも低い地位を与えられているのが疱瘡社である。その理由は、新参者であるためだと説明される。明治期に伝染病が流行し、それを鎮めるために祀られたのが疱瘡神であり、比較的新しく勧請された神だと見られている。

当番組の主要な役職として、オオド(大殿)、アイド(相殿)、コドガシラ(小殿頭)、コド(小殿)がある。これらは守護人の役職名であると同時に、守護する社の序列を示す名前ともなっている。つぎに述べるように、オオド－コドガシラ－コドという神々の序列を指す用語が、そのまま当番組内での役職を指す用語として用いられているのである。

オオドとは、鎮守社(素羽鷹明神)とそれを守護する家をいう。オオドは「ムラオビシャ」のすべてを取り仕切る役割である。鎮守社を守っていることを明示するかのように、オオドの自宅の門口には、松の木の皮をむいて柱を立て注連縄を飾る。また「ムラオビシャ」の当日には、オオドの家に八メートルあまりの「素羽鷹神社」と記された幟旗が設置される。

儀礼全般を指揮監督するオオドの果たす役割は大きく、万一、オオドが儀礼を担えなくなる状況が生じると、オビシャ行事が執行できなくなる可能性がある。というのも、不幸があると社守りができない仕来りがあり、オオドに不幸があると、大きな混乱が生じてしまうことになるからである。それを防ぐため、あらかじめ代役を選出しておく。それがアイドである。アイドには守護すべき神社はないが、もしオオドに不幸があった場合には、アイドがオオドに代ってその年のオビシャを取り仕切る。

コドとは、鎮守社以外の一三社と、それを守護する家々を言う。コドの一三社やそれらを守護する一三の家々を総称して、コドシュウ（小殿衆）とも呼んでいる。コドシュウのうち、鎮守社に続いて第二位の序列にある、つまり、コドのうち最も高い地位にある荒神社を守護する家はコドガシラと呼ばれる。ムラオビシャの執行にあたって、オオドに次ぐ役割を担う。

オオドとコドガシラは、準備から神事の執行、金銭の管理など、オビシャにかかわる一切を指揮・監督する。今でこそ、神社や公民館といった地区の施設が使われているが、平成一〇年までは、オオドの自宅をヤド（宿）としてオビシャが行なわれていた。あとで詳しく見るように、酒直地区のオビシャで特徴的な神事でも、オオドが主となりコドガシラがそれを補助するかたちで、両者が中心的役割を担っている。

これらの一四社の守護人（当屋）は、どのように決定されるのだろうか。一四社を守護する家々は、くじ引きで決める。くじには、神社名が記されており、引いたくじに書かれた神を一年間守ることになる。ただし、オビシャ行事を指揮・監督するオオド・コドガシラのくじには、〝手心〟が加えられている。まずオオドについてみると、この役職だけは、当たりくじを引く人物が事前に決まっている。前年一二月の時点で、どの家が新オオドになるのかを、オオド・アイド・コドガシラが相談し見当をつける。オオドは一生に一度と決まっているため、誰がどの守護人を勤めてきたかというこれまでの経験をもとに、対象となる人を選定する。そして、対象となった相手方の承諾を事前にとっておく。コドガシラの場合はくじを引き、もし経験の浅い人が引いた場合には、当たりくじを引いた人のなかから経験豊富な別の守護人と交換する。

それゆえにオオド・コドガシラは、地域の事情に明るく、ある程度経験がある人物が選ばれることが普通である。区長など地元の役職経験者と、オオド・コドガシラが重なることが多いことを指摘する人もいた。

2 オニッキと儀礼(16)

オニッキにまつわる儀礼を検討するにあたって、オビシャ行事の内容を示しておこう。現在行なわれているムラオビシャは、一日で完結するものになっており、つぎに示すスケジュールの通りである。これは平成二八年のものであるが、平成二九年もほぼ同様の内容であった。

八時すぎ　：オオド・コドシュウが集まり準備開始、オヤマなどをつくる。
一三時まで　：キャクガタ集合。
一三時一〇分：オビシャ神事開始。
一三時一五分：祝詞奏上。
一三時二〇分　：玉串奉奠。
一三時二八分：一般的な祭式の神事が終了。ここまで神職が差配する。以下、オオドが中心となって、特殊神事に移る。

一三時三分　：くじ引き。
一三時三五分：オヤマ式（御山式）。
一三時四五分：ミヤワタシ式（宮渡式）。
一三時五八分：神社での儀礼終了。
一四時一五分：直会開始。
一七時　　　：直会終了。

「ムラオビシャ」が、トウヤの決定、オヤマ式、ミヤワタシ式といった当渡し儀礼を中心に構成されていることがわかる。くじ引きによる当屋の決定方法についてはすでに述べたので、オヤマ式とミヤワタシ式について詳しく見ておこう。

「ムラオビシャ」では、オヤマ（御山）をつくり、それを座の中心に据えている（写真3、図2）。オヤマはいわゆる蓬莱であり、その呼称も蓬莱山に由来するものと推測される。オヤマの飾りつけは、鶴亀、松竹梅、幟二本、煎り花、野老《ところ》、角切り沢庵、田楽であり、その意味合いは大きく二つに分かれる。

ひとつは縁起物である。鶴は和紙で折り鶴を作る。もともとは県内の問屋から購入していたが、現在は茨城県大子町から取り寄せている。亀は野菜を使って作成し、頭が里芋、眼は南天などの赤色の実、胴体が聖護院大根、足が牛蒡で作られている。松竹梅はそれぞれ近所の山から刈ってくる。幟は竹と和紙を使って作製している。これらのものは縁起物として飾られているという。

もうひとつは、煎り花と野老などの豊作を祈願するための飾りである。どちらももち米を煎って飾りつける。煎り花はもち米を和紙で作った籠に入れたものである。そして野老は自然薯に似た葉をもつ野老の根に、煎ったもち米を刺して飾りつけたものを指す。それぞれ煎り花は収穫した米を、野老は実った稲穂（ないし稲の花）に見立てたものであるという。沢庵は白色のものを、縦に切ったものを重箱に詰める。角が残るように輪切りにしてはいけないといわれるが理由は定かではなかった。田楽は、藁苞に豆腐と里芋を飾りつける。これらについてはなぜ飾りつけるのかについて、はっきりとした理由はわからなかった。

酒直のオヤマで注目されるのは、何と言ってもオニッキの存在である。オニッキには、神名とそれを受けた人の名を記している。具体的な記載内容は、「平成二十八丙申年　一月二十二日」「奉斎　○○社霊（例えば、奉斎　鎮守社霊となる）」「当前　△△（ここにはオオドの名前が入る）　守護者　□□（ここには各神社の守護人の名が入る）」。オニッキはテイガタで作製する。この一年間守護してきた者の名前がオニッキに記され、新しく受けた者の名が記されるのは翌年のオビシャである。

飾りつけられたオヤマに、一四社の御神体であるオニッキを並べる。御神体の配置は、拝殿側（奥側）に鎮守社の御神体を配し、時計回りに格付けにしたがって順に並べていく。オニッキは毎年のオビシャの際に継ぎ足される。そのため、目にふれる外側は真新しい真っ白な紙であるが、芯の部分は時代の経過から真黒になっている。

オヤマを用いた儀礼がオヤマ式である。それは、オビシャで最も重要なミヤワタシに先立って行なわれる。新旧の守護人がオヤマを囲んで座り、給仕人から神酒を受ける。給仕人は、本来、テイガタのバングミに住む七歳の男子が勤める。古くは家を継承する長男だけが選ばれていた。けれども、酒直地区でも少子化が進んでいる。そのため、平成二八年はテイガタから一名、キャクガタから一名を出していた。

守護人が神酒を飲み干すと、オヤマを持ち上げ、「マーダゴ、マダゴ」の文句を三度繰り返し、「マーダゴ、マダゴ、

マーダゴ、マダゴ、マーダゴ、マダゴ」と唱える（写真4）。この文句を唱えている最中は、オヤマを突き上げて揺らす。オヤマの飾りつけは乱れるが、気にすることなく続けられる。唱え事が終わると、オヤマを元の場所に置き手打ちをする。そのリズムは、「シャンシャンシャン、シャシャシャンシャンシャン」というもので、これも三度繰り返す。

給仕から唱え事、手打ちまでの一連の儀礼的行為をザ（座）と言い、回数にしたがって、イチザ（一座）、ニザ（二座）と数える。イチザは、新旧のオオドとアイド、神社総代によって行なわれた。その後、つぎつぎと新旧の守護人が入れ替わって、同じ所作が繰り返される。由来は不明であったが、オヤマシキのザは、「客方の数により二座又は、四座とする」（酒直地区オビシャ規約）と定められており、サンザを避けることとなっている。

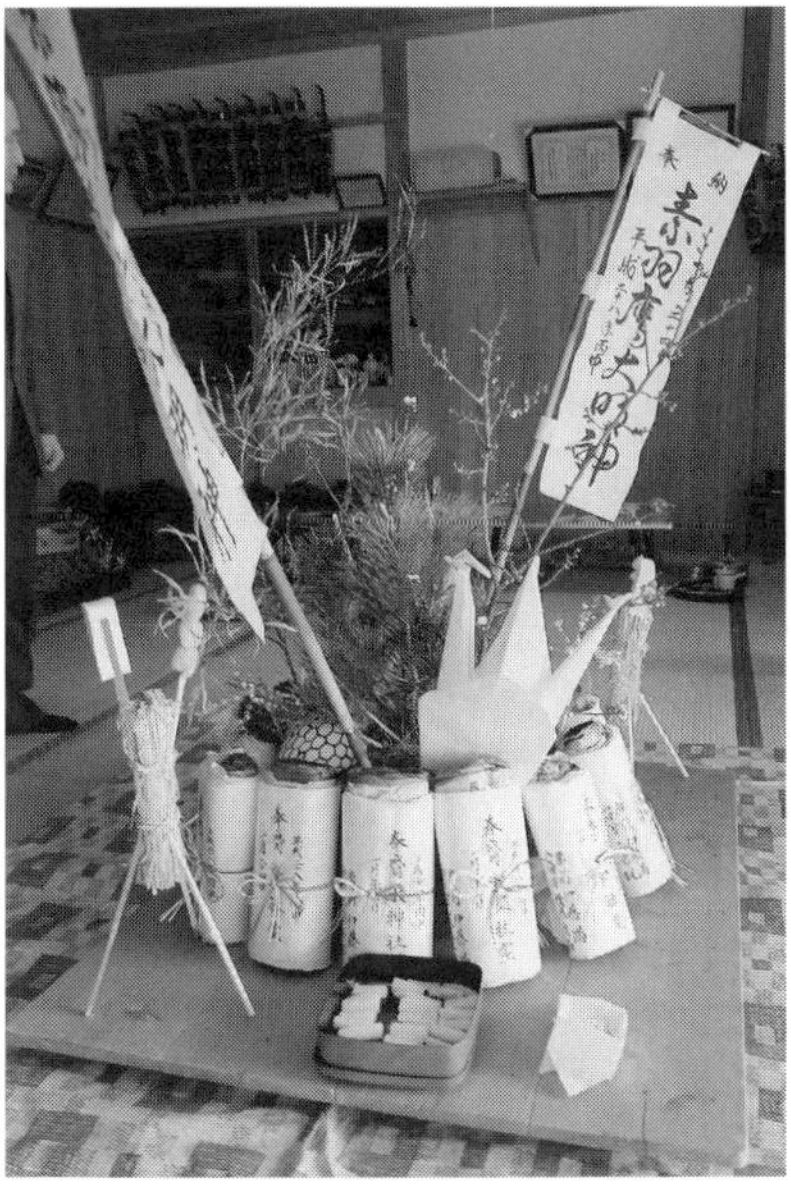

写真3　オヤマ（2016年1月24日）

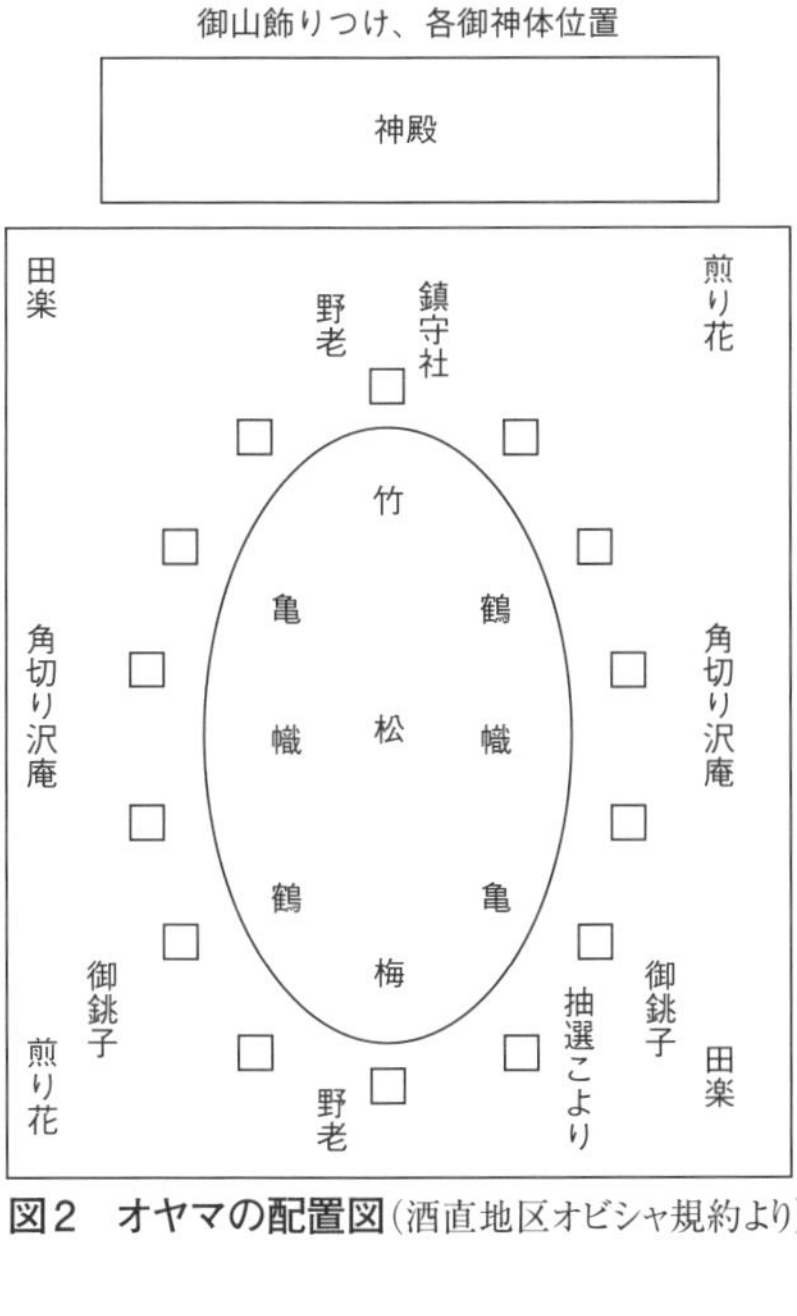

図2　オヤマの配置図（酒直地区オビシャ規約より）

写真4　オヤマ式（2016年1月24日）

写真5　ミヤワタシ式に整列するテイガタ（2017年1月22日）

写真6　新たに守護人となるキャクガタ(2017年1月22日)

オヤマ式が終わると、ミヤワタシ式に移る。まずオニッキをオヤマから下げ、御神体としてそれぞれのオミヤ(木箱)に納める。本殿に向かって、右隅から左隅へと序列順に神々の社を並べる。御神体を納めるオミヤは、戸を開けると、戸が御膳となる仕組みである。この御膳には、ミヤワタシの際に用いる杯をおく。準備が整うと、オミヤの後ろに旧守護人であるテイガタの一同が並ぶ(写真5)。テイガタと対面するように、これから神社を受けるキャクガタが着席する。準備が整うと、「○○神社△△殿から□□殿へ渡る」と区長から説明がある。これに続いて神社総代が旧守護人に酒を注ぎ、これを飲み干すと、旧守護人はオミヤを持ってキャクガタへと進む。「よろしくお願いします」と旧守護人が声をかけると、新守護人が「ご苦労様でした」と応じ、今度は新守護人が神社総代の酒を受ける(写真6)。

こうして一社一社ミヤワタシを行なって、すべてのオミヤをキャクガタへと引き継ぐ。ミヤワタシが終わると、オニッキを納めたオミヤの戸は閉じる。このとき、戸の前にくじを挟み込み、どの神社であるかがわかるようにしておく。これでオビシャにかかわる一連の儀礼が終了し、公民館に移動し直会になる。

直会は新旧のオオド・アイドが上座につき、彼らと区長の挨拶で始まる。このほか席次に決まりはないが、テイガタとキャクガタは別々に席につく。テイガタである当番組から女性たちが出て給仕を行なう。これをハタラキシュウ(働き衆)と呼んでいる。オビシャの直会の食事で、決まって出るのはフナのすり身の入った椀である。現在はこれ以外に、決まった料理はないとのことであった。

「クルワのオビシャ」と同じように、「ムラオビシャ」でも新旧トウマエ(オオド)の間で受け渡されるハコがある。ここには、幟、会計帳簿、酒直地区で定めたオビシャ規約(オビシャの執行方法が記載されている)、当番帳が納められている。これらは後日、新トウマエに引き継がれる。

3 オニッキについての二つの比較

ここまで述べてきた内容について、二つの観点から比較を行ないたい。ひとつは「ムラオビシャ」についての戦中の調査記録との比較である。もうひとつは、「ムラオビシャ」と「クルワのオビシャ」との比較である。これら二つの比較を通じて、オニッキの性格をより明確にしていく。

戦中の酒直の「ムラオビシャ」の調査として、堀井陽一による記録があり、現在では貴重な資料となっている(堀井 一九四三)。ここからオニッキにかかわる部分を抜き出して、現状と比較してみよう。まずはオニッキの作成について見ると、「祭日当日は午前七時頃、亭方は奉祀する小祠と白米一升づゝを持参し、宿に集り、祭の中心たる御山を飾り、各自日記をしたゝめ、七五三縄を綯ふ」(五三)とある。ここから守護人が自ら、オニッキを記していたことがわかる。

つぎにオヤマである。「御山とは桶に土をもり、根付松、竹、梅、各一株を植え、素羽鷹神社と書いた半紙の幟一対、折紙の鶴、野菜で作った亀を飾りつけたものである。客間の中央には戸板がおかれ、その上にこの御山を中心として、その周囲に御神体である日記帳を丸く並べ、更にその外側には里芋及豆腐の田楽をさしたベンケイと称する藁苞と、竹藪の中に生えている一種の蔓草の根である野老、餅米の籾である煎花、大根を真四角に切った搔和等をもった重箱が各一対づゝ恰好よく配置されてある」（五四）。オニッキが神体であること、またオヤマの飾りつけは、現在と全く変わっていない。

オヤマ式については、つぎのように書かれている。「新旧大殿相殿の四人が前述せる戸板（引用者註：オヤマとオニッキの飾られたもの）を持って三回上下して「マーダゴ、マダゴ」と称し、拍子を三回うって、戸板の上の田楽をもらって座にもどる。つゞいて新小殿衆のみが、二組に分かれて同じことをやる。これで式は終り、御山は直に撤去される。この式中顔をなでると八杯の罰盃が加へられることになっている」（五四）。基本的な構成はよく似ているが、禁忌が変わっていることが注目される。現在はサンザ（三座）を避けるように決められているにもかかわらず、この時点ではサンザで終えられている。また現在は、罰盃の禁忌は聞かれなかった。

ミヤワタシ式について見てみよう。「料理がすむと、つゞいてお宮渡式が行はれる。新旧の大殿、相殿、小殿衆は相対して座り、まづ旧大殿が吸物椀の蓋で酒を三献飲んで、奉祀した祠に盃を添へて新大殿の前に置き、依願の旨を述べる。新大殿は引受けた由を述べ、御座奉行人（引用者註：氏子総代にあたる）より注がれた酒を一献のみほす。同様な事が外《（小）》殿衆間になされて引渡しがすむのである」（五四）。こちらもごく小さな変化があるのみで、儀礼の基本的な構成に変化はない。

七〇年以上前の記録と比較して見ると、儀礼の基本的な内容には変化が少ないことがわかる。[17] 現在と同じように、オニッキが神体として重要な意味を持っていることも、堀井の指摘に見えている通りである。このことはオニッキの基本的な性格を考えるうえで、見逃してはならない事実である。

その一方で、変化した部分としてオヤマ式の禁忌伝承がある。オビシャ行事には、トウワタシに先立つ儀礼において、罰盃の伝承があることはよく知られている。千葉県香取市大倉の「髭なで祭り」〔最上　一九六四〕や、千葉県市川市大野の「にらめっこオビシャ」〔市川市史編さん委員会編　一九七一、萩原　一九八五〕などは、その典型例である。罰盃の伝承を伴う儀礼について、阿南透は、「飲酒の強要」という観点から整理している〔阿南　一九九八　一三八〕。重要な指摘であるが、しかしながら筆者は、「飲酒を強要」することよりも、そのような禁忌の存在が、オビシャの場に遊戯的な要素を組み込み、また行事を長引かせることに意義があると考えている。ともあれ、酒直のオヤマ式も、これらの儀礼と同様に遊戯性を伴うものであったということが、この記述によってより一層明瞭になる。

ではつぎに、「ムラオビシャ」と「クルワのオビシャ」の関係について整理しよう。

まず二つのオビシャの重なりについてである。先に二つのオビシャが、多くの場合「重複‐併存関係」にあることを指摘した。その関係について整理すると表3のようにまとめられる。「ムラオビシャ」では一四社の序列が意識されており、階層的な構造が作られていた。この序列のなかで、二から七番目にあたる神々は、「クルワのオビシャ」でも祭祀対象となる／なっていたものである。すなわち、鎮守社に続いて、高い序列を与えられているのが、クルワでも祀られている／いた神々なのである。

現状、得られたデータでは、「クルワのオビシャ」と「ムラオビシャ」が、なぜ重複しつつ併存しているのかを断定的に語ることはできない。けれども確実なことは、「ムラオビシャ」に見られる序列の体系は、明らかに「クルワのオビシャ」を意識した構成になっている事実である。現段階では仮説にすぎないが、「クルワのオビシャ」で祀られている／いた神々を「ムラオビシャ」の体系に組み込む説明原理として、序列構造が発生したのかもしれない。

つぎに、二つのオビシャでのオニッキの内容と、当屋が引き継ぐ祭具・帳簿について比較検討しておきたい。一番組を例にとれば、「クルワのオビシャ」のオニッキは、神職が作成し神社名と祭日が記されるのみ（「奉斎三宝荒神社璽」「平成二十九丁酉年二月五日」）である。対して、「ムラオビシャ」のオニッキは、地元の側で作成し、これらに加えて、トウマエと守護人の氏名が記されていた（「平成二十八丙申年　一月二十二日」「奉斎　○○社霊」「当前　△△　守護者　□□」）。つまり、「クルワのオビシャ」では神符であるが、「ムラオビシャ」の場合には、これに加えて当屋を記していることがわかる。

もう一つ重要な事実は、じつは昭和四〇年（一九六五）以前、「ムラオビシャ」のオニッキは、二枚一組で構成されていた。オビシャ行事が簡略化される際に、現在のような形式になったが、それ以前には、写真7・8に示したように、村びとの名前を書き上げたものを、神符で包むようにして用いていた。写真のオニッキは、オミヤに収まらなくなったため、一部のオニッキを抜き出して保存していたものを撮影した。

では二枚一組のオニッキのうち、人名を記したものは何を意味するのだろうか。この点については、まだ十分に解明できていないため、今後の課題とせざるを得ない。ただ、人名が書き上げられていた最後の時期（昭和四〇年ころ）には、村の全戸を書き上げていたということが確認できている。すなわち、「生子帳」や「当番

表3　「ムラオビシャ」と「クルワのオビシャ」

	ムラオビシャでの序列	クルワのオビシャ
1	鎮守社・素羽鷹神社	
2	荒神社	北之内（一番組）
3	白幡社	北之内（一番組）
4	日枝社	中曲輪（三番組）
5	稲荷社	中曲輪（三番組）・中台（五番組）・六番組
6	弁天社	中曲輪（三番組）
7	愛宕社	中曲輪（三番組）
8	浅間社	
9	天神社	
10	御霊社	
11	水神社	
12	鷲神社	
13	子の神社	
14	疱瘡社	

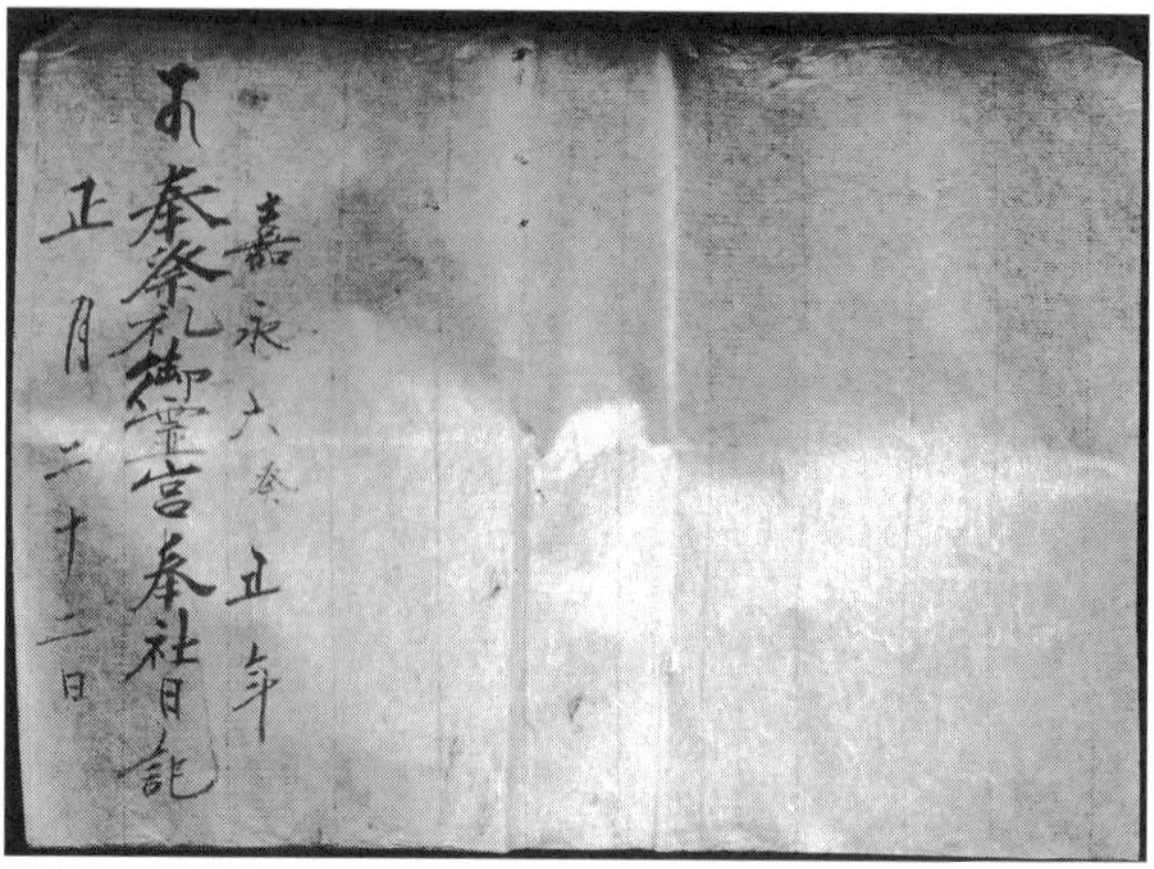

写真7　神符となるオニッキ

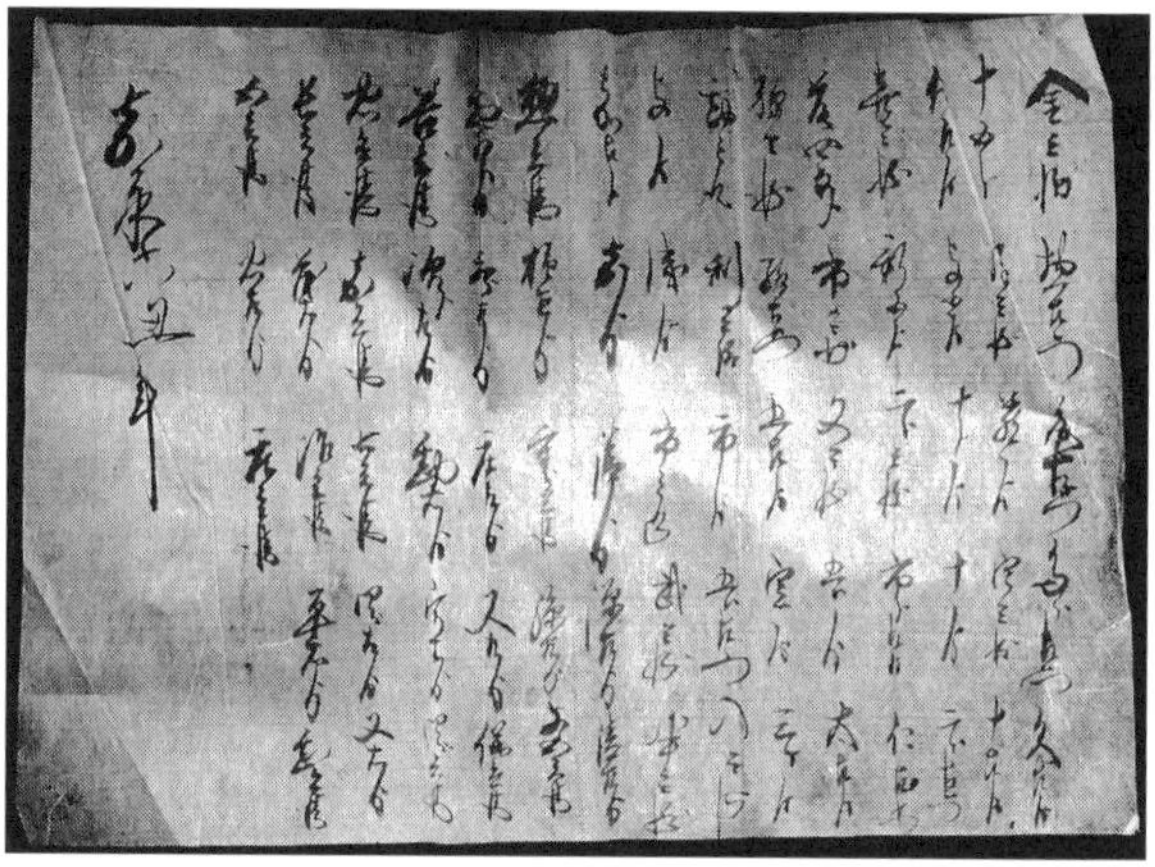

写真8　オビシャ仲間を書き上げたオニッキ

帳」ではなく、「オビシャ仲間を書き上げた儀礼文書」であったということがわかる。本来は、クルワのオビシャについてもこのような形式がとられていた可能性が高い。

このことは、トウマエが引き継ぐ祭具・帳簿の面からも確認することができる。二つのオビシャでは、オミヤの他に、幟旗、儀礼の指示書がハコに納められ渡された。これらに加えて、「クルワのオビシャ」では神饌を捧げる膳椀があった。他方で、「ムラオビシャ」では、会計帳簿と当番帳が渡されていた。

つまり「ムラオビシャ」では、オニッキのほかに、当番帳が作成され別に保管されているのである。当番帳を作成する意図は、誰がトウマエを務めたかを把握することにある。「ムラオビシャ」のトウマエは、「一生に一度」のものであり、二度受けることは吉事でないと見なされ、避けられている。そのため、当番帳を作成しておく必要があったのである。「ムラオビシャ」は、「クルワのオビシャ」のように家並み順にトウヤが回るのではない。事前協議で決めており、誰がいつ務めたのかということを確実に把握しておかなければならない。

これらの事実から明らかなように、酒直のオビシャに関する限り、オニッキとは、「オビシャ仲間を書き上げた儀礼文書」と「トウヤの名を記した神符」との二枚一組で構成されるものであり、それが神体として神聖視されてきたのである。当然ながら、オニッキはトウヤが引き継ぐ祭具や帳簿とは別のものとして認識されており、当番帳とも異なるものである。そして、神体としてのオニッキは、遊戯性を伴う儀礼などを差し挟みながら、出来るだけゆっくりとつぎのトウヤへと引き継がれていき、オビシャ行事が完結するのである。

五　神体としてのオニッキ

本稿では酒直地区のオビシャを事例に、儀礼的側面に注目しながら、オビシャ行事のなかでオニッキがどのように用いられているのかを記述してきた。そこから浮かび上がってきたのは、神体としてのオニッキの姿である。

ここでもう一度、櫻井徳太郎のオニッキ類型に立ち戻ろう。櫻井はオニッキが二系統に分かれると考え、〈氏子入り儀礼型〉と〈トウヤ儀礼型〉を提起していた。本稿で見てきたように酒直のオビシャのオニッキは、基本的には〈トウヤ儀礼型〉に位置づけることができるものであった。オビシャ行事の根幹をなす、当渡し儀礼に用いられる儀礼文書であるからである。

しかしながら、決定的な相違点がある。櫻井の言う〈トウヤ儀礼型〉におけるオニッキは、当屋が引き継ぐ祭具・帳簿類の総称となっていた。しかし、酒直においては、こうした祭具・帳簿類とオニッキは、明確に別の存在と見なされていた。オニッキは神体そのものであった。オミヤに納めて祭祀される対象がオニッキであり、祭具・帳簿類はハコに納めて管理される対象である。

また酒直のオビシャでは、現在は行なわれていないものの、二枚一組のオニッキが昭和四〇年(一九六五)ころまで作成されてきた。一枚は、「オビシャ仲間を書き上げた儀礼文書」であり、もう一枚が「トウヤの名を記した神符」であった。酒直の二つのオビシャでは、いずれもここから前者が省略されていった。「ムラオビシャ」では後者のみになり、さらに「クルワのオビシャ」では後者からトウヤの名前も省略され、神符のみが残る形となった。

現段階で確実なことは、オニッキが神聖視されてきたのは、宗教者が作成した神符によるというだけではなく、そこに「オビシャ仲間を書き上げた儀礼文書」を伴っていたからなのである。あるいはむしろ、こちらの存在が神聖性の根源となっていた可能性も否定すべきではないだろう(18)。

いずれにせよ、櫻井の言う「二つの系統」とは、酒直のオビシャのような、オニッキそのものが神聖視されている事例をもとに理解するべき分類であることは確かである。まず櫻井の言う〈トウヤ儀礼型〉は、酒直のオビシャのオニッキ(「オビシャ仲間を書き上げた儀礼文書」と「トウヤの名を記した神符」)の意味が拡張され、オニッキが引き継ぐ祭具や帳簿の総称にまで拡大したパターンを示したものである。その根幹には、引き継ぐべき神体としてのオニッキがあったと考えられる。

また、〈氏子入り儀礼型〉とは、オニッキを特別視していることで共通しながらも、酒直のオビシャでは「講員〈オビシャ仲間〉の名」が記され、櫻井の事例では「生子の名」を記している違いがある。そのため、〈氏子入り儀礼型〉では、当渡し儀礼よりも、氏子入り儀礼に焦点がおかれている。酒直のオニッキから「オビシャ仲間を書き上げた儀礼文書」が消えていったのは、毎年毎年ほぼ同じ内容を書き上げるのが煩瑣であったからだという。「生子の名」だけを記すのも、この面倒な記述を省略する一つの方法と見ることもできる。

さらにまた重要なことは、「クルワのオビシャ」があるように、オビシャ行事がそもそもムラの鎮守の行事だけを指すものではないことである。それゆえ、オニッキを「生子帳」としてとらえた場合、ムラの鎮守で行なわれるオビシャについてはうまく説明ができる。しかしながら、「クルワのオビシャ」や「女オビシャ」のオニッキの存在、そしてそれらと「ムラオビシャ」のオニッキの関係については、説明し得なくなってしまう。あるいはまた「生子帳」でありながら、なぜ男性だけを書き上げるのかということも問題になる。

祭祀単位の異なるオビシャが「ムラオビシャ」へと整理・統合されていくと、「オビシャ仲間の講員簿」は、「生子帳」と性格が同一のものに近づいていく。その結果として、〈氏子入り儀礼型〉が生成されたのではないだろうか。すなわち、〈氏子入り儀礼型〉は酒直のオビシャで言う「オビシャ仲間を書き上げた儀礼文書」が、「生子帳」に省略されたパターンを示したものと考えることもできるのである。

本稿では、複層的な構成をとり、豊富なオニッキを有する酒直のオビシャを事例に、その現状報告を中心としながら考察を進めてきた。不十分な面を残すとはいえ、オニッキの基本的な性格を示し得たのではないかと考えている。本書の多くでとられているように、また阿南が指摘するように、「文書に基づく研究」〔阿南　一九九八　一四八〕、すなわち、オニッキそのものの歴史的な考察が欠かせない。今後は、堀井の調査した時点から現在に至るまでのオビシャの変容をとらえつつ、オニッキそのものの歴史的な考察をあわせて進めていきたいと考えている。[19]

註

（1）たとえば、佐藤ひろみと中林みどりの報告は、埼玉県立民俗文化センター編〔一九九四〕の県内の悉皆調査の成果を受けたものだが、「現在では先の報告書で危惧されていた通り、その実施数も減少し、さらに簡略化が進んでいる」〔佐藤・中林 二〇一三 一六〇〕と指摘している。あるいはまた、千葉県市川市の悉皆調査でも、約七〇例あったオビシャが半減したことが明らかになっている〔市川市史編さん民俗部会オビシャ調査グループ編 二〇一六〕。

（2）櫻井論文中では、「大徳部落」となっている。だが、小川直之〔一九九三〕の指摘にしたがうと、より正確には、大徳のうち上佐沼地区の事例であることがわかる。そこで本稿でも、上佐沼地区と表記した。

（3）櫻井論文では、福田論文からの引用であることが明示されているものの、その範囲が明確でない。また事例に若干の相違があり、それらは櫻井のオリジナルな調査成果によるものなのか判然としない。

（4）青年組による格闘という方法によっているため、通常の当渡し儀礼とは大きく異なっていることも事実である。けれども、この格闘は村びとたちの眼の前で行なわれ、しかも渡される側に「勝利が輝く」ことがルールとして内包されていることはたしかである。櫻井は当渡し儀礼の特徴として、「講員たるビシャ仲間全員の前で式が行われる」〔櫻井 一九九〇 一四七〕ことをあげているが、それが要件であれば、青年組による格闘も当渡し儀礼のひとつのパターンと見なせるかもしれない。

（5）オニッキには、その年限りの記録が書かれている場合がある。そのため、村の記録として史料性に注目した論述がなされている。例えば、桜川村史編さん委員会編〔一九八六〕、あるいは松岡〔二〇〇六〕などがある。
(6) この点については、梶山〔一九七七〕を参照のこと。
(7) 栄町史編さん委員会〔一九九九　七九〕の記述を参考にした。
(8) 栄町「平成二十九年四月一日現在、地区別人口統計」より。
(9) 栄町「統計さかえ平成二十一年版」より。
(10) 聞き取り調査より得られた現在の戸数である。ただし本稿では、オビシャ行事という宗教行事を問題にしているため、住民のうち行事にかかわっている／かかわる可能性のある、いわゆる「地付き」の人びとをカウントした。したがって、自治会の把握する構成員よりも少ない戸数となっている。
(11) 栄町史編さん委員会〔一九九九　一〇二〕の記述を参考にした。
(12) 例えば、道祖神や馬頭観音はオビシャの祭祀対象にはなっていない。
(13) 現在、オニッキという言葉を知る人はほとんどいなくなっている。そのため、オニッキという民俗語彙はほぼ用いられなくなっているが、かつてすべてのオビシャでそれが用いられていたことは確実であるため、本稿では、オニッキという言葉を用いて論述した。
(14) 祭祀形態から推測するに、この三社を対象とするオビシャは、女性が担い手であった可能性が高い。
(15) 市川秀之は、村落社会における「ムラの論理によって支配される」公共空間を「広場」と呼んでいる〔市川　二〇〇一　六二〕。オビシャはかつてトウマエの自宅をヤドとして開催されるのが当たり前であったが、公民館や神社などのこでいう「広場」へと場所を移しつつある。
(16) 本節の記述内容は、平成二八年に実施した酒直のムラオビシャの調査記録に依拠している。この部分は金子〔二〇一六〕のデータを参照したため、一部重複がある。あわせて参照していただければ幸いである。

(17) 一連の記述の最後に、「終酒盛式」についての記述がある。地元では「オイザカモリ」と呼んでいる儀礼であるが、この部分についての堀井の記述には、誤りがあると考えられるため、ここでは取り扱わなかった。別の機会に検討したい。

(18) それゆえ酒直のオビシャにおいて「オビシャ仲間を書き上げた儀礼文書」が、かつて何らかの儀礼的要素を伴わなかったのか、今後詳しく検討していきたい。

(19) なお、脱稿後に生方徹夫〔二〇〇八〕論文の存在を知った。生方論文はこれまでのオビシャ調査の成果に基づき、多様なオビシャ行事のなかから、基本的な「オビシャ行事の構造」を抽出しようとする意欲的なものである。この論文では、平成一四年に著者が行なった酒直のムラオビシャを調査した成果にもふれられている。加えて、六番組ではいまなおオビシャ仲間を書き上げたオニッキを作成していることが確認された。今後、これらの内容を詳しく検討していきたい。

引用文献

阿南　透　一九九八「オビシャ研究史」『野田市史研究』九

市川市史編さん委員会編　一九七一『市川市民俗調査概報（一）―迎米・殿台・姥山』市川市

市川市史編さん民俗部会オビシャ調査グループ編　二〇一六『市川のオビシャとオビシャ文書』市川市文化振興課

市川秀之　二〇〇一『広場と村落空間の民俗学』岩田書院

生方徹夫　二〇〇八「オビシャ考（その二）―祭事にみる心意伝承」『成田市史研究』三二

小川直之　一九九三「歩射」龍ケ崎市史編さん委員会編『龍ケ崎市史　民俗編』龍ケ崎市教育委員会

梶山英一　一九七七「坂田ヶ池周辺の伝説に関する若干の考察」『成田史談』二四

金子祥之　二〇一六「酒直のオビシャ（千葉県栄町酒直）」市川市史編さん民俗部会オビシャ調査グループ編『市川のオビシャとオビシャ文書』市川市文化振興課
埼玉県立民俗文化センター編　一九九四『埼玉のオビシャ行事』埼玉県教育委員会
栄町史編さん委員会編　一九九九『栄町史　史料編一（近世一）麻生村・龍角寺村・酒直村』栄町教育委員会
櫻井徳太郎　一九九〇「オビシャ神事の伝承性―利根川流域の歩射講」『櫻井徳太郎著作集第四巻　民間信仰の研究（下）』吉川弘文館
桜川村史編さん委員会編　一九八六『桜川村史考第六号　桜川の民俗』桜川村教育委員会
佐藤ひろみ・中林みどり　二〇一二「神社祭祀にみる祈りのかたち―越谷のオビシャ・神饌・祓いの伝統行事を通して」『生活科学研究』三四
萩原法子　一九八五『いちかわ民俗誌』崙書房
福田万里子　一九五四「金江津村周邊のビシャ」『史論』二
堀井陽一　一九四三「オビシャ」『民間伝承』九（二）
松岡　斉　二〇〇六『豊穣記―茨城県稲敷地方の民俗』茨城新聞社
最上孝敬　一九六四「髭撫三杯のこと」『西郊民俗』二八

オビシャの多様性とオビシャ文書

―埼玉県の事例から―

内田幸彦

一　オビシャとは何か―「的射を伴う年頭行事」イメージの妥当性―

1　オビシャを定義することの難しさ

オビシャは、埼玉県・千葉県・茨城県に多数分布する民俗行事である。

埼玉県で平成四～五年（一九九二～九三）に行われたオビシャに関する初めての悉皆調査の報告書（一七二件の行事を収録している）では、オビシャを「弓矢で的を射ることによって、その年の吉凶や農作物の豊凶を占う祭り」（埼玉県立民俗文化センター編　一九九四　五）と定義している。『日本民俗大辞典』ではさらに詳細に、「年頭に行われる弓神事の一種。御歩射・御奉射・御備社等と書く。全国的にあるが特に関東地方、それも利根川沿岸一帯に濃厚に分布する。ムラや村組単位で実施され、輪番制で頭屋を務める」と、実施時期・行事内容・表記方法・分布地域・祭祀組織から多元的に定義している（萩原　一九九九　二七九）。

しかしながら、埼玉県に分布するオビシャを、従来その代表例・典型例とされてきたもの（例えば、埼玉県選択無形民俗文化財となっているオビシャ）[1]に無批判に寄り掛かることなく、また実証的には明らかにされていない歴史的変遷過程（例えば、弓神事の脱落）を前提とせずに広く検討してみたところ、これらの定義のうち「年頭に行われる弓神事」の部分、すなわち実施時期と行事内容に関して、オビシャをそれ以外の多くの民俗行事と区別するはずの重要な特徴をもたない例が多数存在していることに気付いた。それどころか、行事内容に関しては、オビシャとされる、あるいはオビシャと一連の民俗行事であると考えられるす全ての行事に共通する構成要素は一つも存在していないことが判明したのである。

他方で、萩原の言う「ムラや村組単位で実施され、輪番制で頭屋を務める」という祭祀組織に関しては、大部分のオビシャに当てはまる重要な特徴であると思われる。しかしながらこの特徴は、オビシャ伝承地において当該の祭祀組織が年中行事として行っているオビシャ以外の様々な行事や、従来オビシャ伝承地とはされていなかった地域で行われる、実施時期や内容の異なる民俗行事の多くにも当てはまってしまう。となれば、このような祭祀組織はオビシャの特徴ではなく、より広くこの地域の村落祭祀一般の特徴であるというべきであろう。

このように、オビシャとは何かを考える場合に、一つ、あるいはいくつかの特徴を有していることをその要件とした場合には、結局、オビシャとは何かという定義自体が宙に浮いてしまう事態に陥るのである。

2　多配列分類によってオビシャを捉える

そこで筆者が提案したいのが、かつて社会人類学者のニーダムが、植物学の世界から人文・社会科学に採用した多配列分類という考え方の導入である。

多配列分類とは、類似しているということによって様々なものを一つの範疇にまとめる分類様式のことである。極めて単純化して示すと、行事ⅠはＡ・Ｂ・Ｃ、行事ⅡはＢ・Ｃ・Ｄ、行事ⅢはＡ・Ｃ・Ｄ、行事ⅣはＡ・Ｂ・Ｄという要素を備えている場合、行事Ⅰ～Ⅳ全てが共通して備えている特徴は一つもないにもかかわらず、これらを一つの範疇にまとめることができるとする考え方である〔吉岡 二〇〇五 九五～九九〕。

今回、多配列分類の考え方をオビシャに採用しようと筆者が民俗行事を構成する様々な要素から選んだ指標は、①行事名に「ビシャ」を含む、②的射を伴う、③甘酒を伴う、④初午に行う、⑤あられ撒きを伴う、⑥当渡しの儀礼を伴う、⑦謡を伴う、⑧高盛飯、もしくは強飯《しいめし》を伴う、⑨蓬莱山もしくは生殖器を模した作り物を伴う、⑩藁蛇を伴う、⑪餅もしくは鏡餅を伴う、というものである。

これらは、従来オビシャの典型例として報告されてきた事例から抽出したものであるが、全てのオビシャ行事に共通する要素が存在していないことはもちろん、全てを備えたオビシャ行事もまた、存在していない。

一方、このような方法を採用した結果、従来はオビシャ行事として取り上げられることのなかった初午行事や甘酒祭り等、数多くの民俗行事についても、オビシャ行事群の中に位置づけ、比較検討することが可能となった。

二　多配列分類から見たオビシャ

多配列分類の考え方に基づいて埼玉県のオビシャの実態を明らかにするべく、筆者が行ったのは、『埼玉のオビシャ行事』に収録された二七二件のオビシャに加え、オビシャ行事が濃密に分布する県東南部の祭り・行事の悉皆調査の報告で、実に五五二四件を収録した『埼葛のまつり・行事』、さらに市町村史等から先の①～⑪の指標を構成要素としてもつ、オビシャ行事と思われるものを抽出し、先に挙げた指標の有無を確認する作業である。

筆者個人で、かつ短期間で行った作業のため、見落とし等の理由で収録から漏れた事例も多いであろうことをお断

表1　傾向としてのオビシャ行事

項目	件数	割合	順位
行事名に「ビシャ」を含む	361	84.1%	1
甘酒を伴う	129	30.1%	2
初午に行う	108	25.2%	3
当渡しの儀礼を伴う	108	25.2%	3
的射を伴う	61	14.2%	5
高盛飯・強飯を伴う	23	5.4%	6
餅・鏡餅を伴う	23	5.4%	6
謡を伴う	22	5.1%	8
蓬莱山・生殖器を模した作り物を伴う	20	4.7%	9
藁蛇を伴う	18	4.2%	10
あられ撒きを伴う	7	1.6%	11

表2　オビシャの実施月

月	件数	割合
1月	127	29.6%
2月	145	33.8%
3月	56	13.1%
4月	6	1.4%
5月	2	0.5%
6月	2	0.5%
7月	8	1.9%
8月	2	0.5%
9月	6	1.4%
10月	99	23.1%
11月	15	3.5%
12月	1	0.2%
計	469	109.5%

りした上で、中間報告的にその結果について述べると、現状で筆者がオビシャとして検討すべきと考える行事は四二九件となった。事例抽出の精度を上げ、かつ報告の少ない組単位の細かい民俗行事の調査が進展すれば、この数字はさらに大きくなるものと予想される。

ここで、四二九行事を先に挙げた一一の指標によって整理した結果、オビシャ行事の傾向を表1のようにまとめることができた。

こうして見ると、従来、オビシャの最大の特徴とされてきた的射を伴う行事は、全体の僅か一四・二パーセントに過ぎないことに驚く。

さらに今回の調査に合わせ、事例を整理した結果明らかとなったこと二点も示しておきたい。一つはオビシャが伝承される神社名である。単純に現在の名称のみによって見ると、最も多いのが稲荷社（一二二件、二八・四パーセント）、次いで香取神社（八八件、二〇・五パーセント）であった。

二つ目はオビシャの実施時期で、次のような結果となった（表2）。なお、事例件数・割合の数字が四二九件、一〇〇パーセントより大きくなっているのは、オビシャの中には、一年に二回（一月と一〇月に行われる越谷市大沢・元香取神社のオビシャ等）、あるいは三回（三月と七月と一〇月に行われる幸手市花島・浅間神社末社の大六天神社のオビシャ等）と、一年間に複数回のオビシャを実施する例があるためである。

これを見るとオビシャの実施時期は、一月・二月で全体の六割を超えており、従来言われてきた年頭の行事としての性格が強いことを改めて確認することができるのだが、その一方で、一〇月に行われる例が二三・一パーセントもあることに注意する必要がある。なお、秋のオビシャは杉戸町・幸手市という江戸川・中川沿岸の県東端に集中して見られ、収穫儀礼の性格を帯びるものが多い。

以上のように、歴史的な視点をいったん棚上げした上で、近年の民俗調査の成果を最大限活用して、多配列分類の考え方に基づいて共時的に概観した埼玉県のオビシャ行事とは、オビシャに特徴的な要素のいくつかをあわせもつ行事群として、我々の前に立ち現れる(2)。

三　当渡しとオビシャ文書―氏子名簿の存在に注目して―

さて、そうした中にあって、本書がオビシャ行事の構成要素の中で特に重要なものとして注目するのが、当渡しとそれに伴って引き渡される文書（本書ではオビシャ文書と呼ぶ）の存在である。

先に見たように筆者が検討した四二九件の行事の中にあって、当渡しの儀礼を伴うものは一〇八件であり、全体の二五・二パーセントを占める。これは、全体の中でもかなり高い比率であり、当渡しはオビシャの重要な構成要素であるとすることは妥当であろう。

さらにその中で何らかの文書の引き継ぎが報告されているのは五四例と半数もあった(3)。これこそ、本書の中心的なテーマのオビシャ文書である。文書の内容までが報告されている例は少ないが、当番を務めた人物の名前や、当番を務める順番を書いたもの、オビシャや直会に関する出納簿、そして氏子名簿が代表的なものである。中には、検地や天災等、一年間に起こった重要な出来事を記録した珍しいものも存在する(越谷市指定有形文化財「越巻中新田の産社祭礼帳」、本書所収の「越谷市越巻稲荷神社の産社祭礼帳」解題参照)。なお、「当番帳」と呼ばれながらも内容は氏子名簿や出納簿である例もあって、注意が必要である。また、一つのオビシャ文書に上記の複数の内容が併せて記載されているものもある。

これらのうち、今回、筆者が特に注目したのは、一四例の報告を確認できた氏子名簿である。

筆者は具体的なオビシャ文書の調査を行っていないため、ここでは既存の報告のみを利用して、オビシャ行事における氏子名簿の性格とその位置づけについて、その傾向を示すことを行ってみたい。以下に、具体例を挙げていく。

①三郷市南蓮沼・稲荷神社のオビシャ

三郷市南蓮沼で初午に行われる稲荷神社のオビシャ(初午・稲荷神社の祭り)である。この行事の当渡しでは、オナマゴゼンという二種の膳が出される。一つは、焼き鮒二匹と、二年子大根、人参・牛蒡・芹を各二本ずつ束にして水引で結んだもので、もう一つが、腹合わせにした二匹の鯖と、二年子大根二本、そして氏子名簿である。氏子名簿とは、氏子の名前を記して納めた「稲荷神社護攸」と書かれた箱二体であるが、戸主だけでなく家族全員の名前が記されている。氏子名簿の引き渡しを終えると、盃事が行われる。氏子名簿を入れた箱は一年間当番宅の神棚で祀られる(埼玉県立民俗文化センター編　一九九四　一六八～一六九〕。

②三郷市上彦名・香取神社のオマツリ

上彦名の香取神社で毎年一月一八日に行われるオマツリは、的射・当渡し・謡・鏡餅を伴う行事だが、オビシャとは呼ばれていない。当日は氏子一同が参加する祭典の終了後に当渡しが行われる。昭和三〇年代までは三献の盃、「鶴亀」の謡が行われた後、当番帳の引き継ぎが行われた。当番帳は氏子全員の名前が記載されたもので、その年氏子中で生まれた子どもは男女関係なく追加記載される。最後に三本締めで当渡しが終了し、その後、直会・的射が順に行われる。引き継がれた当番帳は翌年のオマツリまでの一年間、当番長の自宅神棚に置かれる。なお、当番帳の中に享保三年（一七一八）の「香取大明神奉社氏子揃日記帳」がある〔埼玉県立民俗文化センター編　一九九四　一八七～一八八〕。

③吉川市小松川・小松川神社の初午

初午に行われ、謡と蓬莱山を伴う。祭典は氏子全員が集まり、神酒や野菜・するめの他に集落中の家族全員の名前を書いた「氏子中」の帳面を供える。終了後、全員で宿と呼ばれる当番宅へ向かう。床の間に蓬莱山が飾られ、その前で当渡しが行われる。ここで、大根・人参で作った大判小判と竹に挟んだ「氏子中」の帳面が来年の当番に引き渡される。その後、直会となる。なお、昭和三〇年（一九五五）頃から当渡しと直会は集会所へ場所が移された〔埼葛地区文化財担当者会編　二〇〇一　三二八〕。

④松伏町下赤岩岩島・香取神社のオビシャ

毎年一月一二日に集会所で行われるオビシャでは、人名帳の確認が行われる。一年間の家族の増減を報告し、訂正を行う。その後当番が人名帳を半紙で包み、棒に挟んで神酒と共に香取神社へ持参し、拝殿正面に供える。集会所へ戻って当渡しが行われ、人名帳が新当番へ引き継がれ、新当番はこれを一年間保管する〔松伏町教育委員会編　二〇〇

六 二八九〕。

⑤草加市青柳・八幡神社のオビシャ

毎年一月二二日に行われ、的射と当渡しを伴う。祭典終了後に宿で直会を行い、その後当渡しとなる。現当番と次期当番が向き合い、神酒を飲み合い、氏子名簿の引き継ぎを行う。氏子名簿は二地区それぞれに作られており、新規加入者は最後に追加される。オビシャの当番はこの名簿順に回ってくる〔埼玉県立民俗文化センター編 一九九四 九〇～一〇〇〕。

⑥さいたま市岩槻区慈恩寺・月讀神社のオビシャ

毎年二月一二日に行われるオビシャで、甘酒を伴う。当番の引き継ぎは一二月三一日に済ませる。氏子帳が存在し、オビシャの当番は一年交代で記載順に八軒ずつが務める〔埼玉県立民俗文化センター編 一九九四 一四八〕。

この他に、三郷市大広戸・香取神社のオビシャ、三郷市彦沢・香取神社のオビシャ、越谷市川柳・久伊豆神社の祭り、越谷市恩間新田・稲荷神社の初午、吉川市下内川・大岩神社のオビシャサイ、吉川市関新田・天神社のオビシャ、吉川市道庭・香取神社のユミトリシキ、松伏町魚沼東の初午でも、ほぼ同様に氏子名簿の作成や引き継ぎが行われていたことが確認できる。

これらオビシャ行事における氏子名簿は、重要な供物や祭具、あるいは御神体のように扱われ、いずれも当渡しの場で新当番に引き継がれ、一年間大事に保管されていることが理解できる。また、氏子の増減を正確に反映するよう、毎年オビシャの機会に加除修正が行われている例が見られることも注目される。

四　オビシャ行事に見る平等性への指向

1　オビシャ行事における甘酒の利用

かつて筆者はオビシャ行事における甘酒の利用について、本稿でも参照した文献に加え、埼玉県の南埼玉郡・北葛飾郡の各市町（埼葛地区）の文化財担当課へのアンケート結果（七二行事分）を基礎資料として分析を行い、報告したことがある〔内田 二〇〇五 一二四〜一三四〕。

先に「多配列分類から見たオビシャ」で見たように、甘酒はオビシャ行事全体の約三割に登場する重要な要素である。基本的に甘酒は、その年の祭り当番が中心となって醸すもので、神饌とされた後、直会の席で氏子が飲むという神人共食に用いられる。当渡しでの盃事に甘酒が用いられる例（さいたま市岩槻区上野・鷲宮神社、越谷市北川崎・川崎神社ほか）や、米の作柄に関する年占に用いられる例（越谷市下間久・久伊豆神社、越谷市東町・伊南里神社ほか）、高盛飯同様に儀礼的な甘酒の大量飲酒が行われる例（さいたま市岩槻区上野・鷲宮神社、吉川市鍋小路・天神神社ほか）等、オビシャ行事の中で甘酒が重要な役割を果たす場面は多い。

こうした事例と共に筆者が関心を持ったのは、甘酒の醸造と消費に見られる、家と家、人と人との平等性であった。中でも、人と人との平等性に関しては世帯主ばかりでなく、女性や子ども・老人までを含む全氏子の平等性が見られる事例が印象に残った。

まず甘酒の材料となる米の調達に関しては、神社の社有田の収穫を当てる例や、一戸あたり五合等、各戸から平等に集める例の他、氏子の各成員に米の割り当てがある例が見られた。例えば幸手市平野・香取神社のオビシャでは大人は一人当たり三合、赤子も含め、子どもは一人あたり二合が集められた。また、杉戸町才羽・香取神社のオビシャに関する出納簿である「香取神社備社当番昭和参拾年十月起内谷組」の扉には、「三才以上四合、戸主一合増」と米の徴収量が書かれており、ここでも家ごとでなく人ごとの徴収が行われてきたことが分かる（埼玉県立民俗文化センター編 一九九四 二四四）。

次に甘酒の消費に関しても同様に、全氏子への分配を重視する例が見られる。例えば幸手市木立の香取神社のオビシャでは、甘酒を子どもまで含めて氏子全員分、一人二合ずつを作っていた。他にも氏子全員が神社に集まって甘酒を飲む例や（春日部市谷原新田、吉川市南広島ほか）、やかんや一升瓶に甘酒を詰めて持ち帰り、家族に飲ませる例（さいたま市岩槻区上野ほか）が見られる。幸手市上吉羽では、甘酒を飲むと一年間病気をしないといわれる。オビシャでは、神饌である甘酒を用いた神人共食の効用を、氏子である老若男女にあまねくもたらそうとする傾向が見られるのである。

２「釜起こさず」の伝承

オビシャ行事において、氏子全員で神人共食を行うことが規範化されていると思われる事例は、実は甘酒以外にも見られる。「釜起《かまお》こさず」とか「竈熾さず」と言われるもので、オビシャの日には祭りの当番である宿以外の家では火を熾して炊事を行ってはならず、三食とも宿で食事をしなければならないとする伝承である。

行事の宿（当番の家）や神社で、氏子全員が一堂に会することができる条件がある場合には、オビシャも直会も全員参加で行われている。祭典には役員や当番だけが参加する場合であっても、宿で行う直会には氏子全員が参加する例もある。

組単位で行われるオビシャでは、戸数も氏子数も少ないため全氏子がオビシャに参加し、その後で直会をすることができる（杉戸町才和・香取神社、吉川市加藤・香取神社ほか）。越谷市平方の香取神社の直会で、旦那衆は拝殿で、婦人・子どもは境内に莚を敷いて一同に飲食したというのも、全員参加を重視した結果であろう。しかし人数が多くなって全員が一度に飲食することができない場合には、男座・女座と分けて行う例（三郷市新和・御嶽神社）や、老父・老女・壮年・子どもたちと四つの座敷に分けて飲食する例（越谷市新川町・稲荷神社）等、時間と手間を掛けてでも宿での共食を重視している様子が見られるのである。

3　オビシャ文書に見られる平等性原理

先に挙げた甘酒や釜起こさずの伝承は、近年の調査報告に見られる例であるが、近世のオビシャ文書の一部にも、同様の氏子間の平等への指向性が見てとれるものがある。

例えば、越谷市新川町丸の内・稲荷神社のオビシャで、当渡しに伴って引き継がれてきた文書の中に含まれる天和三年（一六八三）以降の「いなりまつり入用帳」の冒頭には、

一、家壱軒ニ付、籾三升ツヽ、其外若者子共男斗《ばかり》籾壱升ツヽ、
一、家壱軒ニ付、銭三拾弐文ツヽ、其外若者男斗銭拾六文
　男子共をもい入五文十文

とあり、続いて集落全戸の男性であろう、百姓一六人の名前が連ねられている〔越谷市役所編 一九七五 一一九五〕。

これは、オビシャ執行のための経費（銭と籾）を、家の代表者（家壱軒ニ付）と、その他の男性成員（其外若者男斗）との間に差を付けながらも、年齢に関わらず氏子である男性全員から徴収している例であり、それを可能とするための基本台帳として氏子名簿が必要とされているものと理解することができる。

また、隣接する越谷市新川町中新田には、古い時代のものは享保五年（一七二〇）に書写されたものであるが、承応三年（一六五四）から書き継ぎの「産社祭礼帳」が伝えられている。初期のものは、「承応参年午二月九日　嶋村藤右衛門　籾亭弐升　残男女壱升」のように、祭礼の期日・当番の名前・費用分担が書かれている。祭礼の経費、あるいは神饌の材料としての稲籾を、亭主とその他の氏子の負担量に差を付けた上で、男女を問わず全氏子から徴収していることを示すものであろう(4)。

これらの例は、先に紹介した甘酒用の米と同様の祭礼費用の徴収方法が、一七世紀から行われてきたことを示すものである。

おわりに

本稿では多配列分類という、類似していることによって様々なものを一つの範疇にまとめる分類の方法を採用することによって、埼玉県内の多数の民俗行事をオビシャとして比較・検討することができた。その結果、従来は自明なこととされてきた「年頭の的射行事」というオビシャに関する通念を相対化し、傾向としてのオビシャの姿を示すことにある程度成功したものと思う。

しかしながら、ほとんどの作業を試行錯誤しながらの多配列分類によるオビシャの一覧表作りに費やしてしまったため、本書の中心的なテーマである「オビシャ文書」の探求は副次的なものにとどまり、いささか場違いな議論に終始してしまったことも否めない。

ただ、今回確認した五四例のオビシャ文書の重要な部分を構成する、戸主名のみならず氏子全員を記載することが重視される氏子名簿の機能に関して、当該のオビシャにおいて、祭礼費用の徴収等何らかの目的のために、氏子を家単位でなく個人単位で把握する必要を満たすものであったこと、すなわち、氏子名簿が祭礼費用を徴収する際の基本台帳になっていた可能性を、ある程度示すことはできたかと思う。

氏子名簿の存在は、各氏子が平等にオビシャの経費を負担し、オビシャ（特に直会）に参加し、神饌の共食を通じてオビシャがもたらす効果を享受するべきであるという、オビシャが一面において有している理念を体現するものではないだろうか。

オビシャ行事において神への供物として扱われ、当渡しにおいて重要な祭具、さらには御神体のように丁重に引き渡され、一年間当番宅の神棚に安置される氏子名簿の存在は、オビシャの、ひいてはオビシャを伝承する地域社会の運営において、個々の氏子という存在が重要視されていたことを示すものと理解できるのではないだろうか。

ただし、繰り返しになるが、当渡しやオビシャ文書、ましてや氏子名簿の存在は、共時的に見たオビシャ全体の中ではあくまで少数事例に過ぎないものである。今後、これらをどのように位置づけ、評価できるかについては、オビシャに関するさらなる史資料の掘り起こしと、その詳細な検討が必要であろう。

そんな中で筆者が当面できることと言えば、専ら多配列分類によるオビシャの一覧表をさらに精緻化し、何らかの方法で公開することくらいであろうと考えている。

註

（1）埼玉県教育委員会は、平成六年に悉皆調査の報告書『埼玉のオビシャ行事』を刊行した後、平成九年に天気占いや的射、直会での当渡し等を特徴とする八潮市の木曽根と鶴ヶ曽根のオビシャを「八潮市のオビシャ」として、平成一〇年にあられ投げ・的射・直会・当渡し等を特徴とする吉川市の木売・吉川・高富・高久のオビシャを「吉川市のオビシャ」として、平成一四年に子どもによる藁蛇を伴う村回り等を特徴とする三郷市三郷のオビシャを「三郷市のオビシャ」として、相次いで選択無形民俗文化財としている。

（2）参考までに、今回取り上げたオビシャの一一要素のうち、五要素以上を備えたオビシャ行事とその構成要素を挙げておく。

①八潮市大原・稲荷神社「オビシャ・初午」【行事名、甘酒、初午、当渡し、謡】
②三郷市谷中・稲荷神社「オビシャ・初午」【行事名、初午、当渡し、謡、藁蛇】
③三郷市市助「オビシャ・初午祭」【行事名、甘酒、初午、当渡し、謡、蓬莱山、藁蛇】
④三郷市上彦名・香取神社「オマツリ」【的射、当渡し、氏子名簿、謡、餅】
⑤吉川市下内川・大岩神社「オビシャサイ、大祭」【行事名、的射、当渡し、氏子名簿、高盛飯】
⑥吉川市関新田・天神社「オビシャ・天神祭」【行事名、当渡し、氏子名簿、蓬莱山、餅】
⑦松伏町松伏・松伏神社「オビシャ・ツルマイの行事・祈年祭」【行事名、的射、甘酒、蓬莱山、餅】
⑧松伏町大川戸「オビシャ」【行事名、的射、甘酒、当渡し、餅】
⑨越谷市下間久里・香取神社「稲荷ビシャ・香取ビシャ・祈年祭」【行事名、的射、甘酒、謡、蓬莱山】
⑩越谷市下間久里・久伊豆神社「オビシャ」【行事名、的射、甘酒、当渡し、謡、蓬莱山】

⑪越谷市北川崎・川崎神社「オビシャ」【行事名、的射、甘酒、当渡し、謡、餅】

（3）これは、神号のみを書いた紙や、中に文書が入っている可能性がある箱の受け渡しの事例報告を除いた数字である。箱の中身が確認されれば、オビシャ文書の数はさらに増える可能性がある。

（4）「越巻中新田の産社祭礼帳」の近世部分のものについては、『越谷市史』第四巻史料二〔越谷市役所編　一九七二〕に翻刻が掲載されている。

引用文献

飯塚　好　一九九四「中川流域のオビシャ―関東と西日本の事例の比較を通して」『埼玉県史研究』二九

内田幸彦　二〇〇五「オビシャ行事における甘酒」埼葛地区文化財担当者会編『埼葛の酒文化』埼葛地区文化財担当者会

越谷市役所編　一九七二『越谷市史　第四巻　史料二』越谷市役所

越谷市役所編　一九七五『越谷市史　第一巻　通史上』越谷市役所

埼玉県立民俗文化センター編　一九九四『埼玉のオビシャ行事』埼玉県教育委員会

埼葛地区文化財担当者会編　二〇〇一『埼葛のまつり・行事』埼葛地区文化財担当者会

萩原法子　一九九九「おびしゃ」福田アジオほか編『日本民俗大辞典　上』吉川弘文館

松伏町教育委員会編　二〇〇六『松伏町史　民俗編』埼玉県松伏町

吉岡政徳　一九九八「北部ラガにおける範疇化と多配列的範疇化」大胡欽一ほか編『社会と象徴―人類学的アプローチ』岩田書院

吉岡政徳　二〇〇五『反・ポストコロニアル人類学―ポストコロニアルを生きるメラネシア』風響社

近世「村の鎮守」祭祀の成立
―オビシャ文書からの挑戦―

渡部圭一

はじめに

しかしこれらのことを論証するには、われわれはあまりにも近世（ことにその前期）の村落について知らなすぎる。また一方で祭祀組織というものの歴史的展開の一般原則についても理解が足りない。〔萩原　一九七五　四四八〕

萩原龍夫による浩瀚な『中世祭祀組織の研究』を紐解いていくと、その終章の最末尾に、右の一節があることに気が付く。古代・中世・近世、そして近代に至る、一〇〇〇年をこえる日本の祭祀組織の歩みを大胆な通史にまとめあげた歴史家の発言としては、すこし奇異にみえるかもしれないが、たしかに萩原が吐露しているように、近世の祭祀組織の実態に関する知見は決して十分とはいえない。とくに近世の早い時期における「村の鎮守」祭祀の動向には、この発言から半世紀近くを経過したいまも未知の部分が多い。[1]

オビシャ文書をもとにした研究の狙いのひとつは、この近世もごく早い時期の村の祭りの成立の様相にせまろうとする点にある。現在のところ筆者らはオビシャの傾向として、年頭に行われる村の鎮守祭祀の一環で、南関東に広く分布し、儀礼的には歩射や饗応を中心とする点、組織的にはしばしば当屋祭祀のかたちをとっている点、そして史料的には近世前期にさかのぼる引き継ぎ文書をともなう点に注目している。一七世紀の関東村落といえば、これまで村落祭祀組織研究の対象としては、あまり想定されてこなかったフィールドである。

小稿はつぎの順で議論を進めたい。まず近世前期の村落祭祀組織研究の問題点として、従来の近世宮座という概念に代表される研究視点の偏りを指摘する(一)。南関東のオビシャは、こうした研究視点を相対化するうえで有効な素材である。ここではオビシャ文書のいくつかの実例を通して、一七世紀代前半にさかのぼるオビシャ組織の具体的な知見を提示する(二)。これをもとに従来の近世宮座研究の枠組みを修正し、オビシャ文書が切り開く近世祭祀組織研究の可能性を論じることを課題とする(三)。

一　近世村落祭祀組織研究の空白

1　中世宮座論から近世宮座論へ

『中世祭祀組織の研究』によれば、惣村結合を発達させた畿内近国の村々では、一六世紀末〜一七世紀はじめに至ると、社会的に進出しつつあった小農民層が氏子という新しい語彙でよばれるようになる〔萩原　一九七五　四二七〜四二八〕。さらにそれが全国的に普遍化するのは、寛文・延宝期から元禄期にかけてのことで、このころ「氏子概念をめぐっての制度的慣行が（略）全国的完成を見たと考えられ」る〔四三二〕。萩原はこの段階の慣行のことを「郷村「氏神」体制」や「地域的な氏子制度」と表現している〔四四八〕。

私たちの見慣れた村の鎮守の成立期は、おおむねこの段階に比定しておいてよいが、ここでいう氏子組織の成立過程がこれまで正面から扱われた形跡は意外なほど乏しい。その要因は、氏子組織そのものがストレートに対象化されてこなかったこと、むしろ宮座との比較という不自由な枠組みのなかで研究が進められてきたことによる。萩原龍夫は、右にふれた郷村「氏神」体制について述べたあとで、この新しい鎮守祭祀をそれ以前の中世後期の惣村宮座と比較して、つぎのように説明している。

> こうした中にあって、宮座はどうなるのであろうか。もちろん、宮座の概念の規定のしかたによって種々に見解が異なってくるけれど、もし当時の用語例によって見て行くならば、中世的な性格の濃い宮座は崩壊し、かわって氏子組織が普遍化したと考えられる。しかし近世の社会には、身分体制が強く支配し、郷村では家格の高下がつねに取沙汰された。したがって、特権的な祭祀組織である宮座は、それが仲間とよばれようと、講とよばれようと、家格を誇示する必要のある村落上層によってつねに要求されていたといってよい。〔萩原　一九七五　四四八、傍点引用者〕

これによれば近世の村の祭祀組織はあくまで氏子組織であって、中世後期の惣村宮座とはまったくの別ものである。近世にも家格差を前提とした特権的な祭祀組織があったようだが、萩原は、情報不足もあってか、具体的な評価を避けている（冒頭に掲げた〝知らなさすぎる〟発言は、じつはこの引用の直後にある）。近世の村の祭祀組織の位置づけの問題は、不明確なまま残されたのである。もっとも「崩壊」などの言い方から察すると、かれ自身は近世の事例にあまり期待を寄せてはいなかったかもしれない。

一方、その後の研究は、近世の再評価に傾いてきた。昭和三〇年代には紀伊国の宮座文書を調査していた安藤精一が近世宮座という新しいテーマを掘り起こしている〔安藤 一九六〇 九～一〇〕。安藤の定義では、宮座は「本来的には一部の特権的なものによってのみ構成される」〔一一〇〕。儀礼や宴会への列席に代表される宗教的特権、村役人の被選挙権や村入用の管理権を独占する政治的特権〔一一五〕、共有林の下草刈りや開墾の権利を独占する経済的特権〔一一七〕など、幅広い〝特権の発見〟がこの主張を支えている。

一部の上層百姓のみで構成された集団が、神事だけでなく、村役人の選任や資源利用に及ぶ特権を握る、そうした事例はたしかに雄弁である。中世後期の宮座は近世には衰退すると主張する萩原〔萩原 一九七五 四五二〕に対し、安藤は「すくなくとも紀州その他宮座の多い地方の例からは反対せざるを得ない。それほど簡単には宮座制は崩れなかったようである」〔安藤 一九六〇 一〇八〕と反発する。おなじように、近世のある段階までは特権をもつ層が一定の役割を果たしたとみる研究者は多い(2)。

これらの研究者が特権の存在にこだわるのには理由がある。たとえば安藤は「(宮座は)近世初頭から特権的なものであり、中世と比較すると、特権の範囲はひろめられたにしても、一部の人々の特権であることに変りない」と述べて、近世宮座を中世後期のそれと連続的に捉える〔一〇七〕。中近世移行期の研究が進んだ現在の目でみれば、特権という単一の基準で中世後期と近世前期を一括することはできない(3)。とはいえこの〝特権の発見〟によって、近世宮座がはじめて論じるに足るもの―中世の惣村宮座に匹敵するものへと引き上げられたことは確かである。

ここで近世宮座と命名されたものは、実体としては戦前期の民俗調査によって「株座」と用語化されたものとごく近い。民俗学における株座類型もまた、これが本来的・本質的なものとみなされた点で、近世宮座をめぐる研究者の思惑とどこか似通ったものがある。そのことの当否を論じる余裕はないが、結論から述べると、惣村宮座を過剰に意識した近世宮座＝特権的祭祀組織＝株座という枠組みは、結果的に近世の村の鎮守の研究にいびつな空白を残すことになったといわざるをえない。近世宮座論を読み解くことで、そのことを明らかにしておこう。

2 近世宮座論の脱却にむけて

安藤は近世宮座の推移を三つの段階にわけている。第一期は近世初期で、中世以来の上位階層の者が「支配的な力を持つことができた」段階である〔安藤 一九六〇 一〇五〕。この状況は寛文年間（一六六一～七三）ころに転換期を迎え、「元禄期前後の頃から第二期の宮座段階に入る」。従来の成員の経済的優位が失われ、座外の者との対立が激化、争論が活発化する〔一〇五～一〇六〕。具体的な事例を眺めても、座外との争論は多くが元禄年間（一六八八～一七〇四）やその前後のできごととして紹介され、上限は寛文～延宝、せいぜい万治年間（一六五八～六一）である(4)。

解体の事例が豊富に提示される一方で、意外なことは、第一期にあたる一七世紀、とくにその前半の具体的な推移にはあまり言及がないことである。当該期は中世の宮座の延長上といった扱いで、組織形成の具体的な過程は不問に付された格好である。一七世紀も終わりに近い段階、それも闘争や解体といった限られた現象が注目を集めるかたわらで、特権的な近世宮座なるものはいわば所与の存在とされ、その歴史的位置づけはせいぜい中世宮座の残存といった不正確な理解にとどまってきたのである。

加えて近世宮座論には、解体した先にどうなるかという論点がなかったことも看過しえない。萩原が宮座の崩壊と氏子組織の形成を前後関係で捉えたように、近世宮座論もまた〝宮座か氏子か〟を峻別し、たんなる氏子組織には冷淡な態度をとってきた。いわく「すべての村民に全く自由・平等に解放されその後に入ってくる人々にも同じ待遇をするならば（略）宮座がくずれて氏子制度が確立されたとみるべきである」〔安藤 一九六〇 一〇七～一〇八〕。だが解体の過程が精査される反面、解体後の氏子組織が正面から問題にされた形跡はない。

このように特権性を重視するあまり〝たんなる氏子組織〟が残余カテゴリに追いやられてしまう問題や、その特権性が漠然と中世後期の残存とみなされ、結果的に近世初期の組織形成の段階が論点として埋没するといった問題は、ひとえに中世後期の宮座を過剰に意識した不自然さ、すなわち近世宮座＝特権的な祭祀組織＝株座という構図の視野の狭さに起因している。近世の特権的な祭祀組織は、ときに中世の惣村の自治の権限を握る村人の姿を彷彿とさせるかもしれないが（それが根拠のないアナロジーであることは指摘するまでもない）、村の鎮守の総体にせまる枠組みとしては対象を選びすぎる。

このような制約にもかかわらず、近世宮座の概念はさまざまに流用されてきた。畿内近国以外、とくに中部～関東地域の祭祀組織に取り組んだ数少ない事例研究は、例外なく特権的な集団を取り上げている。(5)「関東地方には宮座は少ないのであるが、その少ない宮座は例外なくすべて株座である」〔福田　一九九七　一三六〕といえば、関東の祭祀組織の評価としてけっして誤りではないが、皮肉な見方をすれば、株座類型にあてはまらない多数の〝たんなる氏子組織〟をまえにして、私たちはほかに語ることばをもたないのである。

近世宮座の呪縛を取り払うには、ここで述べてきた近世宮座＝特権的な祭祀組織＝株座の枠組みの狭量さや不自然さをことあげするだけでなく、近世宮座や株座類型をより包括的な視野で位置づけなおせるような新しいモデルを具体的に提示する必要がある。近世宮座の概念化が、中世後期の惣村宮座を過剰に意識したものであったことをふまえると、逆に惣村宮座にこだわる理由のないフィールドで、かつ近世の早い時期を含めた長期的推移を検討できることが望ましい。一七世紀の関東村落のオビシャ組織の事例は、そのための格好の素材になる。

いわゆる歩射儀礼は年頭の神事のひとつとして全国的に分布する。大型の的の意匠がまず目を引くが、それに加えて的・弓の材料や制作過程、弓を射る場の設えや的に対する供物も多彩である。これら歩射のなかで、史料上の豊富な所見があるのが近畿地方の「結鎮」である。大和国下田村・鹿島神社（奈良県香芝市）の結鎮座や、河内国中村・桜井神社（大阪府堺市）の結鎮頭役など、著名な事例は多い。近江国今堀郷（滋賀県東近江市）でも、一四世紀後半には惣村による組織的な結鎮が存在したという〔薗部 二〇一二 二六一～二六四〕。

近畿地方以外の歩射には、西日本に分布する百手神事や関東地方のオビシャがある。その担い手には不明な部分が多いが、すくなくとも薗部が「近世以前にさかのぼるのは難しい」と指摘するように〔二七二〕、畿内近国の臈次階梯制のような中世以来の祭祀組織を背景にもたないことは確かである。ここまでの三編の論考に描かれたオビシャの主体もまた、惣村宮座やそこから連想される近世宮座とは必ずしも一致しない。こうした〝たんなる氏子組織〟を視野に収めつつ、なにを語るのかが問われる。

二　事例：「村の鎮守」祭祀組織の成立

ここで取り上げる南関東のオビシャは、村の鎮守を舞台とする年頭の神事である。あらかじめ要点をあげておくと、いずれも成員が当番を勤めていく当屋祭祀の形をとっているが、成員のメンバーシップが固定しているとは限らず、いわゆる氏子がみな順に当屋を負担する場合が多い。では時代をさかのぼると、これらの組織はどのような形態をとっていたのであろうか。本来であればオビシャ組織を当時の村の階層構成とその変動のなかで位置づけるべきであるが、いまはそこまでの素材には恵まれていない。

それに代わり、ここではオビシャ組織に引き継がれてきた当屋の記録を分析することにより、当時の組織運営の様相を明らかにすることに主眼をおく。当屋の名前を数十年スパンでみることで、成員の増減の傾向、母体の規模、組織内の当屋負担の規則性などを、(名前による分析の精度の限界はあるものの)見定めていくことができるからである。これは紛争にともなう文書からは判明しない、いわば平時の組織のありかたを読み取る作業でもある。

〔事例一〕次浦・惣態神社のオビシャ組織

千葉県多古町次浦のオビシャ行事は集落のほぼ中央にある惣態神社で行われる。当屋の引き継ぎ文書がある。寛保二年(一七四二)の写しであるが、初出は慶長五年(一六〇〇)で、既知のオビシャ文書のなかでもっとも古い。写しは横半帳で、表紙に「奉社古日記写」とある。原本の形態は不明。各年の年号のほか、一年あたり二名のペースで当屋にあたる者の名前が記載されている。現在は次浦全体の八六戸前後によるオビシャで、次浦を四つに分画するクルワが順に当番二名を出している。

このオビシャ組織の過去の姿はどうだったのであろうか。慶長年間から万治年間までの約六〇年間(一六〇〇~六一)について、当屋を勤めた者の名前を検討してみると、[6] この間の当屋はのべ一一三名を数えるが、一部を除き、おなじ名前が繰り返し出てくる傾向は顕著ではない。二度以上みえる者は二一名(当屋を勤めた回数はのべ五一回)で、一度しか登場しない者は六二名にのぼる。このうち二度以上の者をみると、多くは二〇~三〇年をあけて勤めており、一〇年前後の短い間隔で勤めた者はわずか六名ほどである。[7]

水谷類も述べているように、[8] この事実はつぎのことを示唆する。(1)当屋の負担は均等ではなく、一部の成員が他より多く負担していたこと。(2)ただし当屋を出す母体の規模は大きく、当屋負担の頻度は低いこと。つまりオビシャは村のかなり広い範囲を担い手とした行事であったと考えられる。(3)当屋の負担順に明瞭な規則性は見出せないこと。むしろ当屋はランダムに出されており、現在のような四つのクルワによる村組単位の当屋祭祀となるのは後年のことと推測される。

〔事例二〕次浦・妙見神社のオビシャ組織

次浦のオビシャ行事のひとつで、集落の北にある妙見神社で行われる。当屋の引き継ぎ文書がある。寛延二年（一七四九）の写しであるが、初出は寛永元年（一六二四）にさかのぼる。横帳で、表題に「妙見奉社御日記」とある。さらに寛永二一年から享保七年（一七二二）までは原本が残されており、この時期は写しと原本の双方に恵まれている。各年の年号のほか、一年あたり一名の当屋の名前が記載されている。現在は次浦の四つのクルワのひとつ「西郷」のうち、ウジゴヤの八軒が順に当屋を担当している。

水谷が注目しているように、(9) 当屋の負担は寛永元～一二年の一二年間で一巡し、その末尾に「是ヨリ以上八十二人之数終り」と記載がある。なんらかの成員資格があったことを思わせるが、それ以降の成員は必ずしも一定せず、また一定年間を単位とするサイクルも見出せない。寛永一三年から万治年間まで（一六三六～六二）をみると、当初の一二名には含まれない者が一〇名ほど加わっている。当初の一二名も、この間に一～二回コンスタントに勤仕している者もいれば、名前がみえなくなる者もいる。

以上から、つぎの三点を指摘することができる。

⑴妙見神社のオビシャの当屋の負担はやはり村内の一部の者に(10)集中している。この傾向は惣態神社オビシャに比べてやや顕著である。ちなみに当初の一二名のうち、一一名までは惣態神社の側に重複して記載がある。しかもこのうち一〇名は、惣態神社オビシャの当屋を二度以上勤めている。一七世紀前半の次浦村では、十数軒規模の中核的な家々が活動的であったと考えられる。従来の用語に従い、この家々を草分け層とよんでおく。

(2)その一方で、妙見神社オビシャでも、草分け層の家々以外の成員が順次当屋を勤めている。これら新規の成員が占める割合は、妙見神社より惣態神社のオビシャのほうが大きく、このことは(1)で述べた一部の家々への集中傾向が妙見神社の側に目立つことと表裏の関係にある。ただ双方とも村の全域に広がる家々によって組織され、村全体とはいえないにせよ、それに近い規模の鎮守祭祀の姿をとっていたと考えられる点は共通している。

(3)水谷が指摘しているとおり、妙見神社オビシャの当屋の出し方は変則的である。惣態神社ほどではないが、妙見神社オビシャでも当屋を勤める順番や頻度は一定していない。つまり一七世紀のオビシャ組織はすでに当屋祭祀の姿をとってはいるが、(2)で述べたように新たな成員による負担もあったことの裏返しとして、十分に規則的な段階には至っていなかったと考えられる。

なお水谷の調査によれば、次浦では、大正一四年(一九二五)まで、ウチカマド・ソトカマドとよばれる家格の区別があり、双方あわせて二十数軒規模の家々が、惣態・妙見のオビシャの当屋の担い手になっていたという。その形成過程を跡付けることは今後の課題であるが、すくなくとも右で扱った十七世紀前半の時期に関するかぎり、そのような成員の固定はまだ見ることができない。

〔事例三〕宮久保のオビシャ組織

千葉県市川市宮久保のオビシャは、もとは地区内の日蓮宗寺院高圓寺(のち所願寺)の行事で、現在は同地区の白幡神社で行われている。文書は所願寺の保管である。初出は正保四年(一六四七)正月一五日で、次浦に比べて時期は下がるが、寛文・延宝期よりまえの状況を知らせる素材として重要である。写しは作成されておらず原本のみ。初出の年の表題に「三宝御奉謝之人数日記」とある。現在、白幡神社は宮久保の全体一二〇軒あまりの鎮守で、これを四つに

表1　市川市宮久保の奉謝日記にみえる正保4年(1647)～慶安3年(1650)の当屋担当者

	人名	担当年	役割	順位
1	七郎右衛門	正保４年	当本	8
		慶安２年	叺	
2	与相兵衛	正保４年	叺	19
		慶安３年	叺	
3	文右衛門	正保４年	叺	なし
4	孫左衛門	正保４年	叺	35
5	五郎左衛門	正保４年	叺	14
6	四郎右衛門	正保４年	叺	5
7	三右衛門	正保５年	当本	4
8	清左衛門	正保５年	叺	10
		慶安３年	叺	
9	小右衛門	正保５年	叺	22
		慶安３年	叺	
10	彦右衛門	正保５年	叺	7
		慶安３年	当本	
11	縫之助	正保５年	叺	23
12	四郎左衛門	正保５年	叺	24
13	太郎左衛門	慶安２年	当本	2
14	源三郎	慶安２年	叺	なし
15	新左衛門	慶安２年	叺	11
16	久左衛門	慶安２年	叺	3
17	久右衛門	慶安２年	叺	なし
18	与左衛門	慶安３年	叺	1
19	吉兵衛	慶安３年	叺	46

「宮久保御奉謝日記」〔水谷 2016b〕により作成。「担当年」欄に２か年が記載されている者は、期間中に２度勤仕したことを示す。「順位」欄は、正保４年の72名の連名のなかで何番目に記載されているかを示す（その前半３分の１に含まれる人名を網掛けで示す）。詳細は本文参照。

区分した地区が順に年番となって行事の準備などにあたる[11]。

宮久保のオビシャの記録は特異なもので、冒頭には染谷・森という苗字をもつ者が大書される。また正保四年の例では、二紙を貼り継ぎ、七二名もの名前を連記する（すくなくとも一二名は女性と子どもの名であるが、おおむね当時のオビシャの母集団に相当するのであろう）。すでにかなりの規模の集団となっていたことがわかる。書き止め文言の位置には「皆々氏子共無残候」とある。さらに末尾に「当頭之人数」の六名、「来頭人数」の六名の名前を記す。それぞれ筆頭者に「頭（当）本」と記載がある。二人目には「叺」とある。これは相当・助当にあたるようである。

幸いなことに、正保四年から慶安三年（一六五〇）までの四年間については、各年の当屋の情報が連続して得られる（表1）。のべ二四名の当屋経験者のうち、二度勤仕している者が五名いるので、実質は一九名である。各年の六名の組み合わせはいずれも違っているので、固定した組のようなものはこの段階にはなかったことがわかる。また面白いことに、この四年間に関するかぎり染谷・森の両家は当屋を負担していない。文字どおり「特権」をもつ家であったといえる。

ところで六名による「当頭」の勤仕や、「頭本」と「叺」の組み合わせという仕組みは、このあと一七世紀を通してみても、ほとんど変化していない。つまりこの段階で、かなり充実した組織化が果たされている。したがって初出年の正保四年がオビシャ組織の始まりとするのは不自然で、おそらくこれ以前から徐々に組織化が進んでいたとみてよい(文書の伝存状況をみても、古い段階のものが散逸している可能性がある)。これをふまえ、正保年間ころの所願寺オビシャ組織の歴史的段階を見定めておくことにしたい。

⑴四年間の当屋経験者の一九名のうち、一六名は正保四年の七二名の連名のなかに一致する名前が見いだせる。このほぼ全員(一四名)が、連名記載のなかでも前半の三分の一に集中し、とくに各年の「頭本」(計四名)はみな冒頭に近い。連名の記載順は、成員の属性の差に対応していたようである。

⑵右のことは、当時のオビシャ組織には、染谷・森という当屋組織とは別格の者を筆頭に、「頭本」を勤める者、「叺」を勤める者、そしてそれ以外の者(おそらくこれから当屋の勤仕に加わることが予定されていた者)という、成員としての参加の段階を異にする人々が混在していたことを示している。

⑶毎年六名による「当頭」の勤仕体制は、この正保年間にすでに確立している。ただ、右の四年間に関するかぎり、六軒の組み合わせは一定していないこと、散発的ながら二度目の勤仕者がみられることなどから、まだ規則的な当屋のサイクルや「村組」組織がともなっているとはいえない。

宮久保のオビシャの場合、一六五〇〜六〇年代の文書に欠が多いので、その後の動向は十分明らかにできず、わずかなデータでは当屋の勤仕頻度や成員の増減を知ることもむずかしい。ただ次浦の事例とあわせて考えると、この正保四年の成員の構成には、おそらくそれ以前に誕生したオビシャの組織が、由来を異にする家々を段階的に成員に迎えてきた過程が凝縮されているように思える。ここで述べた成員の漸増傾向は、つぎに示す羽賀のオビシャ日記でもいっそう鮮明に認められる。

〔事例四〕羽賀・飯縄権現のオビシャ組織

茨城県稲敷市羽賀のオビシャ行事は、集落の北の外れにある飯縄権現（現・羽賀神社）で行われる。当屋の引き継ぎ文書がある（現在は稲敷市立歴史民俗資料館寄託）。初出は元和九年（一六二三）正月。原本のみで、写しは作成されていない。次浦の二事例と並び、一七世紀代前半の推移がわかる重要な事例である。遅くとも寛永二年（一六二五）正月二一日の表題に「いつなのにき」、寛永三年正月二一日の表題に「飯縄奉謝日記」とある。羽賀を分画する坪のひとつ「根小屋」の家々で行われてきたが、現在、行事は中止されている。(12)

羽賀の記録のスタイルもユニークで、折り紙に表題と年月日、および人名を列記する。この人名が各年のオビシャ組織の成員にあたるとみなせる。一年に一紙を用い、これを横帳に綴る。人数は元和九年当初は九名で、寛永九年から同二一年にかけても一〇～一一名程度で推移している。なお他の事例と異なり、初期の羽賀の記録では当屋に関する直接の情報はあまり含まれていない。また当初は人名に多くの合点を打つが、なにを管理したのかは読み取れない。

各年の人名をみると、(13)構成は毎年ほぼおなじであるが、記載順は変化がある。ある人名をみると、一年ごとにひとつずつ順位があがっていき、筆頭までいくと翌年には末尾につくというもので、この規則性は非常に明確である。また寛永一四年に一名（庄五郎、末尾から二人目）、同一八年に一名（杢助、末尾から二人目）、都合二名の成員が加わっている。いずれも最初の年の記載順位は最末尾のひとつ上であるが、翌年以降は他の成員とおなじく順位があがっていく。この間、絶家のためか姿を消す名前も若干ある（結果として成員数にはほぼ変化がない）。

この寛永二一年の時点でおそらく順が一巡したためであろう、一年を隔てた正保三年（一六四六）には、それまでとは異なる順序で一二名の名前が書かれている。一年ごとに順位があがる仕組みに変わりはなく、筆頭までくるとやはり最後尾に移る。この間も成員数の漸増は続く。これら新規の者が、当初は末尾から二番目に記載される点や、翌年からは他とおなじく記載順位をあげていく点は先述とおなじである。結果として、寛文九年（一六六九）には成員は一九名を数えるに至っている。

新規の名前をあげていくと、正保三年に二名（惣右衛門・はやと、末尾から三・四人目）、正保四年に一名（淡路、末尾から二人目）、正保五年に一名（庄九郎、末尾から二人目）、慶安二年（一六四九）に二名（藤十郎・甚七郎、末尾から一・二人目）、承応四年（一六五五）に一名（十左衛門、末尾から二人目）、万治二年（一六五九）に一名（仁左衛門、末尾から三人目）、万治三年に一名（七左衛門、末尾から二人目）、寛文五年に一名（長右衛門、末尾から二人目）、寛文六年に一名（善三郎、末尾から二人目）、となる。

これに続く推移を跡付ける余裕はないが、寛文一〇年に成員数が七名へ急減している。この時点から、近年まで行われていた「坪」単位のオビシャへと移行したものと推定される(14)。七名のうち二名は寛文五〜六年に新たに加わった者で、順位じたいも前年までのものが生かされている。もとは村の鎮守祭祀の姿をとっていたものが、おそらくこの時期に形成されつつあった村組を主体に、複数のグループに分割され、地縁的により集約された祭りへ姿をかえたものと考えられる。

〔事例五〕四箇・栗栖坪のオビシャ組織

村組を主体とするオビシャ組織の形成をみるうえで好例となるのが、茨城県稲敷市四箇のオビシャである。当屋の引き継ぎ文書がある。初出はやや遅れて延宝八年（一六八〇）で、現存するのは天明三年（一七八三）の写しである。横半帳で、表紙に「奉社日記」とある。毎年一名の名前が会所として記載されている。一種の当屋の記録といえるもので、会所は宿の意味であろう。現在は、四箇を区分する坪のひとつ栗栖のうち、ワデ（上手）に属する一一軒が順に当屋を勤めているが、過去にはこれより戸数規模は小さかった。(15)

会所を勤めた者を経年的にみると、当初から規則性があり、延宝八年〜貞享四年（一六八七）、元禄元年（一六八八）〜同八年、元禄九年〜同一六年、元禄一七年〜宝永七年（一七一〇）と、原則八年間を一サイクルとして会所を順に負担している。メンバー構成も一定していたようである。ただ各サイクル内では、家ごとの担当順はまだ固まっていない。強いていうと、各サイクルのはじめには特定の三名がきているので、かつての草分け百姓が上位の家格にあったことが窺われる。

宝永八年に成員を減じて六名となり、このときから完全に同一成員・同一の順による六年ごとの会所負担の仕組みが確立する。このころから成員の名前も代々同じものが書かれるようになり、一八〜一九世紀をとおしてこの安定したサイクルの繰り返しをみることができる。さきの羽賀の事例とあわせて考えると、四箇においても一七世紀の後半、すなわち延宝期に始まり元禄期に至るやや長い期間をかけて、村組単位の当屋祭祀組織が確立していることがわかる。(16)

三　考察：「村の鎮守」祭祀組織の形成と分化

ここで紹介した一七世紀のオビシャ組織は、いずれも当屋や宿といった当番制度の形をとっている。ただ、これまでの研究の基準になってきた近世宮座に比べれば、集団としては流動的で、成員の固定化は明瞭ではなく、華々しい争論といったものも見受けられない。どちらかといえば〝たんなる氏子組織〟にすぎないようにもみえる。ところがこのオビシャ組織は、実際には近畿地方を中心に論じられてきた近世宮座と時代的に並行しつつ、それに匹敵する組織的な儀礼と文書管理の伝統を有する存在である。

五つの事例をもとに、一七世紀のオビシャ組織の変遷を模式化すると図1のようになる。この要点は、つぎの三点にまとめることができる。(1)寛永期前後には、成員は一定せず、その漸増傾向が広く認められること。(2)その後の寛文・延宝期前後を含めても、家格差に基づく特権的家々が儀礼を独占する傾向は必ずしもみられないこと。(3)寛文・延宝期から元禄期にかけて、村組のような地縁的サブグループの発達がみられること。これらの事実がもつ意義についてひとつずつ吟味してみよう。

(1)一七世紀前半のオビシャは、いわゆる草分け層というべき一次的な成員のほかに、遅れて成立したと思われる後発の家々を加えて構成されている。前者は、従来の初期検地の分析で、たとえば「中世以来の系譜をひく土豪・名主的な有力農民」〔中野　二〇〇五　一一八〕とされてきた家々、すなわち草分け百姓に相当するが、成員はこれ以外にも広がっていくのである。村の鎮守祭祀の成立の画期はこの局面に認めることができるだろう。

(2)一般的な近世宮座あるいは株座類型のイメージにもっとも近いのは、ここで挙げてきた事例のなかでは次浦の二つのオビシャのケースであろうが、この場合も草分けの家々を核としつつ、新たな成員を迎えて組織されている。すくなくとも一七世紀前半の段階ではまだ特定の家々による独占とはいえない。また次浦の場合、のちに二〇数軒規模の家々に成員が固定していくようだが、これを典型的な変遷像とみなしてしまうことには疑問もある。むしろ目立つのは、つぎに述べる村組など新しい地縁関係への吸収・再編の動きだからである。

(3)オビシャの組織が村組という小地域によって再編されるのは、比較的新しいできごとである。少ない事例による推測ではあるが、一七世紀前半に形作られたオビシャ組織が、その後に枝分かれするかたちで、いくつかの地縁的類型―村全体による鎮守祭祀、複数の小地域で輪番分担する鎮守祭祀、特定の小地域による鎮守祭祀など―を並行的に分化させていく傾向が認められる。この枝分かれは、近世的な家と村の確立する寛文・延宝期に始まり、元禄期には完成をみたようである（もちろん、次浦の惣態神社のように、それ以降も長い期間をかけて確立するケースもある）。

以上のように、一七世紀前半の南関東地域のオビシャは、たんに当屋祭祀の形をとっていたというだけでなく、いくつかの点で注目すべき変遷過程をたどっている。(1)で述べたように、成員が一定しないということは、当屋祭祀が開放的で、逆にいえばまだあまり規則的なものではなかったことを意味する。一七世紀前半段階のオビシャの当屋組織は、平等な輪番負担となる以前の姿を留めているようだ。頻度に差があるとはいえ、この時期には、当屋を勧めることを契機として、いわゆる氏子組織の広がりが徐々に実現してい

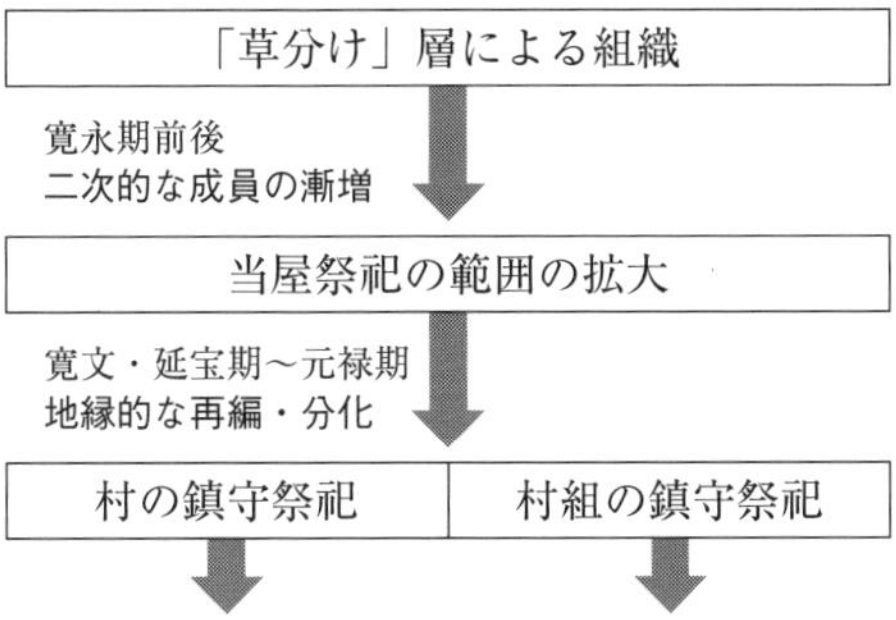

図1　17世紀における南関東のオビシャ組織の変遷

たものと推測される。本稿のはじめに示した課題に沿って考えると、ここから次の二つの結論を導くことができる。

従来、関東村落の祭祀組織は草分け層による株座に代表され、その主体は中世段階に出自をもつ古い家々の残存として理解されがちであった。またその行方は、寛文・延宝期から元禄期ころの小百姓の成立を境とした断絶・解体のイメージで捉えられてきた。たしかに寛文・延宝期の家・村の形成は画期的であろうが、それ以前から続く、段階的な組織形成の歩みがあったことを見落とすべきではない。ここまで提示してきたとおり、一七世紀前半のオビシャには独自の組織化の動きがあったのであり、当時の祭祀組織を理解するうえで、近世宮座や「株座」といった特権的祭祀組織のイメージをあてはめるのは誤りである。

それでは従来の近世宮座（あるいは株座）はどのように位置づければよいであろうか。拙速にすぎるかもしれないが、ひとつの見通しを示すとすれば、そのような家格差による成員の固定化も、祭祀組織の変遷のひとつのコースであり、近世的な祭祀組織の一類型、あるいは村の鎮守祭祀のサブタイプであると受け取るべきであろう。またその固定化の時期は、近世的な家と村の確立を前提とする以上、さほど古いできごととは考えられない。おそらくは右で述べたような村組単位の組織化が進むのと並行する時期、つまり寛文・延宝期から元禄期ころの段階に比定しておくのが妥当であろう。

従来の近世宮座の研究は、あまりに限られたタイプの集団の、限られた歴史的段階に拘泥してきた。一七世紀の南関東で、ゆるやかな当屋組織が段階的に成立していく様相は、従来の近世宮座の枠には収まりきらない多様な祭祀組織が、じつはそれぞれ独自の歴史を歩んできたことを教えてくれる。もとより近世の祭祀組織がまったく家格差を持ち込まない事態は考えにくいが、明確な家格集団一つを特別視するべきではなく、それも近世的な祭祀組織形成のひとつのパターンとして捉えておくのが望ましい。それがなにかしら本質的で典型的であるといった先入観は、もちろん手放したうえで、である。[17]

おわりに

あらためて述べると、オビシャ文書は、調べつくされた感もある近世関東の村落社会にとつぜん現れた驚きの素材である。いわゆる初期の検地帳による持高構成の復原といった伝統的なスタイルの研究をべつにすれば、関東の村で、一七世紀前半にさかのぼる元和・寛永・正保といった時期に照準をあわせながら祭祀組織の変遷が検討できること自体が斬新であり、その意味で、オビシャ文書の出現は関東村落をフィールドとした近世祭祀組織研究の水準をまちがいなく刷新することになるだろう。

信頼できる初期オビシャ文書のテクストの公開も急務であるが、これからの研究はたんに近世前期といった括りではなく、たとえば寛永期、寛文・延宝期、元禄期、といった段階を正確に踏んだ分析が求められることになる。これまで文書の得られない時代として敬遠され、かりに文書の情報があっても偶然的なものとみなされてきたこの一七世紀前半という段階が、オビシャ文書の発見を経て、祭祀組織研究の中心的な課題のひとつの地位に躍り出たといわなくてはならない。

註

（1）このあとで紹介する萩原の議論にみられるように、近世前期には、地縁的に編制された村を主体とする、地域を守護する神の祭りが一般化する。こんにちの村落調査で目にするものも基本的にこの延長上にある。氏神・鎮守・産土などさまざまな用語があるが、史料上もっとも普通にみえ、かつ地域差・時代差をあまりともなわない表現として、小稿ではこれを「村の鎮守」とよんでおきたい。なお近～現代期を含めたこの表現の意義については、畔上直樹『「村の鎮守」と戦前日本』〔畔上 二〇〇九 二〕を参照した。

（2） 代表的なものとして、高牧実『宮座と村落の史的研究』による言及がある〔高牧 一九八六 四三九〕。

（3） 惣村宮座と近世宮座の一致は単なるアナロジーにすぎず、その連続性を過大評価するべきではない。安藤の思い描く、古代氏人制→封建宮座制→近代氏子制の図式のなかでも、中世と近世をひとまとめにした「封建宮座」なる把握は〔安藤 一九六〇 一〇九〕、今日の研究水準からみると杜撰にすぎる。このことを含め、臈次階梯制の宮座の近世化過程に関する問題点は別に論じたことがある〔渡部 印刷中〕。

（4） たとえば、ある惣荘宮座の分析では、寛文～延宝年間にそれまでの成員の家格にゆらぎがあるといい、当該期を「宮座がようやく変質期に入ろうとしている」と位置づけている〔安藤 一九六〇 三八、cf.一二・二三・三〇〕。

（5） ここで取り上げる南関東地域に限っても、家格差に基づき、明確な座配をともなう「株座」組織・儀礼の事例は多い。比較的まとまった事例報告として、武蔵国都筑郡寺家村（横浜市港北区寺家）〔仁科 一九六五ｂ〕、武蔵国入間郡北野村（埼玉県所沢市北野）〔木村・伊藤 一九六〇、仁科 一九六七〕、武蔵国児玉郡渡瀬村（埼玉県神川町渡瀬）〔埼玉県教育委員会編 一九七五〕、常陸国新治郡田村（茨城県土浦市田村町）〔渡部 二〇一二〕、常陸国筑波郡東城寺村（茨城県土浦市東城寺）〔渡部 二〇一四〕、相模国足柄上郡篠窪村（神奈川県大井町篠窪）〔仁科 一九六五ａ〕、相模国高座郡田名村（神奈川県相模原市田名）〔仁科 一九六四〕がある。また先掲の高牧『宮座と村落の史的研究』〔高牧 一九八六〕には、多数の事例とその典拠が広く紹介されており、全体像を把握することができる。

（6） 本書所収の「参考1 次浦惣態神社の奉社日記における人名一覧」参照。なお、ここで分析の下限を万治年間（一六六五八～六一）とするのは、従来も注目されてきた寛文・延宝期（一六六一～八一）だけでなく、それ以前の一七世紀前半の推移を中心に考察するための便宜による。

（7）小規模な組織であれば、同一の者が繰り返し当屋を勤めることになるが、総態神社オビシャは戸数規模の大きさを反映してか、当屋の勤仕の間隔が長く、結果的に当屋の人名だけの分析精度に限界がある。一度しか登場しない者に関しても、家を単位にみれば、実際には二〇～三〇年間隔の勤仕がなされていた可能性がある。

（8）本書所収の水谷類による論考「オビシャと近世の村」を参照。

（9）本書所収の水谷類による論考「オビシャと近世の村」を参照。

（10）厳密にいえば、成員の規模がこのように小さい集団であったのか、当屋をまだ勤めない成員が含まれていたのか、両方の可能性があるが、ここでは前者と判断して分析を進める。

（11）この段落の記述の多くは、水谷類による報告〔水谷　二〇一五　六〇、水谷　二〇一六a　三四～三六〕に基づく。また宮久保のオビシャ文書の分析は、別途公表された翻刻に基づく〔水谷　二〇一六b　一～一二〕。

（12）この段落の記述の一部は、千田沙織氏・平田満男氏（稲敷市立歴史民俗資料館）の私信による情報提供に基づく。

（13）本書所収の「参考3　稲敷市羽賀（根古屋坪）のブシャ日記における人名一覧」（平田満男作成）参照。なお本稿執筆にあたり、同氏のご厚意により草稿段階の翻刻を参照させていただいた。

（14）本書所収の平田満男「稲敷市羽賀（根古屋坪）のブシャ日記」解題参照。

（15）本書所収の水谷類「稲敷市四箇（来栖ワデ）の奉社日記」解題参照。

（16）天明三年の書写の際の記事に、「当坪中挙而奉社仕留事之延宝八年庚申年より始りて」云々とある。当初は組織面が十分に確立していない点からしても、この記事が語るとおり、「坪」単位の鎮守祭祀は実際に延宝期に始まり、元禄～宝永年間に徐々に確立をみたと捉えておいて大過ないであろう。

(17) この点では、いわゆる株座を無批判に古い類型とみなさず、むしろ近世的な家と村の成立のなかで二次的に形成されてきた類型とする視点が不可欠である。たとえば寛文から元禄年間における「役家」主体の祭祀組織の形成過程をふまえつつ、享保期の「柄在家」の増加によって、前者が後者を排除する「株座的性格」を強めたとする分析〔今井・八木 一九五五 二一八～二一九、二二二～二二三〕は、現時点ではもっとも良質な研究成果である。

引用文献

畔上直樹 二〇〇九『「村の鎮守」と戦前日本—「国家神道」の地域社会史』有志舎
安藤精一 一九六〇『近世宮座の史的研究—紀北農村を中心として』吉川弘文館
今井林太郎・八木哲浩 一九五五「近世的宮座の成立と展開」『封建社会の農村構造』有斐閣
木村礎・伊藤好一 一九六〇『新田村落—武蔵野とその周辺』文雅堂書店
埼玉県教育委員会編 一九七五『木宮神社の座祭り(埼玉県選択無形民俗資料シリーズ三)』埼玉県教育委員会
薗部寿樹 二〇一二「宮座儀礼の歴史民俗学的比較研究の課題—歩射儀礼を中心に」山本隆志編『日本中世政治文化論の射程』思文閣出版
高牧 実 一九八六『宮座と村落の史的研究』吉川弘文館
中野達哉 二〇〇五『近世の検地と地域社会』吉川弘文館
仁科義典 一九六四「近世祭祀組織の展開—神奈川県高座郡田名村(現在相模原市の内)」『社会と伝承』八(三)
仁科義典 一九六五a「篠窪の座—神奈川県足柄上郡大井町(元上中村)」『社会と伝承』九(四)

仁科義典　一九六五ｂ「寺家の座―横浜市港北区（元都筑郡中里村）」『社会と伝承』九（四）
仁科義典　一九六七「村落祭祀の家格的構成―埼玉県所沢市（旧入間郡小手指村）北野」『社会と伝承』一〇（三）
萩原龍夫　一九七五（一九六二）『中世祭祀組織の研究　増補版』吉川弘文館
福田アジオ　一九九七『番と衆―日本社会の東と西』吉川弘文館
水谷　類　二〇一五「宮久保・所願寺御奉謝文書について」市川市史編さん民俗部会編『市川のくらしと伝承Ⅱ（市川市史編さん民俗部会成果報告書③）』市川市文化振興課
水谷　類　二〇一六ａ「宮久保のオビシャ」市川市史編さん民俗部会オビシャ調査グループ編『市川のオビシャとオビシャ文書』市川市文化振興課
水谷　類　二〇一六ｂ「宮久保御奉謝日記（所願寺所蔵文書）」市川市史編さん民俗部会オビシャ調査グループ編『市川のオビシャとオビシャ文書』市川市文化振興課
渡部圭一　二〇一二「常陸国新治郡田村の「十六人当」―霞ヶ浦湖岸村落の近世宮座および座配史料」『土浦市立博物館紀要』二二
渡部圭一　二〇一四「山の祭りから里の祭りへ―東城寺村「三別当」にみる近世村落寺院の動向」土浦市立博物館編『山ノ荘の民俗・日枝神社の流鏑馬祭（土浦市史民俗調査報告書第一集）』土浦市立博物館
渡部圭一　印刷中「宮座」吉原健一郎・西海賢二・滝口正哉編『宗教・教育・芸能・地域文化（郷土史体系Ⅵ）』朝倉書店

付記　本論文は科学研究費補助金（若手研究⊠）「宮座文書における「差定状」の管理史および儀礼史の解明：物質文化研究の視点から」（研究代表者渡部圭一）による成果の一部である。

資料編

オニッキの史料学序説

渡部 圭一

オニッキを記述する視点

以下の「資料編」に掲載するのは、これまでの調査で所在が判明したオビシャ文書のうち、一七世紀にさかのぼる事例を中心に、その基本情報をまとめた〝解題〟集である。論考編でとりあげた千葉県多古町の二事例のほか、同県からは市川市の一事例、さらに茨城県稲敷市の二事例、東京都・埼玉県・神奈川県の各一事例を加え、これまで筆者らが知りえた有力なオビシャ文書を網羅したかたちとなっている（表1）。それぞれの解題はおおむね、所蔵・組織、内容、形態・保管、記帳、儀礼の順に構成したが、はじめにこの狙いについて簡単に説明しておきたい。

オニッキの伝わり方は、一般に関東の村で村方文書が旧名主家に残されるのとはいくつかの点で違いがある。まずオニッキは通常、当屋の持ち回りであり、所在が一定しない。また一七世紀当時から現在に至るまで連綿と書き継がれている、いわゆる現用文書であることも多い（稲敷市四箇のように、通常は厳封されており、当渡し当日のごく短い時間帯でしか披見できないものもあった）。こうした場合、オビシャ文書の伝来や所在を記述することは、背景となる組織をとらえることと同義であることに留意して、〈所蔵・組織〉の項目を設けることにした。

つぎにオニッキは、長く書き継がれる性格をもつことから、一冊が長期にわたって用いられたり、ある段階で作成された写しがその後正本として使い続けられたりする。断片的な状ものが蓄積することも多く、書誌的な情報が複雑

表1　主要なオビシャ文書一覧

	所在	名称	オビシャの概要	現行	形態	内容	初出
1	千葉県多古町次浦 (下総国次浦村)	多古町次浦惣態神社の奉社日記	惣態神社。次浦全体の86戸前後による	あり	横半帳 写し	当屋の記録	慶長5年 (1600)
2	千葉県多古町次浦 (下総国次浦村)	多古町次浦妙見社の奉社日記	妙見社。次浦を4つに区分するクルワのひとつ西郷のうち、ウジゴヤの8戸による	あり	横帳 原本と写し	当屋の記録	元和10年 (1624)
3	千葉県市川市宮久保 (下総国宮久保村)	市川市宮久保(所願寺所蔵)の奉謝日記	白幡神社(もと高圓寺)。宮久保全体の約120戸による	あり	状 原本	人名の列記	正保4年 (1647)
4	茨城県稲敷市四箇 (常陸国四箇村)	稲敷市四箇(栗栖ワデ)の奉社日記	西権現など4社。四箇を区分するツボのひとつ栗栖のうち、ワデ(上手)11戸による	あり	横半帳 写し	当屋の記録	延宝8年 (1680)
5	茨城県稲敷市羽賀 (常陸国羽賀村)	稲敷市羽賀(根小屋坪)のブシャ日記	羽賀神社。羽賀を区分するツボのひとつ根古屋坪の3戸による	中止	横帳 原本	人名の列記	元和6年 (1620)
6	東京都板橋区小茂根 (武蔵国上板橋村)	板橋区茂呂稲荷神社の茂呂御毘沙台帖	稲荷神社。上板橋を3つに区分する集落のひとつ茂呂の26戸による	あり	横帳 原本	当屋の記録	元禄8年 (1695)
7	埼玉県越谷市新川町二丁目 (武蔵国越巻村)	越谷市越巻稲荷神社の産社祭礼帳	稲荷神社。越巻を2つに区分する集落のひとつ中新田(現新川町二丁目)の18戸による	あり	竪帳 写し	当屋の記録	承応3年 (1654)
8	神奈川県相模原市田名 (相模国田名村)	相模原市「田名の的祭」の祭礼人数帳	田名八幡宮。田名に11ある集落のうち久所・瀧などに散在する家々20数戸が中心となる	あり	横半帳ほか 原本	祭礼の規約 当屋の記録	宝暦13年 (1763)

「所在」欄には、現在の地名と近世の行政村名を示す(町名変更等により両者が一致しない場合もある)。「名称」欄は、各文書の代表的な名称を示す。「オビシャの概要」欄には、現在の場所・実施主体・規模を示す(中止されたものは中止時。また事例8に限り近世期の状態とする)。「形態」欄には、初出期の史料の形態および原本・写しの別を示す。「内容」欄には、初出期の代表的な記録内容を示す。

化しやすい。そこでどのような形態の史料が何点作られ、それらがどのような形態で引き継がれているかといったことは、オビシャ文書のモノグラフにとって核心的な情報となる。なにより書き継ぎの帳簿のもつ厚みや重みといったものを抜きにして、オニッキの実像を理解することはできない。それぞれの〈形態・保管〉の項目で、法量をふくむ詳しい書誌事項を一覧したのはこのためである。

さらにオニッキは、儀礼のなかで〝使われる〟媒体であり、一種の祭具〈あるいはそれ以上に神聖視される存在〉である。現行のオビシャ行事を調査できるだけでなく、オニッキにまさに記帳する場面を目の当りにすることも可能であり、生きた儀礼文書の世界を私たちにみせてくれる素材である。事例によっては書き上げたオニッキを朗読したり、オニッキを使って儀礼的な造形物をつくるシーンもあって、興味は尽きない。オニッキという「もの」をとりまく〈儀礼〉や、オニッキが再生産される〈記帳〉のありかたに、できるかぎり筆をおよぼすことにした所以である。

なにが書かれているのか

各事例のタイトルは、それぞれの著者の判断で、代表的な文書の表題をとることにしたが、結果として「奉社日記」のような表記が多くを占めているのは偶然ではない。さまざまな例外もあるとはいえ、筆者らは、オビシャ文書をオニッキの名称で代表させうると考えている。すくなくとも南関東の村落祭祀を総体としてみれば、オビシャは早い時期の文書をともないやすく、またその文書は千葉県・茨城県域ではしばしば「オニッキ」とよばれているわけである。では、オニッキとは何を意味しており、オニッキとよばれる文書はどのような特徴をもつのであろうか。

まず記帳される中身について検討しておく。詳しくは金子祥之の論考でも論じられているが、オビシャ文書には二つのパターンがある。ひとつは当屋の名前を記録するタイプで、多古町次浦の二事例のほか、稲敷市四箇などがこれに相当する。祭祀組織の記帳としてはオーソドクスなもので、たとえば畿内・近国の惣村に由来する宮座でも、そのほか各地にみられる当屋祭祀組織でも、このタイプの記録を目にする機会は多い（なお村の年代記のような記録は、いまのところ、当屋の記録に付随して出てくるように見受けられる）。

ところがこれとは別に、村の人名を多数列記するタイプがある。市川市宮久保の初期のもののほか、すくなくとも栄町酒直の事例が該当する（稲敷市にも類例があるようである）。このように村の人名を列記するスタイルは、祭祀組織の文書としてはきわめて目新しい。とくに酒直のケースのように、数十名の村人の名前がびっしりと紙面を埋め尽くすさまは、この文書がいかにも儀礼的に取り扱われたことを彷彿とさせる。いかなる儀礼の場で、どのような属性の人々が書き上げられたのかについて、今後、実例に即した精査を進めていかなくてはならない。

「日記」とはなにか

つぎにオニッキという語彙について検討しておく。右に述べた記録内容から明らかなように、ここでいう日記とは、いわゆる日次記ではない（その年の〝重大事件〟が記録され、村の年代記のような役割を持ちはじめるのは、多くの事例において一八世紀後半のことである）。この日記という言葉の由来をたずねるとすれば〔榎原 二〇〇〇〕、古くは平安期の事発日記（日記の一種で、なんらかの事件の発生や経過を報告したもの）が示すように、日次記ならぬ「日記」の流れが一貫して存在することや、中世の惣村で、法会や祭り、寺社の造営や修理などにかかわる記録が広く「日記」とよばれたことを想起しなくてはならない。

もとより関東の村の「日記」とよばれる史料が、具体的にどう伝播してきたかといったことの検証は、容易になしえるものではない。ただオニッキの記載事項は、その初出期から完成されているので、その意味では自然発生的なものとは考えにくい。また多古町次浦の慶長期の例などをみると、儀礼の始まりと文書の始まりは同時であったようである。おそらくはオビシャ儀礼と一体のものとして、村に「日記」の記帳習俗が（どこかから）持ちこまれ、遅くとも一七世紀初めには当時の草分け百姓たちに受容されたという流れを想定することは許されるであろう。

「一体のものとして」と述べた点には、なお議論の余地があるかもしれないが、管見のかぎり、オニッキという名称をもつ史料で、オビシャ以外の村の祭祀に登場するものはない。つまり関東では、オニッキの語彙をともなう文書はオビシャ行事に固有のもののようである。付け加えると、「日記」という用語は、中世の日本で広く用いられていたものではあるが、それがオビシャという儀礼的文脈に特化し、しかも「オニッキ」という一種の民俗語彙となって用い続けられている点は、やはり関東の村の特徴である。日記ということばが多くは御日記と敬称を付けて表記される点もおもしろい。

推測に推測を重ねることになるが、一七世紀の関東の村に関するかぎり、「日記」とは当初から〝儀礼のための文書〟であり、なかんずく〝オビシャのための文書〟であったようである。おそらく当時の村の人々にとって、「日記」とは一般名詞ではなく、儀礼のための文書を意味する特別なことばであり、それゆえに敬称を冠してよばれ、儀礼文書の代名詞のようにして用いられてきたのであろう。それが関東の村にいかにして持ちこまれてきたか、それは果していつごろのできごとであったのか、取り組むべき課題は山積している。

オニッキの掘り起こしにむけて

オビシャ文書の掘り起こしはまだ始まったばかりである。各地の地域博物館の収蔵庫に眠っているものも少なくないはずだ。旧名主家や寺社・神職家を基準とする、一般的な近世文書の探し方では、なかなかオビシャ文書には行きつかない。現用文書であることに起因する調査のやりにくさもあれば、分量がかさみ翻刻の共有がむずかしいという事情もある。おりから村の祭祀組織の解散など、文書が散逸するおそれはつねに付きまとっている。とはいえオニッキの情報量やその史料的価値は、これらのハードルを忘れさせる魅力にみちたものである。

この資料編に収録した解題は、いずれも手短なものではあるが、ここで狙いとしているのはオビシャ文書の社会的・儀礼的文脈に焦点をあてた文書のモノグラフの試みであり、これからの調査研究の呼び水となることを期待するものである。なお「当屋」に相当する役割の呼び名は事例によってさまざまであるが、ここでは史料上の用語や現地の呼称はそのまま用い、あえて一般化する必要がある場合には「当屋」の表記をとったことを付記しておく。また栄町酒直については本文で手厚く紹介されているので、解題としてあらためて項目を立てることをしなかった。

文献　榎原雅治　二〇〇〇「荘園文書と惣村文書の接点—日記と呼ばれた文書」『日本中世地域社会の構造』校倉書房

1　多古町次浦惣態神社の奉社日記

（千葉県香取郡多古町次浦）

次浦《つぎうら》についての概要、および地誌的な詳細、オビシャ儀礼については論考編にまとめたので、ここでは惣態《そうたい》神社とオビシャ文書オニッキに関連する書誌的内容を中心に記述する。なお、惣態神社の社名を「惣躰」と書く場合もあるが、資料等の表記を紹介する場合は別にして、ここでは惣態神社で統一する。

惣態神社は次浦の鎮守で、明治一二年（一八七九）の千葉県達乙第一二三号に基づいて作成された千葉県神社明細帳（千葉県文書館所蔵）によれば、

千葉県管下下総国香取郡久賀村久賀之内次浦字東

村社　明治四十二年二月二日願　仝四月十四日庶第一、一六六号許可

惣態神社

一　祭　　神　　伊弉諾尊　伊弉冉尊

一　由　　緒　　不詳

一　社殿間数　　間口六尺　奥行六尺

一　拝殿間数　　間口四間三尺　奥行弐間三尺

一　境内坪数　　百四拾四坪　官有地第一種

一　神　　官　　惣態神社司掌兼務　　都祭正胤

都祭歌之助
鈴木由太郎
兼補　波木栄之助

一　氏子戸数　　三百七拾六人
一　管轄庁距離　拾三里六町弐拾九間四尺

とある。由緒は不詳で、神官も兼務であった。江戸時代までは永台寺の支配で、村人によって管理運営されてきたと思われる。平成二九年現在、同社は國友英昭氏（香取市山倉神社宮司）が宮司を担当しているが、國友宮司が氏子向け、一般向けに書かれた由緒書には、当社の由緒沿革を「延暦一六年九月一六日に遷座されてから約一二〇〇年の歳月を経て諸人の尊崇いよいよ厚い。御神徳は寿命の守護神として信仰されている。明治六年御神号惣體大神を惣態神社と改められ村社に列せられる。当時の氏子は次浦・古内・神所台・寺作・井戸山・南玉造の六ケ村で三四三戸といわれる」としており、これは村の伝承に基づくものとされている。惣態という珍しい社名のいわれは、伊弉諾尊・伊弉冉尊の御夫婦神にちなむとしているが未詳。

千葉県の神社明細帳では明治四二年二月二日の出願により、同年四月一四日に何らかの許可が与えられているが、当社が村社になったのは明治六年一〇月と思われ、そのことが惣態神社のオニッキの明治七年に次のように記載されている。

右之通明治六年十月従新治県庁村社ニ者定候、其後追々御出役之上社寺共ニ境内地所御改メ相成、竪十八間横八間全ク社地ニ被立候、其余之分ハ官有地ニ相成申候

こうした地元の重要なできごとが記載されているのは、オニッキという記録の特殊性でもある。

所蔵・組織　次浦は四つのクルワ（西郷《ニシゴウ》・東郷《ヒガシゴウ》・坂中《サカナカ》・谷口《サクグチ》）で構成されており、惣態神社の氏子域はこの次浦全体に及んでいる。現在の惣態神社オビシャの当屋は、上記の順番で四クルワが一年交代に担当し、クルワ内の二軒がそれぞれホントウとワキトウを勤めるという、複合的村組当番制のスタイルである。ホントウとワキトウの順番はクルワ内での家の並び順で、不幸があった家は飛ばして、次の隣の家へと回すことに決まっている。

大正一四年（一九二五）のオニッキ記録に、

本年度ヨリ、区ノ総会ノ決議ニヨリ、うちかまどそとかまどノ区別ヲ廃し、区民一同拝殿ニ於テおびしゃノ式ヲ挙行スルコトニナリタリ

と記され、オビシャの儀式が「うちかまど」と呼ばれてきた限定的な家柄だけの行事でなく、「そとかまど」と呼ばれてきた一般村民にも開放されたとある。しかしこの時点で、当屋が全氏子に開放されたかどうか不明である。なお四クルワで一年ごとに当屋を回していくシステムも、どの時点から始まったかは不明である。平成九年のオニッキ末尾に、神社総代として西郷・坂中・東郷・谷口の順番で神社総代の名前が記載されているのが四クルワのみえる最初で、それ以後通例になる。

形態・保管　惣態神社オビシャのオニッキは全部で八冊の横半帳をこよりでひとつに綴ったものである。各冊は紙質・枚数ともに違うが、大きさはほぼ同じで、タテ一二〇ミリメートル、ヨコ一五〇ミリメートルをはかる（写真1）。冒頭の慶長五年（一六〇〇）から、平成二九年（二〇一七）の現在に至るまで、一括して箱に納められ、毎年正月七日のオビシャの日に、前年の当屋から次年の当屋（ライトウ）へと、ご神体と呼ばれる木製の宮殿とともに渡される。ご神体はホントウが、オニッキはワキトウが、自宅の神棚に安置して、一年間大切に預かる決まりとなっている。もしも火事など危険が及んだときは、まず何よりもご神体とオニッキを持って避難するようにと言われている。他にオビシャの時にお供えしたベンケイと呼ばれる藁の作り物一

対も、ご神体と一緒にホントウがお守りする（ただしベンケイの作り物は平成二八年を最後に、以後作らないことに決まった）。

オニッキはワキトウが預かるが、オニッキを納めた木箱のなかには、オニッキ以外にもオビシャ関係文書、参考のためのオビシャ行事写真が、引き継ぎ文書として納められている。惣態神社のオビシャ文書はこの木箱に納められた引き継ぎ文書のみである。

内容　表紙に、「慶長五庚子歳ヨリ寛保二壬戌年マテ百四十三年ノ間、古帳ヲ写申候、惣躰大明神　奉社古日記写」とある。他にも、オニッキを包んでいたと思われる渋紙や、一冊目の末尾に当たる寛保二年（一七四二）の箇所に「慶長五庚子年より寛保二年迄百四拾年ニなり申し候」と注記がある。この注記から分かるように、一冊目は、慶長五年からのもともとの帳面を寛保二年に書写したものである。冒頭から一冊目の末尾まで、本文は一人の筆で書かれている。

本文の内容は、年号・当屋名だけ。名前は主に二人で、ホントウ・ワキトウの区別は記されていない。それぞれの当屋には名前の上に姓が記され、同じく右肩には地名がやや小さ目の文字で付記されている場合が多い。地名はその人の住所と考えられるが、姓は墨色や筆跡から、後からの注記と推測される。ただしいつごろ行われた追記かは不明である。

当初、二人の当屋名だけだった記載に、一年間のトピックスが付け足されるようになる。その最初は、二冊目に入って間もない寛延元年（一七四八）と翌二年ごろからである。該当箇所は次のように記されている（カッコ内は後筆）。

寛延元戊辰稔　（佐藤）坂中 四郎兵衛
　　　　　　　（藤崎）東 嘉右衛門
御地頭本間長蔵様時代、当巳ノ年百年ニモ覚へ無之不作ニテ世中（※二行後の「及困窮」に続く）
寛延二己巳歳　（佐藤）谷口 喜四郎 弥左衛門之事
　　　　　　　（藤崎）小西 久兵衛

及困窮ニ候、関八州之悪作ニ候得共、下総上総常陸大不作ニ候、別シテ当地川間通リ皆無ニ候、
六月廿九日八月十三日大嵐

寛延二年から地頭本間氏の時代が始まったことと、その年が近年まれな不作の時代であったことを並べて書き記している。翌年も引き続き関八州が悪作に陥ったことを記録するとともに、川間通り地域は被害が甚大であったこと、さらに二度にわたって大嵐に見舞われたことを詳細に記している。

このあと数年は特に記録はなく、毎年必ずその年のできごとが書かれるというほどではなかった。しかしこの二冊目の中ごろ、明和二年(一七六五)から、明らかに筆跡が一人の手ではなくなって、そのころから当屋の名前のみの記録でなく、一年間のトピックスが度々書き込まれるようになっており、オニッキの書き方に何らかの意識変革が起きていたと予想される。一時、書式に変化もあり、ほとんど年間記録のない時代もあるが、幕末から明治・大正、昭和

写真1　惣態神社オニッキの外観

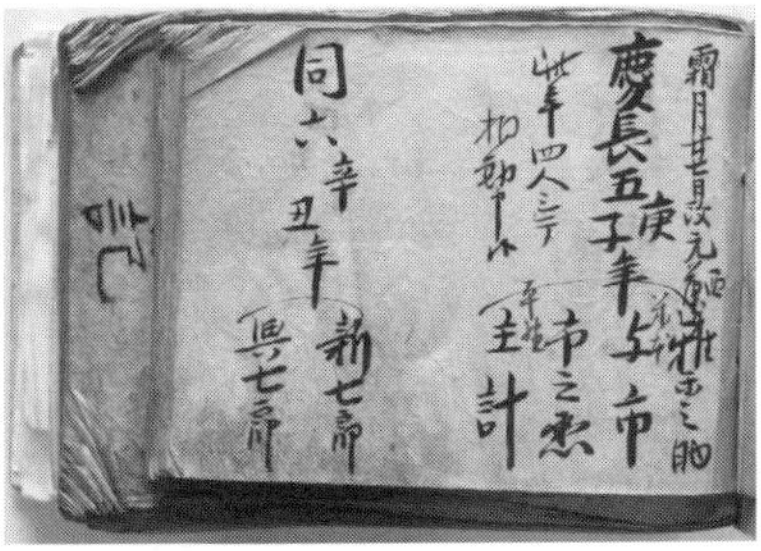
写真2　冒頭の当屋の記載

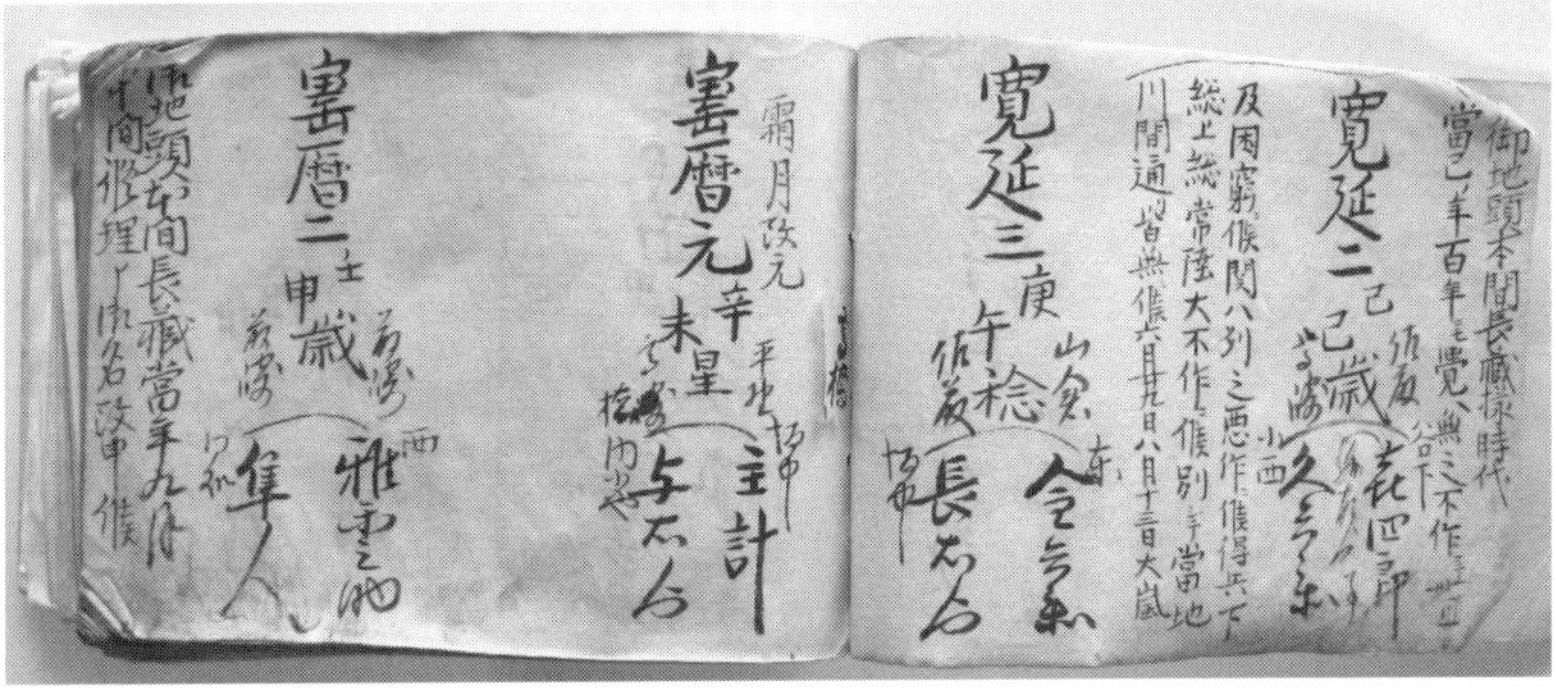
写真3　寛延2年のできごとの記載

の戦前戦後にかけて、地域の内外を問わず年間のトピックス、災害、米・銭相場を克明に記すようになっていく。

儀礼と記帳　儀礼についての詳細は、論考編にあらかた記したので省略する。記帳はホントウが行う。書式が決まっているわけではない。オビシャの当日までに、前年の引き継ぎ式以後からの、農作物の作柄や天候・災害と作物の取引価格などを書く。このほか海外・国内のニュース、一年間のうちに起こった世の中の重大事件などを、当屋それぞれがある程度独自の判断で選択していく。新聞の切り抜きをスクラップブックにして記入の参考にする人、一年間の折々にメモをしておき、オビシャ前日までに整理して書き込む人もいる。

記入したオニッキは、オビシャ儀礼が行われる惣態神社にホントウが持参するが、そこでは一切、見せることはなく、とくに見る人もいない。中身を読み上げることもないまま儀礼が終了すると、次年の当屋に手渡され、ご神体とオニッキを抱えた二人の当屋が家に持ち帰るだけである。

文献　多古町史編さん委員会編　一九八五『多古町史』多古町。なお、次浦のオビシャと村の歴史、家々の伝承についてはほぼ全てにわたってご教授下さった室岡愼二氏は次浦の方であるが、長年、多古町役場にお勤めであり、そのとき『多古町史』の編纂にも当たられたという。室岡氏をはじめとして、次浦にお住いの多くの方がたのお陰で、次浦村についての豊かな歴史と伝承を知ることができたことに、心から感謝したい。

（水谷　類）

2　多古町次浦妙見社の奉社日記

（千葉県香取郡多古町次浦）

次浦には、惣態神社のオビシャとそのオニッキの他にも、村内四つのクルワによるオビシャがあり、さらにそれとは別に村中で当屋が巡回する白幡社のオビシャ（ただし現在の当屋が不明のため詳細は未確認）があり、西郷クルワのさらに内部にあるウジゴヤの八軒が行ってきた妙見社のオビシャがある。

次浦の北東奥に、ジョウヤマ（城山）と呼ばれる一区画があるが、それにほど近いところに妙見社が祀られている。ジョウヤマはもともと城郭だった戦国時代の館跡で、今も土塁・空堀や土橋が残っている。妙見神を祠る石祠には元禄二年（一六八九）の造立銘がある。

内小屋妙見様　于時元禄二己巳年二月十五日
奉建立妙見石宮一社
下総国香取郡千田荘次浦

所蔵・組織　現在、妙見社をお守りしているウジゴヤの家は、高橋姓四軒、菅沢姓一軒、岡村姓一軒、平山姓一軒、木下姓一軒の計八軒である。このうち木下姓は戦後、多古町の別の村からかつて高橋本家と呼ばれていた屋敷地に転入してきた家で、妙見社オ

写真1　妙見社の石祠

ビシャには転入後参加するようになったという。高橋の本家が転出したのは戦後のことで、昭和三八年（一九六三）の当屋連名には高橋本家を含めた九軒が参加している。

妙見社のオビシャ文書（五号文書）には、明治九年（一八七六）に決めた「妙見太神之連名」が列記されているが、それにはウジゴヤばかりか西郷クルワにも限定されていない、全村域に及ぶ二六名の名が見られる。

明治九子年　妙見太神之連名
高橋与右衛門
高橋三郎兵衛
藤崎勘兵衛
土屋多兵衛
佐藤宗右衛門
藤崎勘右衛門
土屋小右衛門
藤崎佐左衛門

藤崎平兵衛
明治十二年　藤崎次兵衛
藤崎佐右衛門
明治十一年　平山嘉左衛門
明治十四年　高橋新右衛門
佐藤藤左衛門
平山孫左衛門
高橋与左衛門
高橋金兵衛

藤崎嘉右衛門
藤崎治郎兵衛
明治十年　室岡新左衛門
高橋源五兵衛
明治十一年　平山五兵衛
平山嘉左衛門祭主
岡村与兵衛
明治十五年　香取六兵衛
明治十三年　藤崎治郎左衛門

これは明治九年にあらかじめ妙見社オビシャの当屋を二六名決定し、明治一〇年以降当屋を勤めた人の上に、勤めた年を書き足したものと思われる（名前の書き違いなどはあるが、それぞれの年のオニッキの当屋名とこの連名とは一致している）。つまり明治九年時点で、妙見社オビシャには次浦村全体から二六軒の家が参加していた。しかし連名の最初の一四名は西郷クルワの家で、その後は谷口・西郷・坂中・東郷から数人ずつがランダムに列記されている。このことから考えると、明治九年に妙見社オビシャは、村全体のオビシャから西郷クルワを主体としたクルワのオビシャに編成替えされつつあって、おそらくこのころ以降、戦前までの間に、ウジゴヤの九軒（現在八軒）のオビシャになっていったのであろう。

つまり明治初めごろまで妙見社オビシャは、ウジゴヤや西郷クルワ限定のオビシャでなく、惣態神社や白幡社のオビシャ同

写真2　当屋が引き継ぐご神体の宮殿（左）とオビシャ文書（2017年2月9日）

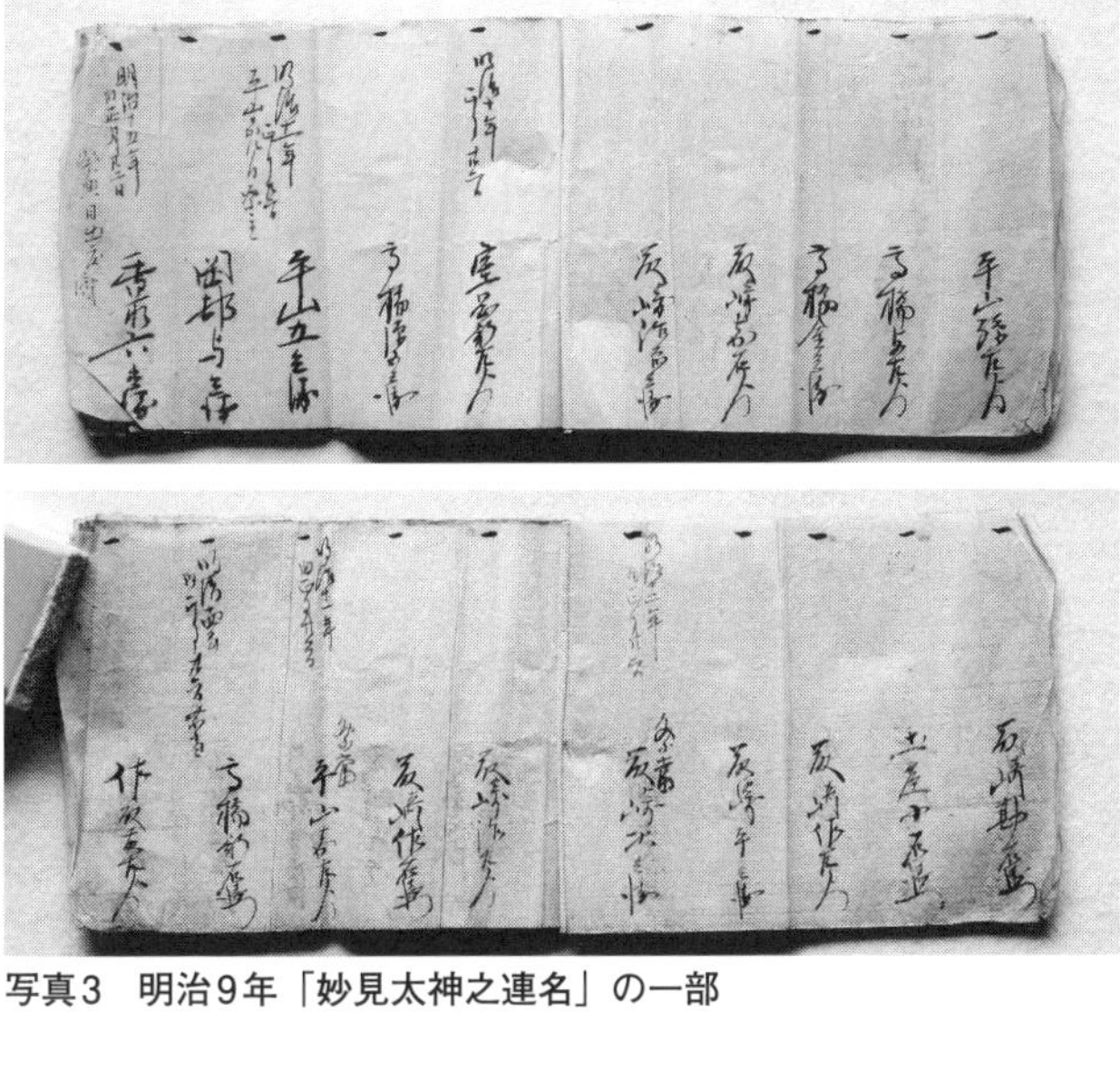

写真3　明治9年「妙見太神之連名」の一部

様、次浦村全体で当屋を勤める村オビシャだったことになる。

　オビシャの当屋は現在八軒で、今も毎年順番に勤めて、オビシャを実施している。オビシャ文書は当屋を担当した家が、ご神体の宮殿や掛け軸などと一緒に一年間預かることになっている。

形態・保管　表1に示すように、妙見社のオビシャ文書は一三点あり、そのうちオニッキは一〇点余りある(以下、便宜的に古い方から一号、二

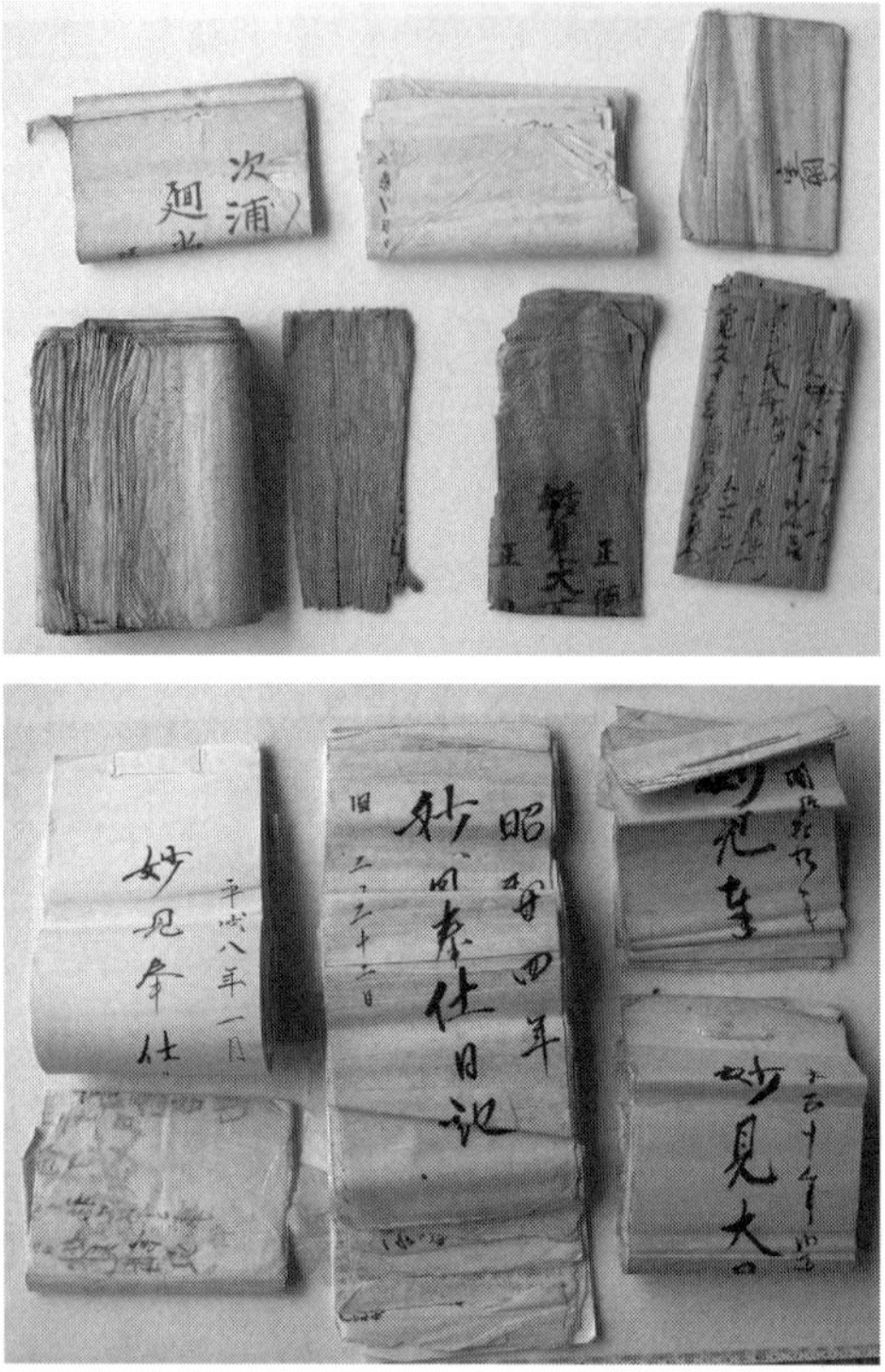

写真4　妙見社オビシャ文書の概観

表1　千葉県多古町次浦妙見社のオビシャ文書の構成

	表題	形態	枚数	法量	期間
1	なし	状	1	150×195	寛永21年～承応3年
2	なし	状	1	150×195	承応4年～寛文4年
3	なし	横帳	2	145×400	寛文5年～享保7年
4	妙見奉社御日記	横帳	28	138×380	元和10年～明治38年
5	妙見太神之連名	横半帳	5	122×170	明治9年～明治13年
6	次浦区西郷廻当番	横半帳	10	120×160	大正11年～昭和7年
7	妙見奉社日記	横帳	14	123×320	昭和8年～昭和23年
8	妙見奉謝御日記	横帳	6	125×325	明治39年～大正9年
9	妙見大日記帳	横帳	10	125×325	大正10年～昭和7年
10	契約書	状	1	275×382	昭和19年
11	妙見奉社日記	横帳	30	123×315	昭和24年～平成7年
12	妙見奉社御日記	横帳	24	120×327	平成8年～平成29年
13	妙見御日記	包紙	1	310×228	正徳3年

「法量」欄はタテ×ヨコ(単位ミリメートル)で示す。

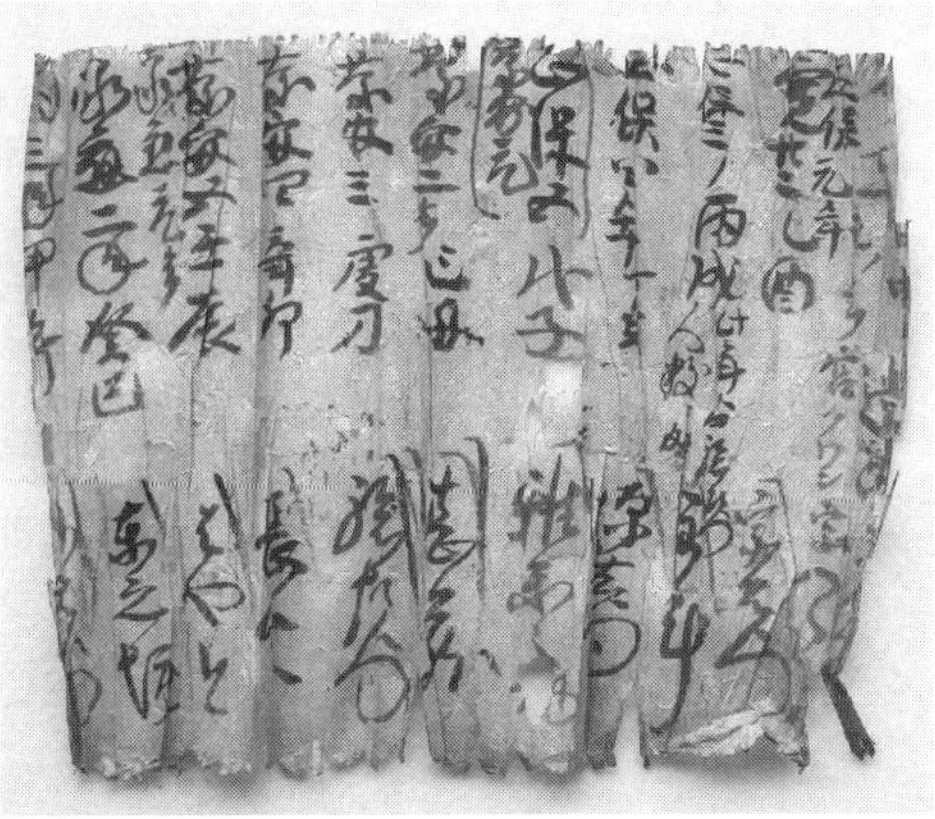

写真5　第1号文書

写真7　第4号文書表紙

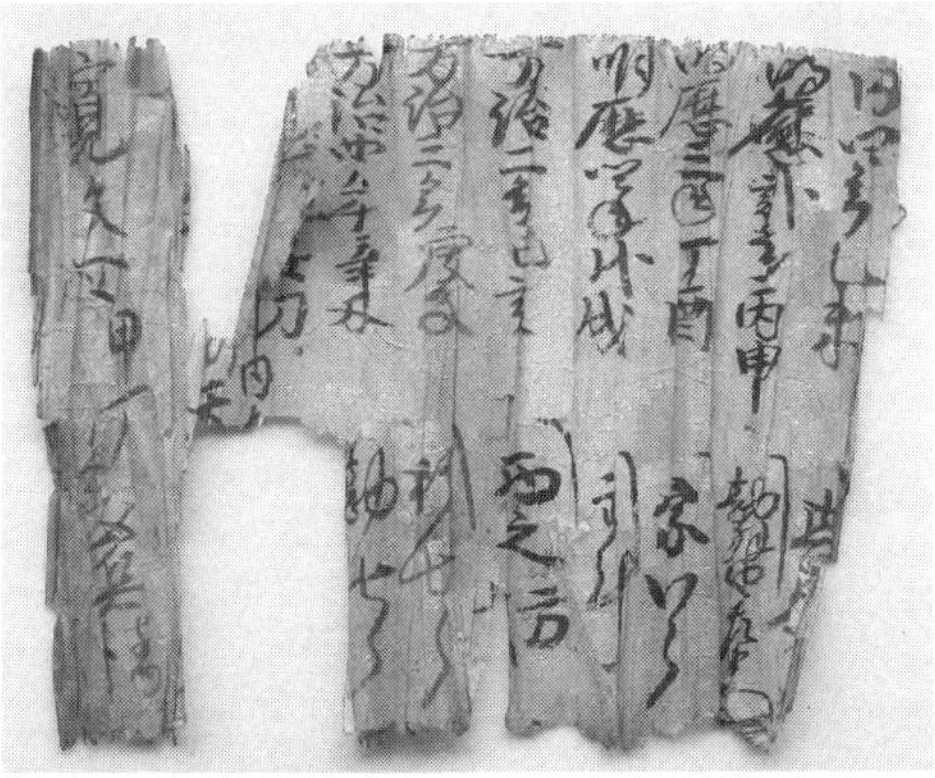

写真6　第2号文書

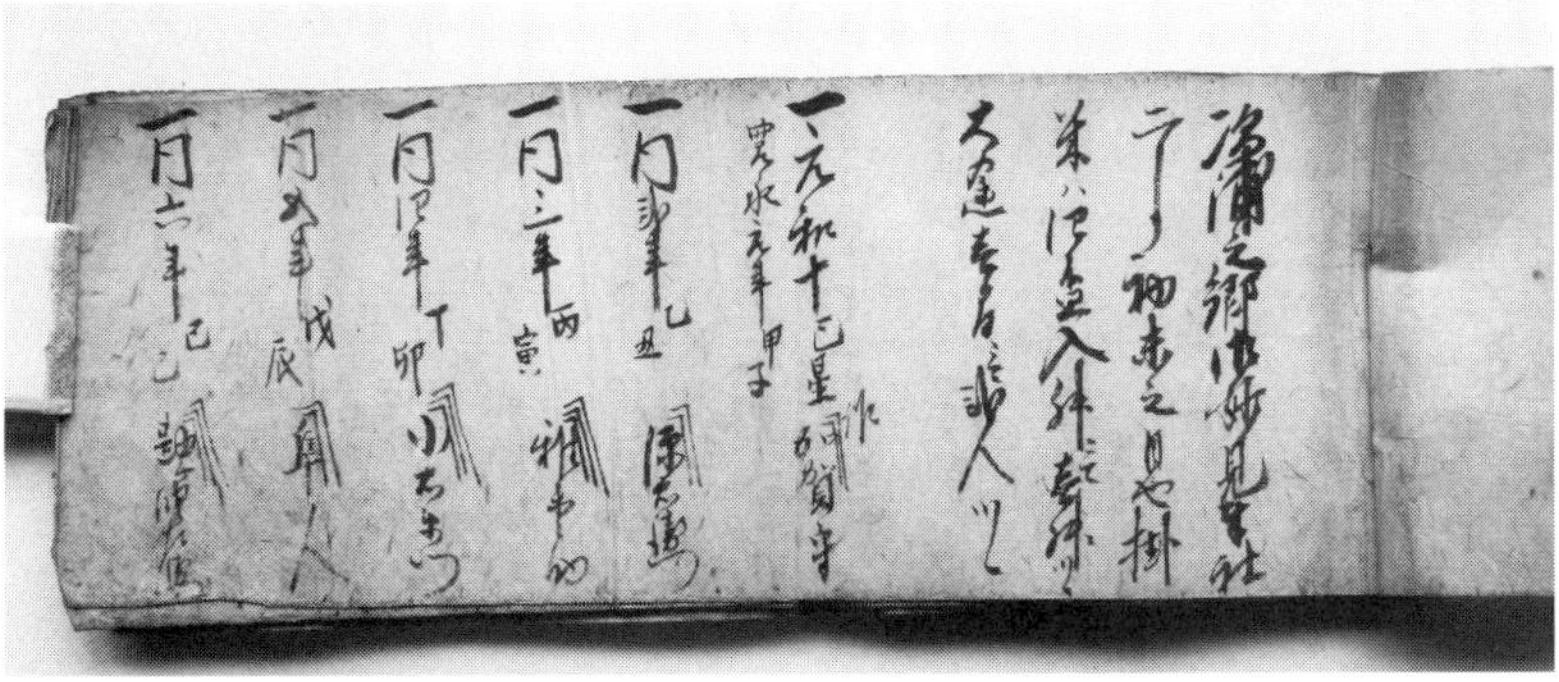

写真8　第4号文書冒頭の記載

号…としておく）。一号・二号は寸法などから判断して、半折された料紙の表裏に記されていたものが、破損して二枚になったものと考えられる。

また三号は折り紙二枚を右側で紙縒りによって綴じたもので、年号は二号からの続きであり、二枚目以降（享保八年〈一七二三〉以降）も続いていたと推定されるから、これも冒頭二枚のみが残されたものと考えられる。いずれも横帳の断簡であるが、一号から三号までが、オニッキの比較的初期の年代部分であったことは幸運であった。

四号は、もっとも古い元和一〇年（寛永元年〈一六二四〉）から明治三八年までの二八〇年間に及ぶオニッキ記録であり、寛延二年（一七四九）にそれまでのオニッキの内容を写し、それ以降も書き継がれたものである。これは惣態神社のオニッキに匹敵する内容である。

これらの文書は「文化六己巳（一八〇九）孟春　藤崎清七」と墨書された木箱に納められている。この箱とオビシャの際に床の間に掛ける掛軸などが、近年新調された白木の木箱に納められている。掛軸は通常庚申講の本尊として祀られる青面金剛像で、掛軸を納める木箱に「明治卅五年乙七月二日　当村寄付人　藤崎松五郎」と墨書されている。本来は庚申講の本尊であったものが、今では妙見社の本尊として用いられているらしい。

記帳　オニッキの記帳は当屋を勤めた家の主人が、オビシャの前日までに書く。内容についての取り決めは特にない。前年までの書き方をもとにして、オビシャまでの一年間の出来事などを記録する。

儀礼　毎年一月二二日、本年の当屋の家に八軒が集まって、オビシャの集まりが行われる。儀礼的なことはほとんどなく、集まった者たちによる簡単な宴会のみである。当屋の引き渡しや、酒杯のやり取りなどもない。今年の当番さんに、お疲れさまでした、来年の当番さん、よろしくお願いします、という程度のことである。

宴会が終わって次の当屋が家に帰る時、今年の当屋がご神体の宮殿とオニッキなどの箱を、座敷から縁側越しに手渡しする。それを受け取った当屋を、他の家の者三名が送っていく。

昔はオビシャの時は出店が出るほど人が集まったと聞いているが、何をやったかはほとんど知られていない。また、本年の当屋だけでなく、受ける当屋の家でも宴会を行った。参加する家は、各々酒を五合くらい持参した。現在は菓子代としてそれぞれから五〇〇円を集めるのみ。お汁とお赤飯、酒は当屋が用意することに決まっている。ただ当屋以外の家も、少しくらいおかずは持っていくことがある。いずれにしてもあまり盛大な宴会はやらなくなった。

（水谷　類）

の年から何年経過しているかを示す(例：9-慶長14は前回慶長5年から9年後に次の当屋を勤
しては、延宝2年までに初出のある人名に限る。

	1700～			1800～			明治	妙見社初出年
	62-享保3	34-宝暦2	27-安永8					寛永3
24-延宝8	39-享保4	32-宝暦元	25-安永5	46-文政5				寛永11
								万治3
	107-延享3	39-天明5		25-文化7	55-天保11	19-安政7	明治11	寛政12
			81-安永3					
	166-明和8							
	60-延享元	35-安永9		23-享和3	8-文化8	20-天保2	33-文久4	元禄6
	125-享保16							
	63-享保6	38-宝暦9	33-寛政4	30-文政5		35-安政4	明治4	承応3
							明治9	正保2
	71-享保12							
	16-宝永7	29-元文4	5-延享元	19-宝暦13	19-天明2	33-文化12	23-天保9	正保2
	44-享保20	32-明和4	32-寛政11	29-文政11		28-安政3		
	71-正徳3			131-天保15				寛永2
38-貞享3	39-享保10							享保3
	108-享保8		57-安永9	28-文化5	31-天保10		明治5	
								寛永8
41-元禄16								寛永12
	34-享保5	13-享保18	18-宝暦元			107-安政5	明治18	寛永9
50-宝永7		42-宝暦2						寛永5
28-貞享4	13-元禄13	53-宝暦3	34-天明7	25-文化9				寛永10
								寛永6
								天和2
	60-正徳5	50-明和2	35-寛政12		37-天保8	15-嘉永5		享保4
	79-宝永4	64-明和8	26-寛政9		37-天保5	15-嘉永2	明治5	寛永4
73-元禄16	13-享保元	16-享保17	13-延享2			104-嘉永7		慶安3

参考１　次浦惣態神社の奉社日記における人名一覧　＊年号に付した数字は、前回の当屋
めたという意味)。惣態神社に関

	名	姓	地名	回数	1600〜			
1	雅楽之助	藤崎	西	7	慶長5	9-慶長14	47-明暦2	28-貞享元
2	与一	米本	西	1	慶長5			
3	市之丞			2	慶長5	13-慶長18		
4	主計	平野	東・坂中	9	慶長5	8-慶長13	32-寛永6	18-正保4
5	新七郎		西	4	慶長6	36-寛永13	32-寛文8	31-元禄12
6	与七郎			1	慶長6			
7	助三郎	佐藤	サク	1	慶長7			
8	彦四郎			1	慶長7			
9	縫右衛門		サク	1	慶長8			
10	清右衛門	平野	東・井戸作	7	慶長8	36-寛永16		
11	新左衛門	室岡・平山とも	坂中	4	慶長9	30-寛永11		59-元禄6
12	甚助			1	慶長9			
13	新兵衛	室岡	坂中	2	慶長10			
14	五郎兵衛	佐藤	坂中	10	慶長10	25-寛永7	27-明暦3	27-貞享元
15	刑部	米本	西(本家)カフノス	2	慶長11			
16	新右衛門	高橋	二郎台	7	慶長11	52-万治元		
17	宗右衛門	佐藤・名主	小屋・サク	3	慶長12	14-元和7	56-延宝5	
18	七右衛門		西	2	慶長12			87-元禄7
19	甚左衛門	佐藤・堀井	東・小屋	4	慶長13	29-寛永14	19-明暦2	
20	九郎兵衛			1	慶長14			
21	内匠			2	慶長15	8-元和4		
22	十右衛門			1	慶長15			
23	甚四郎			1	慶長16			
24	惣右衛門	佐藤・名主	サク・小屋・馬場小屋	9	慶長16			83-元禄7
25	次郎右衛門	黒田	坂中	8	慶長17	48-万治3		31-元禄4
26	源右衛門	平山・名主	ヲヤノ・坂中	5	慶長17	9-元和7	21-寛永19	
27	弥七郎			1	慶長19			
28	玄番	藤崎		4	慶長19	34-慶安元		
29	平右衛門	堀井	東	5	元和元			
30	三郎左衛門			2	元和2	23-寛永16		
31	泉光院	東之坊	東	4	元和3	23-寛永17	22-寛文2	
32	清三郎			2	元和4			
33	与右衛門	高橋	作下・小屋・内小屋	8	元和5	寛永元	20-正保元	67-貞享3
34	新三郎		東	1	元和5			
35	宝蔵院			1	元和6			
36	隼人	藤崎	西	4	元和9	37-万治3		
37	正右門	香取・本家		1	元和9			
38	次左衛門	藤崎	西	8	寛永元	20-正保元	15-万治2	
39	勘解由	藤崎	西	2	寛永2	19-正保元		
40	勘解由	藤崎	坂中	2	寛永5	53-天和元		
41	三右衛門	高橋	坂中	1	寛永2			
42	清蔵			1	寛永3			
43	二郎右衛門	佐藤	鴻巣	1	寛永3			
44	丹波守	土屋		1	寛永4			
45	市右衛門	佐藤	馬場小屋・二郎台	8	寛永4	23-慶安3	5-明暦元	
46	小右衛門	土屋（天保名主）		6	寛永5			
47	孫左衛門	平山	谷口・小西	5	寛永6			
48	弥十郎			1	寛永7			

		109-元文5		89-文政12		26-安政2	明治19	安政4
54-貞享3								
		117-寛延2	45-寛政6		30-文政7			
	75-宝永5		49-宝暦7	35-寛政4				
	100-享保19		63-寛政9		36-天保4	26-安政6	明治6	
25-元禄5								宝暦7
					182-天保14			寛永7
	87-享保13			44-安永元	56-文政10	18-弘化2	明治26	
	39-享保3		51-明和6					寛永13
		94-元文2				114-嘉永4		享保15
								慶安2
			131-安永7					正徳4
21-元禄9		40-元文元	43-安永8	30-文化6			明治27	宝永3
	69-享保2	77-享保16	39-宝暦6					天和2
		78-宝暦11				86-弘化4	明治11	寛文8
								正保元
	53-宝永4	25-享保17	34-明和3	42-文化5	37-弘化2	22-慶応3		
31-元禄元			54-寛保2					
	31-宝永3	23-享保14	33-宝暦12	28-寛政2	36-文政9	15-天保12	明治8	元禄8
	39-享保4		43-宝暦12	39-享和元	15-文化13	45-文久元		天和3
		103-明和3	19-天明5	49-天保5				享保15
	56-享保6		32-宝暦3	35-天明8	38-文政4		明治8	寛政5
			寛延2	安永10	享和3	天保13	明治2	文化4
26-元禄8					141-天保7			延宝2
	37-宝永3		30-元文元	7-寛保3	70-文化10	25-天保9	明治9	元禄5
								寛文7
		59-享保18		44-安永6	59-天保7			寛文11

49	助右衛門		坂中	1	寛永８			
50	藤右衛門	平山	坂中	4	寛永８			
51	賀右衛門	藤崎	東	2	寛永９			
52	弥左衛門	佐藤	谷口	4	寛永９			
53	半右衛門	平山	東(八郎兵衛)	4	寛永10			
54	新次郎		小屋	1	寛永11			
55	新右衛門	室岡	坂中	5	寛永11			
56	孫右衛門	平野	谷口	3	寛永12		32-寛文７	
57	新四郎		東	1	寛永13			
58	甚左衛門	堀井	東	1	寛永14			
59	弾右衛門	平山		1	寛永15			
60	弥右衛門		坂中	1	寛永15			
61	三郎右衛門		大臺	1	寛永17			
62	西之坊	養福寺		4	寛永18	20-寛文元	５-寛文６	
63	弥右衛門	土屋	西・中屋敷	5	寛永18			
64	縫之助	佐藤	谷	4	寛永19			37-延宝７
65	正吉	香取		1	寛永20			
66	与兵衛	岡村	台	3	寛永20			
67	甚蔵			1	正保２			
68	源五左衛門	穴沢		2	正保２			
69	四郎左衛門	佐藤	坂中・小屋　名主	7		正保３	28-延宝２	1-延宝３
70	与作			1		正保３		
71	勘十郎		西	1		正保４		
72	三右衛門	高橋	小屋・内小屋	4		慶安元		
73	角助			1		慶安２		
74	助次郎			1		慶安２		
75	与左衛門	高橋	内小屋・次甫	4		慶安３	６-承応３	29-天和３
76	甚十郎			1		承応元		
77	宗八郎	(申坊)		1		承応元		
78	七郎左衛門			1		承応２		
79	惣兵衛	佐藤	台	7		承応３		
80	弥吉			1		明暦元		
81	四郎右衛門	平山		3		明暦３		
82	仁左衛門	堀井	東・井戸作	8		万治２	16-延宝３	
83	五兵衛	平山	東	7		万治２		21-延宝８
84	与兵衛	岡村	代	4		寛文３		
85	太左衛門	椎名	谷	5		寛文５		
86	角左衛門			1		寛文５		
87	長右衛門	佐藤	坂中	5		寛文６		
88	加左衛門			1		寛文７		
89	長三郎			1		寛文８		
90	庄兵衛	香取	サク	4		寛文９		
91	四兵衛	佐藤	小屋・馬場小屋	6		寛文９		
92	与左衛門	佐藤(高橋とは別)	カウノス	1		寛文10		
93	七左衛門			1		寛文10		
94	小七郎		内小屋	1		寛文11		
95	作十郎		東	1		寛文11		
96	内蔵之助		東	1		寛文12		
97	宗四郎		坂中	1		寛文12		
98	次右衛門			1			延宝元	
99	勘左衛門	藤崎		1			延宝元	
100	小左衛門	土屋	坂中	4			延宝２	

1700～			1800～				惣態神社初出年
							慶長17
27-宝永2	40-延享2	26-明和8					慶長5
98-元文2	38-安永4		35-文化7	31-天保12		24-慶応元	寛永5
	38-寛保元	27-明和5					元和9
26-元禄11	41-元文4						元和9
26-元禄14	69-明和7		68-天保9				寛永18
							元和2
30-宝永7	26-元文元			115-嘉永4	1-嘉永5		元和5
47-享保2	29-延享3	37-天明3		31-文化11			寛永元
	37-享保19	46-安永9					慶長5
							元和3
41-享保10		48-安永2					寛永19
							承応元
							慶長12
							正保2
78-享保13							寛永6
102-宝暦6	35-寛政3	29-文政3	19-天保10		24-文久3		慶長18
							承応元
							慶長6
							寛文11
14-宝永元	22-享保11	48-安永3	43-文化14		47-元治元		承応3
							延宝2
13-正徳2	42-宝暦4						寛文9
		107-天明8					
26-宝永5	34-寛保2						慶安元
26-宝永6		70-安永8		46-文政9			万治2
36-享保7		42-明和元					
	66-宝暦7						
	77-明和6	60-文政12	17-弘化3	9-安政2	5-安政7		寛文9
	72-明和2	21-天明6					慶長10
40-享保20	31-明和3	32-寛政10			60-安政5		万治2
	57-宝暦3				103-安政3		
27-享保14		29-宝暦8					
	46-宝暦2	24-安永5					正保3
25-享保17			111-天保14				
正徳3	31-延享元	43-天明7		36-文政6	9-天保3	21-嘉永6	
正徳4							正保2
正徳5	47-宝暦12						
享保元							
享保3	45-宝暦13						

参考２　次浦妙見社の奉社日記における人名一覧

	名	姓	地名	回数	1600～				
1	加賀守（之助）			2	寛永元			61-貞享２	
2	源右衛門	平山		3	寛永２	12-寛永14	10-正保４		
3	雅楽之助	藤崎	西	7	寛永３	12-寛永15	10-慶安元	30-延宝６	
4	小右衛門	土屋	中屋敷	7	寛永４	12-寛永16			
5	隼人	藤崎	西	6	寛永５	24-承応元	14-寛文６		37-元禄16
6	勘解由左衛門尉	藤崎	中屋敷	7	寛永６	11-寛永17	16-明暦２	８-寛文４	８-寛文12
7	西之坊	養福寺		7	寛永７	11-寛永18	18-万治２	16-延宝３	
8	三郎左衛門			3	寛永８	11-寛永19	17-万治２		
9	与右衛門	高橋	小屋	8	寛永９	11-寛永20	26-寛文９	11-延宝８	
10	次左衛門	藤崎	西	6	寛永10		37-寛文10		
11	主計	平野	坂中	6	寛永11		24-万治元	15-延宝元	24-元禄10
12	東之坊	泉光院		5	寛永12	18-承応２	24-延宝５	23-元禄13	55-宝暦5
13	縫殿之助	佐藤	サク	4	寛永13			48-貞享元	
14	（宗八郎）	申坊		1		正保元			
15	宗右衛門	佐藤		2		正保２		43-元禄元	
16	甚蔵			1		慶安２			
17	孫左衛門尉	平山	小西	2		慶安３			
18	長七			1		慶安４			
19	新右衛門尉	高橋	二郎台	6		承応３			
20	勘太郎			1		明暦元			
21	宗八郎			1		明暦３			
22	新七郎			1		万治３			
23	勘七郎			1			寛文元		
24	庄右衛門			1			寛文５		
25	小七郎			1			寛文７		
26	与左衛門	高橋	次甫	7			寛文８	22-元禄３	
27	小左衛門	土屋		1			寛文11		
28	庄兵衛	香取	谷・サク	4			延宝２		25-元禄12
29	新十郎			1			延宝４		
30	作左衛門			2			天和元		
31	三右衛門	高橋	内小屋	3				天和２	
32	五兵衛	平山	東	5				天和３	
33	久右衛門		内小屋	3				貞享３	
34	所左衛門			1				貞享４	
35	孫右衛門	平野	鴻巣	1					元禄４
36	四兵衛	佐藤	馬場小屋	6					元禄５
37	五郎兵衛	佐藤	坂中	3					元禄６
38	市郎兵衛			1					元禄７
39	仁左衛門	堀井	東・井戸作	5					元禄８
40	次兵衛		西	3					元禄９
41	三郎兵衛		内小屋	3					元禄15
42	四郎左衛門	佐藤	坂中	3					宝永３
43	久左衛門		小屋	3					宝永４
44	政右衛門			1					宝永８
45	平兵衛		西	6					
46	源五左衛門	穴沢		1					
47	太左衛門		サク	2					
48	安兵衛			1					
49	玄蕃		松山	2					

享保4							
享保4	62-天明元		32-文化10	17-天保元	7-天保8	17-安政元	
享保5	39-宝暦9		45-文化元				
享保6	40-宝暦11						
享保8							
享保9	48-安永元		39-文化8	22-天保4		34-慶応3	
享保12							
享保15	17-延享4	38-天明5	21-文化3	33-天保10			
享保16							
	元文3	39-安永6					
	元文5						
	寛保3	17-宝暦10	22-天明2	19-享和2	22-文政7		
	寛延元						
	寛延2						
	寛延3						
宝暦元	16-明和4	32-寛政11			26-文政8		
	安永7	6-天明4					
		天明9					
		寛政2	38-文政11				
		寛政4		69-文久元			
		寛政5					
		寛政6		68-文久2			
		寛政7		64-安政6			
		寛政9					
		寛政12					
			享和元				
			享和3	39-天保13			
			文化2	31-天保7			
			文化4				
			文化5				
			文化6		26-天保6		
			文化9		38-嘉永3		
			文化12	12-文政10			
			文化15				
				文政4			
				文政5	22-弘化元		
				文政14			
				天保5			
					弘化2		
					弘化4		
					弘化5		
					嘉永2		
					安政4		

50	弥五兵衛			1					
51	市右衛門尉		小屋	6					
52	賀兵衛		二郎台	3					
53	太郎右衛門		小屋・馬場小屋	2					
54	惣右衛門		サク	1					
55	惣右衛門		コヤ・馬場小屋	5					
56	四五右衛門		鴻巣	1					
57	与兵衛	岡村	代・台	5					
58	孫兵衛		カウノス	1					
59	弥右衛門		中屋敷	2					
60	理右衛門		坂中	1					
61	伝兵衛		松山	5					
62	佐兵衛		谷下	1					
63	源兵衛		小西	1					
64	文左衛門		東・井戸作	1					
65	喜兵衛		西・馬場井戸	4					
66	甚左衛門	堀井	馬場小屋・小屋	2					
67	与五右衛門		坂中	1					
68	賀右衛門			2					
69	太兵衛		古屋	2					
70	太左衛門	椎名	谷	1					
71	治郎兵衛		東	2					
72	喜左衛門		東	2					
73	小左衛門		坂中	1					
74	清右衛門	平野	井戸谷	1					
75	治兵衛		西	1					
76	金兵衛		谷下	2					
77	久兵衛		小西	2					
78	長右衛門	佐藤	坂中	1					
79	甚右衛門		坂中	1					
80	平左衛門		坂中	2					
81	勘兵衛			2					
82	九兵衛		中屋敷	2					
83	長左衛門		谷	1					
84	嘉左衛門			1					
85	佐右衛門			2					
86	源右衛門		小西	1					
87	勝右衛門		坂口	1					
88	佐左衛門			1					
89	治左衛門			1					
90	勘右衛門			1					
91	弥惣兵衛			1					
92	藤右衛門			1					

3　市川市宮久保（所願寺所蔵）の奉謝日記

（千葉県市川市宮久保）

宮久保は宮窪とも記し、中世には八幡庄内であったと考えられる。延文三年（一三五八）五月三日の日樹置文（弘法寺文書）によると、弘法寺の毎月一三日・一五日の講会を「宮窪」などの僧俗が勤仕している。「本土寺過去帳」には、応永一三年（一四〇六）七月の年紀がある妙通尼に「ミヤクホ」と注記があるのをはじめとして、宮久保の地名が散見する。

江戸時代には、元禄一五年（一七〇二）「宮久保村検地帳」と享和三年（一八〇三）「宮久保村明細帳」によれば、高三九五石余、反別は田方三六町四反余、畑方は二二町一反余となっている。江戸時代を通じて幕府領であった。元禄検地の名請人数は四七軒で、四四軒が屋敷持ちの百姓、残りの三軒が寺院の高圓寺・長圓寺・所願寺である。屋敷の大きさが必ずしも当時の村の主立ちを意味するわけではないが、三反以上の屋敷地を持っている家が一一軒ある（いずれも『市川市史』第六巻上・下、岡野谷家文書）。享和の明細帳では家数五七軒、人数男女合計二三三人とある。

所蔵・組織　宮久保（所願寺所蔵）のオビシャ文書（以下、宮久保のオニッキとする）は、『市立市川歴史博物館』昭和六二年度年報の「史料紹介」で、当時同館職員であった吉田優氏の報告によってその存在が明らかとなったものである。

所願寺は市川市宮久保にある日蓮宗寺院で、山号は如意山、中山法華経寺末である。「寺院明細帳」によると当寺開山は日順大徳とある。当寺の過去帳によれば、日順は恵善院日順で、享和元年一二月一一日に没している。しかし所願寺の開創はもっと古かったようで、すでに元禄一五年の宮久保村検地帳に所願寺の名前・境内地と所有田畑が書き上げられている。

宮久保のオビシャが所願寺で行われるようになったのは大正三年（一九一四）以降で、それ以前は同じ宮久保の高圓寺で行われていたものが、何らかの事情で所願寺で行われるようになったものであり、当初から関係があったわけではない。

先述の吉田氏の報告によれば、宮久保のオビシャは、村の鎮守である白幡神社で男たちのオビシャが行われ、所願寺境内にかつてあった天神社で女たちによるオビシャが行われていたが、天神社が大正三年に八幡神社に合祀されたため、女オビシャだけが所願寺で行われるようになったとある。それ以前の女オビシャは、同じ宮久保内にある日蓮宗寺院高圓寺で行われていたが、このとき以来、所願寺で行うようになり、そのときオビシャの引き継ぎの箱とその内部に入っていた文書類も当寺に保管されることになったという。

ただし本稿でいう宮久保のオニッキとは、女オビシャのオニッキではなく、宮久保村のオビシャ、つまり男オビシャのものである。なぜこれが女オビシャによって保管されていたのか不明な点もある。

幕末から明治期のオニッキには、高圓寺住職が署名しているものが多数あり、大正六年の二四〇号文書に「改正、本年ヨリ所願寺安置」という文言が記されている。所願寺が大正年間に宮久保村全体のオビシャ儀礼に関わるようになったため、本文書が所願寺に預けられるようになったのであろう。

形態・保管　市川歴史博物館によって作成された目録によると、文書点数は正保四年(一六四七)から昭和六二年(一九八七)までの二八二点、年欠四四点、合計三二六点となっている(以下、文書番号はこの史料紹介で付されたものによる)。

宮久保のオビシャ文書には、ところどころ欠損はあるものの、一七世紀半ば以来昭和年代まで、およそ三世紀半以上にわたる記録が残されている。市川市史民俗編の編纂事業によってこの文書が再発見されたことで、オビシャ文書に対する関心が高まった。その意味で、宮久保のオビシャ文書の存在意義は大きい。

当該文書は、現在も所願寺に保存されている。もともとはオニッキを入れる箱(写真1)があり、そのなかにぎっしりと詰め込まれていたが、昭和六二年の博物館の整理の際に一点ずつ封筒に入れられ、表書きされて箱に保管されている。

儀礼　宮久保では、村のオビシャと女オビシャが行われていた。

現在の宮久保地区は四組(坂下・東・西・新田)に分かれ、惣代がそれぞれの組から選出され、白幡神社の行事を取り仕切っ

写真1　オニッキが入っていた箱。現在も所願寺のオビシャでは、この箱に入れてオニッキが祀られる（平成26年7月14日）

ている。惣代は九名で、坂下地区から三名、それ以外の組から二名が選ばれる。各組は四年に一度、年番をつとめる。かつては年番組のなかの一軒が神社の仕事をつとめていたというが、現在は年番組がそれを担当し、特定の当屋のような家は決めていない。

毎年二月に行われるオビシャのときにも、当番の組の各家から一人ずつが出て準備作業に従事する。毎年二月に白幡神社で行われる行事には、当番の組によって準備と接待が行われ、オビシャのときにつくる特別なものとしてタカラブネがつくられ、神前に飾られる。

宮久保では、かつて女オビシャも行われていた。女オビシャとは、村全体のオビシャが地区内の各家の戸主である男性の行事であるのに対し、宮久保地区の女性たちだけで行うオビシャで、地元でも女オビシャと呼んでいた。もともと儀礼場所は所願寺内で、同寺境内にあった天神社のお祭りであった。現在は所願寺の法要として行われ、同寺住職のみが行っており、女性らの参加はみられなくなってしまった。萩原法子の報告では、宮久保地区の女人講として、主婦ではなく、しゃもじを嫁に渡したババたちの講として行われていたという。タカラブネなどの作り物や甘酒は女性たちが準備し、所願寺に集まってオビシャを行ったが、平成に入る前に解散したという。

宮久保のオビシャ文書は、解散の時に、女オビシャの担当者が所願寺に処分を依頼したのを、住職が保存していたものである。その後、前述の博物館による調査があり、所願寺所蔵文書として紹介されることになった。

内容　宮久保のオニッキは、現在、宮久保村全体のオビシャ行事の際に、毎年、住職の手によって作成される。かつても毎

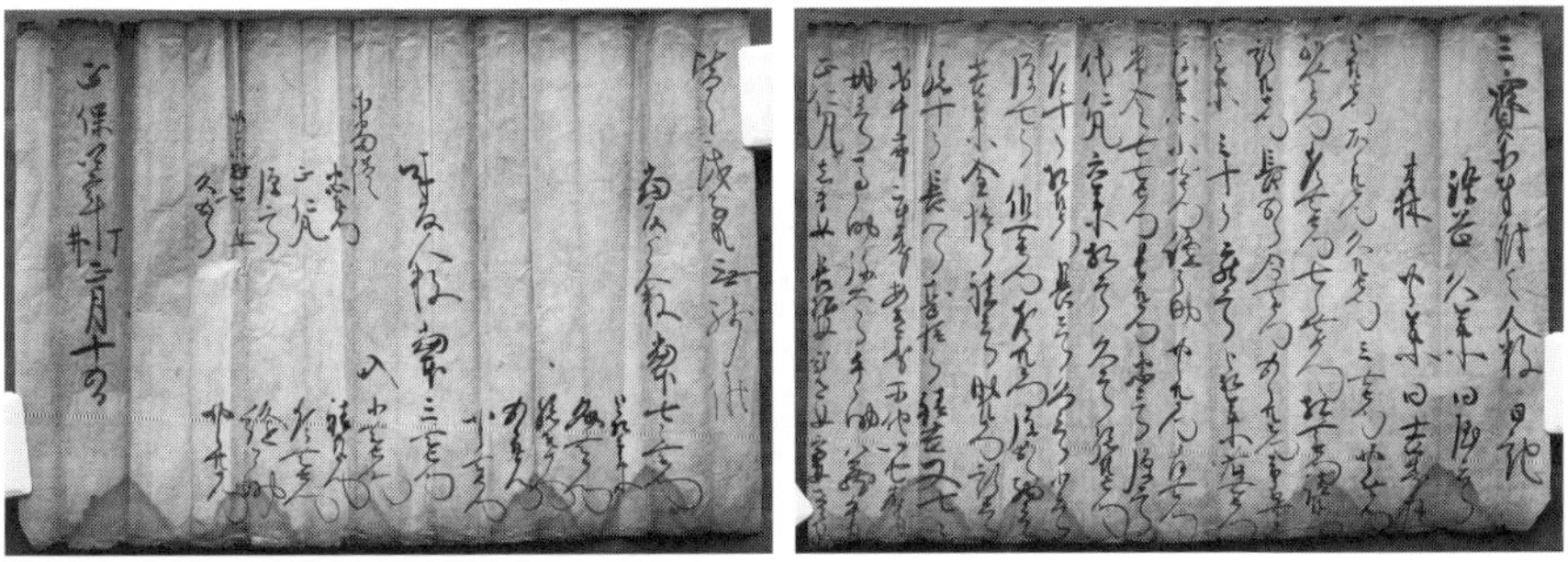
写真2　正保4年（1647）のオニッキ

年、オビシャ行事の時に作成されてきたものである。

書き方の形式は、年代によって相違するが、オニッキと呼ぶべき状ものと、これをつつむ包紙とからなっている。オニッキの本紙は、初期のものでは二紙を糊継ぎした前半に、人名の書き上げがあり、後半には当屋に相当する「当頭」と「来頭」を勤める者の名を五～六名書き連ねている。

書き方は時代によって変化するが、表題は「三宝御奉謝之人数日記」（一号）、「南無三宝御守護処」（六号）、「奉御奉謝三宝守護」（九号）とほぼ一定している。三宝（仏・法・僧）による守護を感謝する、という意味であろう。

最初に人名の書き上げがあるのは、一号文書をはじめとして七号（万治三年〈一六六〇〉）までと、同じく初期のものと推測される三〇二号・三〇五号の九点あまりだが、それらにはいくつか、注目すべき特徴がある（写真2）。

まずは冒頭に「染谷九兵衛　同　弥三郎、森四郎兵衛　同吉寿丸」という連名があること。この二組四名は、明らかに親子であり、染谷と森の両氏だけが苗字を名乗っている。村内で特別な家柄だったこの両者が、それ以外の苗字のない「氏子」たちの上位にあって、オビシャ行事の指導的な立場にあったことを表している。この形式が、少なくとも正保四年から万治三年までの十数年間続けられ、一七世紀末には消滅していった。

書き上げの後に「皆々氏子共無残候」あるいは「惣氏子共皆々無残者也」とあることも注目される。この場合の「氏子」の意味は不明だが、冒頭の二名のあとは、ほぼ男の名前、法名、童名、女の名前の順で書き上げられていく。この書き方からは、つぎの二通りの推測が可能である。

(1)年始めのオビシャの儀礼のときに、村内の全住民を書き上げ、無事であったことを感謝するものであった可能性。

(2)オビシャ当日に参加した人々の名前を記した出席確認の書き上げであった可能性。

前者については、七〇数名が当時の全住民となると、元禄年間に四〇軒以上あったことからして、やや少ないように感じられる。一方で、もしも参加者の書き上げであったとすると、オビシャ儀礼の意味合いが、村内住民全員の行事ではないことになる。これについては今後解明すべき大きな課題である。

この後は形式が変わり、冒頭の氏子書き上げはなくなり、頭屋の連名だけになる。それとともに苗字を記載することは行われなくなり、見かけ上は格差が見えなくなっていく。

オビシャの当屋は、本年の当屋を勤めるのが「当頭」で、その中心が「頭本」。その後に五~六名の連名がある。次年の当屋を勤めるのが「来頭」で、その中心も頭本一名。頭本の後ろにはやはり五~六名の補助役の名前が書き上げられている。来頭の補助役の頭に「叺」と書かれているが、叺は粗く編んだ稲藁の袋のこと。この叺の語が用いられなくなると「筵袋」と書かれている場合があり、同じことを指していると思われる。叺あるいは筵袋を使って米などのお初穂を集めるのがその仕事なのかもしれないが、後考に俟ちたい。もうひとつ、「御番僧」あるいは「御番造」と表現される役名があり、それには男子と女子の名が列記されている。この役も今のところ詳細は不明だが、この役もやがて見えなくなる。

それにしても「当頭」をはじめとする年々の当屋の人数が五~六名で編成され、他にも詳細な役割が決められるなど、かなり組織的に整った行事であったことが見て取れる。おそらくこの行事が、仏教の法要をベースにして、寺僧等の指導によって実施されたからなのであろう。

宮久保のオニッキは、正保四年から昭和まで続いているものの、残念ながらところどころ欠年があるため、当屋のシステムなどを明らかにするのが難しい。今後のさらなる調査に期待したい。

文献　市川市史編さん民俗部会オビシャ調査グループ編　二〇一六『市川のオビシャとオビシャ文書』市川市文化振興課。萩原法子　一九八五『いちかわ民俗誌』崙書房。水谷類　二〇一五「宮久保・所願寺御奉謝文書について」市川市史編さん民俗部会編『市川のくらしと伝承Ⅱ(市川市史編さん民俗部会成果報告書③)』市川市文化振興課。吉田優　一九八七「史料紹介」『市立市川歴史博物館』昭和六二年度年報。

(水谷　類)

4　稲敷市四箇（来栖ワデ）の奉社日記

（茨城県稲敷市四箇）

　茨城県稲敷市の四箇《しか》は旧桜川村で、霞ヶ浦の南岸にあり、村の北東部には霞ヶ浦湖畔から続く肥沃な水田地帯が広がっている。旧桜川村周辺は、昭和初期に甘田入干拓《あまだいり》（約一二〇町）、野田奈川干拓《のだながわ》（約一六〇町）が着工され、昭和四二年（一九六七）に完成した浮島の西の洲干拓でも約一四〇町の耕地が造成された。古くから霞ヶ浦の増水による水害の常襲地帯であった。

四箇の南部に来栖《くるす》という小集落がある。もともと来栖は、四箇とは別の村落であったが、幕末頃までに四箇と合併してその一部となった大来栖・小来栖が小地名として残ったものらしい。大来栖村は元禄郷帳に村高一四〇石余、天保郷帳では一四七石余の村であった。また小来栖村も元禄郷帳で村高三三石余の小村であった。いずれも四箇村に合併して後、明治期には阿波《あば》村に属して大字四箇の一部になったと思われる。

　小集落をこの地域ではツボ（坪）と呼んでいるが、来栖はクルスツボで、その集落はさらにワデ（上手）とシタデ（下手）のふたつからなっている。なお、四箇には来栖の外にも複数のツボがあり、それぞれにオビシャがある。現在もナカダイツボ（中台坪）、ムラツボ（村坪）、サカイツボ（酒井坪）のマエとウシロ、ヤマクツボ（山来坪）の各集落でオビシャがおこなわれている。ここでは来栖ワデのオビシャと奉社日記について、平成二九年（二〇一七）一月の調査をもとに報告する。

　明治二二年（一八八九）の町村制施行で、河内郡古渡村と阿波村（須賀津・南山来・四箇・甘田・阿波・神宮寺の各村が合併）が成立し、一村で信太郡であった浮島村が、同二九年に河内郡と合併して稲敷郡となる。昭和三〇年に古渡・浮島両村が合併して桜川村となり、翌三一年に阿波村を編入。平成一七年に江戸崎町・新利根町・東町と合併して現在の稲敷市となった。

所蔵・組織　ワデには現在一一軒が所属しており、これらが一番から六番まで二軒一組になって、順番に当屋を勤める仕組みである。平成一〇年の取り決めによると、一番から六番までの組み合わせは、1（平山A・水飼A）・2（水飼B・岡野A）・3（坂本A・河村A）・4（川村B・川村A）・5（水飼C・川村B）・6（河村B・坂本B）である。平成二〇年に、一番から一軒（平山A）が転出してしまったため、今は一一軒で行っている。二軒のうち一方はホントウヤと呼ばれる。また翌年の当屋のことはライトウという。

ワデのオビシャは西権現《ニシノゴンゲン》・雷居《ナルイ》権現・池根稲荷社・二社権現（箱根権現）の四社を祀るもので、言い伝えではもともとは祀る家も、オビシャも別々に行われていたという。西権現と雷居権現は武右衛門（河村）・シンタク（河村）・宇兵衛（川村）・シンタク（川村）・武右衛門の分家（河村）の五軒で祀っていた。武右衛門分家は一〇年ほど前に転居して今はいない。池根稲荷社を祀っていたのは五右衛門・庄右衛門・七右衛門（以上水飼）の三軒と他に一軒。二社権現（箱根権現）は長右衛門・蔵之助・蔵之丞・茂左衛門・紋兵衛（以上坂本）・八郎右衛門（岡野）の六軒が祀っていた。それぞれから数軒が転出したため、現在のように四社一緒にオビシャの祭りを行うようになった。

形態・保管　オニッキと呼ばれる冊子は二冊ある（表1）。一冊は延宝八年（一六八〇）から明治二九年までの書き継ぎの記録、もう一冊は明治三〇年から平成の現代まで書き継がれている記録で、形態はいずれも横半帳である。便宜的に古い方から一号、二号としておく（写真2）。オニッキは、当屋が一年ごとに持ち回りする木箱の中に大切に保管されている。木箱はふたつあるが、そのひとつはオハコまたはシンタイと呼ばれる古いもので（写真1）、これにオニッキが収められている。これはオビシャの時に新しいオニッキが収められると同時に半紙で封緘され、翌年のオビシャの日まで、決して蓋を開けてはならないことになっている。もうひとつの木箱は昭和五六年に新しく作られたもので、会計簿などの他、一部、オニッキに関連する文書も入れられているが、こちらは特に厳封されることはない。

内容　先述した二箱全体で、近世から現代までにわたる一二五点（平成二九年一月現在）のオビシャ関係文書が収められている。オビシャの会計簿や取り決めなど、年々増加する書類である。この他にも若干のオビシャ関係文書が未整理のまま保管されており、現時点では全体像は未詳である。

一号オニッキの表紙には、

癸天明三歳
奉社日記
卯二月良辰

とあり、この冊子の表紙が天明三年（一七八三）に新調されたことがわかる。しかし「演」と題された序文には、

一、五穀成就之祭り八年毎に而、春二月朔日、当坪中挙而奉社仕る事、延宝八年庚申年ゟ始りて、其祭礼日記帳之通り無怠務今年まで百廿一年ニ至り書付来り候、日記帳あまり旧紙になれバ、今度新に写し目出度千代々に伝んと清き水ニ筆を染る事しかり
当所鎮守
箱根大権現
稲荷大明神

とある（写真3）。表紙の通りの天明三年では年数があわないので、数えで一二一年目の寛政一二年（一八〇〇）に古い帳面を引き写したと考えられる。寛政一二年は庚申の年で、オビシャが開始され

表1　茨城県稲敷市四箇（来栖ワデ）のオビシャ文書の構成

	期間	形態	表題	法量	枚数
1	延宝８年〜明治29年	横半帳	奉社日記	160×200	墨付き119枚
2	明治30年〜現在	横半帳	奉社日記	160×200	墨付き325枚（全362枚）

「法量」欄は、タテ×ヨコ（単位ミリメートル）で示す。
「枚数」欄は、いずれも表紙を除く数字を示す。

た延宝八年が同じく庚申の年であるから、一区切りと考えたのであろうか。

毎年のオニッキ本文の記載は次の通り。

延宝八年庚申ノ二月朔日　会所清三郎
延宝九年酉二月朔日　会所五右衛門
天和弐年戌ノ二月朔日　会処長四郎
当正月六日五穀ふり申候

最初にオビシャを実施した年月日（①）、次の「会所」はヤドすなわち当屋の家のことで、その後にホントウヤの名前（②）を記す。最後に一年間の記録（③）が記されることもあり、たとえば延宝八年と九年には③は書かれていないが、天和二年（一六八二）には正月に五穀が降ったとある。③の書き方や内容・文章量はこの後大きく変化するが、初期のころは天候や奇瑞の記録が中心である。

記録部分は、収穫が世間並みの出来であっ

写真1　オハコとオニッキ

写真2　第1号オニッキ（右）、第2号オニッキ

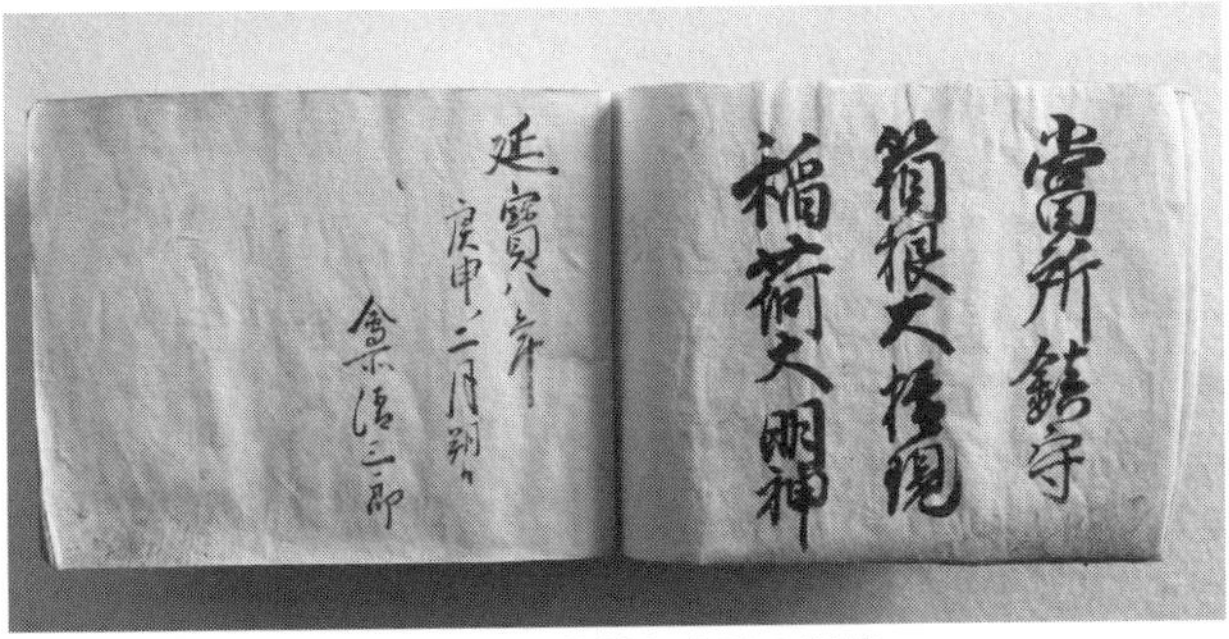

写真3　第1号オニッキ冒頭の祭神と当番の記載

たなどの短い記載が主流だったが、正徳三年(一七一三)のオニッキに「去辰年耕作悪敷、米弐斗相場仕候」とあって以降、米相場・穀物相場、そして銭相場を記すようになっていく。来栖ワデのオニッキはそうした相場記載の早い例であろうか。霞ヶ浦の水害、地震、政治的混乱などを記録することが幕末に近づくにつれて多くなる。他にも、隣村であることもあってか、天明四年、大杉大明神の御開帳とその賑わいの様子が記される。同じ年、信州浅間山の噴火と山崩れのことが、落石の大きさにいたるまで詳しく記録されている。こうした遠方の災害については、実際に起こってから多少の月日の後に、おそらく何らかの情報がもたらされてから記載したのであろう。

二号オニッキは、大きさ紙質ともほとんど一号と同じで、表題にも同じく「天明三年」とある。にもかかわらず内容は明治三〇年から始まっている。その理由は、天明三年に二冊同時に冊子を用意し、それを明治三〇年から利用したためと考えられる。

二号オニッキの冒頭見開きには、「稲荷大神　箱根大権現　大己貴命　月読神社」の神名が書かれているが、これはオビシャの信仰対象として稲荷神以下四神を祀るということであろう。続けて次丁に、

前記四社、明治廿九年迄弐組ニテ祭事仕来タリ候処、明治三十年旧二月朔日ヨリ一同協議ニヨリ旧ノ祭ヲ廃シ、今般改メテ合併仕、坂本定吉諸会シテ左ノ順番ヲ以、永々保存スベキ者也

とある。それまでふたつのグループで別々に行っていたオビシャを、この時から四社合同で行うことにした、というのである。この時の当屋は六組編成で一三軒。後に二軒加入し、三軒脱退している。四社のオビシャを、現在の二軒一組で六番に編成された当屋で祀る仕組みはここから始まったと考えることができる。

明治三〇年代以降、一年間の記録が爆発的に増加しているのは、他のオニッキでも同様の傾向が見られるが、その理由・原

因については今後の課題である。

記帳　オニッキへの記帳は、毎年二月一日（現在はその日にもっとも近い日曜日）のオビシャ当日、当屋宅での準備の際に、文章に長けたメンバーの一人によって記載されることになっている。毎年、一年間の重大ニュースをメモしておき、それをその場でオニッキに記入している。後で詳述するが、オビシャが始まると全員の正面に立って、ライトウがその内容を読み上げる（写真4）。読み上げた後すぐにオハコと呼ばれる木箱に納め、上から成員の名前が当屋の順に書かれた半紙を掛け、その上からさらに白い半紙で覆い、木箱を封緘し、

平成二十九年一月二十八日
奉納　御奉社御記録
当番　坂本英雄
相当　河村英雄

と墨書した二枚重ねの半紙で、木箱を覆う。この当屋名は、昨年から今年まで勤めてきた二人である。これから一年間勤める、当屋つまりライトウの名前は来年書くことになる。

儀礼　オビシャの準備は、ワデの全員で行う。当屋とその家族は、主にお

写真4　オニッキの記帳（上）と読み上げ（平成29年1月29日、以下同じ）

供えと直会での食事の準備をする。お供えは一膳で、鯉（または鮒）の煮付けと刺身（または洗い）、煮豆、牛蒡のキンピラ、のっぺい汁が供せられる（写真5）。他に、四社それぞれにお供えするオシトゲ（粢）のための粳米二合を、前夜から水に漬けておくのも当屋の家族の仕事である。すり鉢で擂ったオトシゲは細長い四つの団子にして、後で四社それぞれに供える。他にオトシゲを盛るクマザサ四枚を採りに行く者もいる。

オビシャの当屋交替の儀礼は、ホントウヤの家に皆が集まって行われる。二月一日直前の日曜日の朝一一時、全員が座敷に左右に相対して座ると、儀礼が始まる。上座にライトウ（通常は二人だが、この年は一人）が座り、左右には特に決まりなく三人ずつ座る。下座にホントウヤが座る。まず、オニッキの筆記者によってオニッキが読み上げられる。平成二九年はオニッキを書いたのがライトウ自身であったため、上座のライトウがその場で立ちあがって朗読を行った。この時の年間記録は、穀物の相場、自然災害、リオデジャネイロオリンピックなど。最後に「当番何某、相当何某。以上、納めさせていただきます」と述べてオハコに納める。オハコは厳重に糊張りされる。

次にホントウヤがオハコをライトウに渡すと、正面に座るライトウは立ってオハコを全員の頭上に捧げ持って回り、全員は低頭する（写真6）。ライトウは右回りで一周し、膳の側にオハコを置く。次にふたつの椀になみなみと注いだ酒を、銘々の小さな猪口で直接掬っていただき、椀をオハコと同じ順で全員に回す。酒は二回頂いたことになる。終わると全員で手打ちを二回して、ライトウが「本年はよろしくお願いします」といって、式は終了する。

次に当屋の家を出て、四社へのお参りとなる（写真7）。オハコを風呂敷に包みライトウが持つ。御膳とオシトゲも参加者が持つ。最初に池根稲荷社。社殿に御幣、注連縄、オシトゲ一つをお供えする。お神酒を供えたあと、ライトウが自ら盃にお神酒を頂き、拝礼。その後、参加者全員が拝礼する。この後、雷居神社（村の一番北西にあたり雷がよく落ちる場所という）・二所権現を回ってお参りは終了する。その後ライトウは、自分の家にオハコを持っていき、神棚に置いて終わる（写真8）。

この後、かつてはライトウの家での直会があったが、現在は、各家の主婦と一緒に料亭での直会となる。儀礼が終わった参

写真5　御膳（右上から左下へ、鯉の洗い・鯉の煮付け・オシトゲ・漬物・牛蒡のキンピラ・煮豆・野菜の煮しめ・のっぺい汁・ご飯・お神酒）

写真6　オハコ・オニッキを頂く

写真7　雷居権現など4社へのお参り

写真8　ライトウが自宅にオハコを安置

加者は全員、集落センターに集合し、貸し切りバスで料亭に向かう。

文献　武蔵大学人文学部日本民俗史演習編　一九八一『四ケの生活と伝承―茨城県稲敷郡桜川村四ケ（武蔵大学日本民俗史演習調査報告ⅳ）』。

付記　栗栖ワデのオニッキは、大島建彦氏（東洋大学名誉教授）の翻刻原稿（延宝八年から文政一三年まで）が現地に保存されており、氏のご快諾を得て参考にさせていただいた。また、テキスト化には西村翠氏のご協力をいただいた。大島氏・西村氏には感謝の意を表します。

（水谷　類）

5　稲敷市羽賀(根古屋坪)のブシャ日記

（茨城県稲敷市羽賀）

常陸国信太郡羽賀《はが》村は、現在の茨城県稲敷市の中央を流れる小野川の下流部で羽賀沼に面した稲敷台地の縁辺部に位置し、古代の常陸国の玄関口とも言われる信太郡衙跡・榛谷駅家跡に比定され、中世の亀谷城跡・羽賀城跡があり、古くから開発された村である。室町初期に、関東管領山内上杉氏の信太庄現地支配の一翼を担う郷地頭として信濃国を離れ、常陸国に入部し、後に常陸の国人衆となり、羽賀城主となった臼田氏の氏神として信濃から勧請された飯縄権現(現在は羽賀神社)の祭礼行事として約四百年間続けられてきた飯縄奉社《ブシャ》の日記である。

所蔵・組織　昭和六一年(一九八六)を最後にブシャ行事は休止されたが、お箱は最後の当家(頭屋)で保存されており、平成二七年(二〇一五)五月に、最後の講中(三軒)の総意で、寄託の申請があり、現在は稲敷市立歴史民俗資料館に保管されている(表1)。表題は奉謝・奉社・奉者とさまざまで、早い時期には「ふしや」とかな書きされていることも多い。

内容　最古のものは、元和七年(一六二一)と推定される「□七弥ん正月吉日」の「いつなのとう」で、「二良兵へ、神十良、源右衛門、藤右衛門、与三良、かすえ、藤八、あわち、宇兵い、七右衛門、源兵衛、せん二良、助二良」と折紙の片方の横長の紙に、人名が記されている。寛永二年(一六二五)から表示される正月二一日が飯縄奉社の例祭日であるが、それ以前は吉日とある。

当時は二良兵衛ら一三軒で祭祀され、最後尾の助二郎がこの年の当家(頭屋)であったと思われる。何故ならば、「寛永拾六年つちのとのう」の「御いつな奉しや日記」では、「市右衛門、清左衛門、小右衛門、源兵衛、太郎左衛門、小左衛門、善右衛門、次郎兵衛、六右衛門、善兵衛、ミの」と記し、最後に「本とう、美濃、来とう、市右衛門」とあり、この記載形式が後々も基本となっているからである。

欠年も若干あるが、近世初期から長期にわたる羽賀の飯縄奉社の祭祀の変遷を見ることができる貴重な歴史史料である。その人数の変化(表2)と近世村社会の変質には相関関係があるように思える。単純に見ただけでも、寛文七年(一六六七)から三年間、一九人と最大人数となるが、寛文一〇年に七人と激減している。おそらく分家・新宅等の増加による大所帯化に対応して、グループ分けをしたのであろう。また、宝暦三年(一七五三)からの三人への半減は、凶作・飢饉等による自作農の減少と連動するものであろう。

それから、日記の記載事項の中に、前年度の出来事が記されるのが、享保一〇年(一七二五)、同一四〜一六年、元文三年(一七三八)、同六年と飛々で現われ、天保五年(一八三四)以降は毎年の恒例となり、米相場、銭相場、自然災害、寺社の普請、息子の改名等、村社会を取りまく社会のさまざまな出来事が記されるようになる。

次に人名の変化について見てみると、主計・淡路・丹波・美濃・木工助・隼人・和泉・壱岐・因幡・伊予等の侍名が、寛文九年の一九人構成までは見えているが、翌年に七人構成になってからは突然見えなくなる。例えば、正保四年(一六四七)では「〇来美濃、小右衛門、六右衛門、市右衛門、木工助、清左衛門、小左衛門、物右衛門、隼人、善八、二郎兵衛、淡路、〇当善兵衛」と見え、明暦二年(一六五六)でも「〇来太郎左衛門、和泉、

写真1　寛永2年の「いつなのにき」

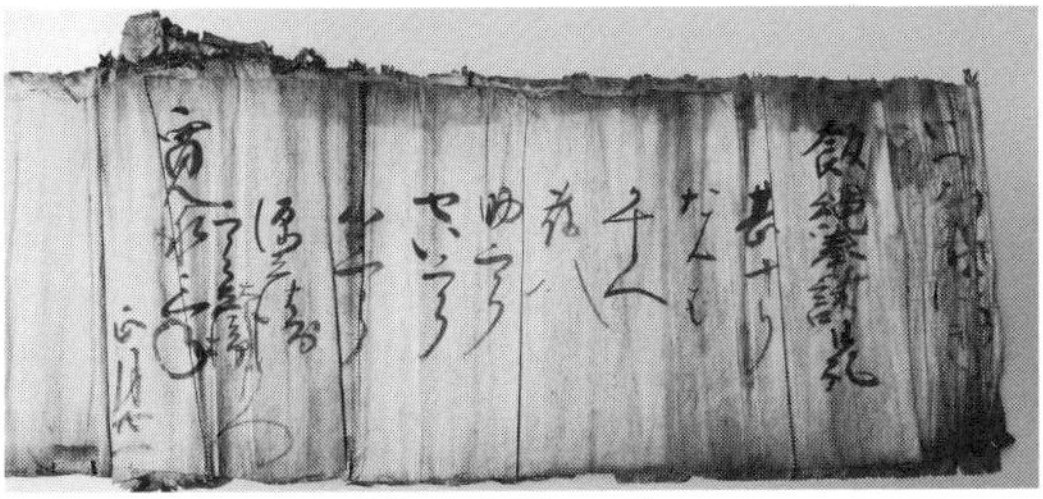

写真2　寛永3年の「飯縄奉謝日記」

表1　稲敷市羽賀(根古屋坪)のブシャ日記の構成

	期間	枚数	書出(表書)	形態
①	元和７年～寛永21年	22丁	いつなのにき・飯縄奉謝之日記など	横綴
②	正保３年～寛文13年	28丁	御飯縄日記(御飯縄奉者日記)など	〃
③	延宝２年～貞享３年	12丁	御飯縄奉者日記など	〃
④	貞享４年～元禄16年	17丁	御飯縄日記など	〃
⑤	元禄17年～寛延３年	46丁	飯縄大明神(大権現)日記など	〃
⑥	寛延４年～寛政３年	38丁	飯縄大権現御奉射日記など	〃
⑦	寛政４年～慶応４年	77丁	正一位飯縄大権現御奉社日記など	〃
⑧	明治２年～明治29年	29丁	羽賀大神御奉社日記	〃
⑨	明治30年～明治45年	25丁	〃	〃
⑩	大正２年～大正15年	25丁	〃	〃
⑪	昭和２年～昭和26年	57丁	羽賀神社御奉社御日記	〃
⑫	昭和27年～昭和61年	56丁	羽賀神社奉社日記	横帳
⑬	明治36年～昭和53年	93丁	御奉社会計献立帳	〃
⑭	昭和54年～昭和60年	16丁	〃	〃
⑮	年不明	43枚	羽賀大神(お箱の上紙か)	一紙
⑯	〃	２点	お箱(蓋寸法41.5×20.7)(大、中の木箱)	

「期間」欄の年号は一部推定のものを含む。
①の付紙に「大切ナル最旧御日記、明治三二年新調、元和七年ハ二七九年」とある。

加兵衛、善兵衛、六兵衛、主計、次右衛門、三右衛門、壱岐、清左衛門、権三郎、惣右衛門、隼人、十左衛門、善右衛門、〇当小左衛門」と見えているが、寛文一〇年には「〇来小左衛門、七左衛門、半七郎、長右衛門、善三郎、弥十郎、善十郎」となっている。人数変化のところで見たように別グループとなったためと思われる。

儀礼　隣の堀之内坪では、当家(当屋)での蓬莱山《ほうらいさん》の飾付、三本足の烏と兎の的と弓作り、神社参拝(拝殿内での神事と境内での弓神事)を行い、当家に戻り、白強飯《おこわ》と昆布出汁の平打《ひらうち》めんを食し、直会、そして、箕にのせたお箱を改めブシャ日記をお箱に納め、来当にオトウ渡しをする、一連のブシャ行事が引き継がれているとのことなので、今後の調査が期待される。

なお、明治三五年の「御奉社会計献立帳」によれば、「講社田の作付は総て当番の担任とす。当番は豊凶にかかわらず地租公課金は勿論、米弐俵を会計費に差出し、且白米及蕎麦粉(凡そ壱斗位)を負担する事、当番は前日、左の献立目録に依り、料理品を調ひ置く事」との「当御奉社講法則を左の如く相定む」と見えているが、従来からのきまりを成文化したも

表2　人数の変化

年号（年）	西暦	人数（人）
元和７	1621	13
〃　９	1623	9
〃　10	1624	10
寛永７	1630	11
正保３	1646	12
〃　４	1647	13
〃　５	1648	15
慶安２	1649	16
万治２	1659	17
〃　３	1660	18
寛文７	1667	19
〃　10	1670	7
〃　11	1671	8
延宝３	1675	7
天和２	1682	6
元禄12	1699	7
正徳２	1712	6
〃　５	1715	5
寛保３	1743	6
延享５	1748	5
寛延３	1750	4
宝暦３	1753	3
明和４	1767	4
天明２	1782	5
〃　８	1788	6
享和４	1804	4
文化４	1807	5
天保３	1832	4
（慶応４	1868	4）
明治28	1895	5
昭和60	1985	4

各年の日記により作成。

のであろう。そして、献立目録の次に、料理の並べ方が次のように記されている。皿（白が・鯉・みかん）、平（椎たけ・はす・長いも・かん瓢・とり・人参・せり）、壺（するめ・豆・人参）、汁（豆ふ・鮒）、飯（上白）、吸物（海苔・豆ふ・せり・とり・鯉こく）、取肴（きんぴら・ごまめ・数の子・鮒・白ぬた・すずめ焼・鯉）が直会の席上に並べられ、さらに酒が添えられたのである。根古屋坪のブシャ料理は、この地方の典型的な姿と見てよいのであろうか、小生は比較データを持ちあわせていないのが残念である。

文献
江戸崎町史編さん委員会編　一九九三『江戸崎町史』江戸崎町。
萩原法子　一九九九『熊野の太陽信仰と三本足の烏』戒光祥出版。

（平田満男）

人名									
七右衛門	源兵衛	善二郎	助二郎						
源兵衛									
二良兵衛									
太郎左衛門									
小左衛門									
小左衛門	善右衛門								
小三郎	源兵衛								
源兵衛	太郎左衛門								
太郎左衛門	小左衛門								
小左衛門	善右衛門								
善右衛門	二郎兵衛								
庄五郎	六右衛門								
六右衛門									
善兵衛	▲美濃								
市右衛門									
木工助	清左衛門								
清左衛門									
小左衛門									
隼人	善八	▲次郎兵衛							
善八	二郎兵衛	淡路	▲善兵衛						
善八郎	善右衛門	二郎兵衛	善兵衛	庄九郎	▲美濃				
善右衛門	次郎兵衛	善兵衛	正九郎	美濃	甚十郎	▲藤十郎			
次郎兵衛	善兵衛	庄九郎	美濃	甚十郎	藤十郎	木工助			
庄九郎	美濃守	次右衛門	市右衛門	木工助	▲清左衛門				
主計	次右衛門	市右衛門	木工助	清左衛門	六右衛門				
次右衛門	市衛門	木工助	清左衛門	権三郎	▲惣右衛門				
次右衛門	市右衛門	木工助	清左衛門	権三郎	惣右衛門	隼人			
壱岐	清左衛門	権三郎	惣右衛門	隼人	十左衛門	▲善右衛門			
清左衛門	権三郎	惣右衛門	隼人	十左衛門	善右衛門	▲小左衛門			
権三郎	惣右衛門	隼人	十左衛門	善右衛門	小左衛門	太郎左衛門			
惣右衛門	隼人	十左衛門	善右衛門	小左衛門	太郎左衛門	▲和泉			
十左衛門	善右衛門	小左衛門	太郎左衛門	和泉	仁左衛門	加兵衛	善兵衛		
善右衛門	小左衛門	太郎左衛門	和泉	仁左衛門	加左衛門	次郎右衛門	七左衛門	六兵衛	
小左衛門	太郎左衛門	和泉	仁左衛門	賀左衛門	七左衛門	六兵衛	半七郎		
太郎左衛門	因幡	仁右衛門	加左衛門	七左衛門	六兵衛	半七郎	次右衛門		
因幡	仁左衛門	加左衛門	七左衛門	六兵衛	半七郎	次右衛門	三右衛門		
仁左衛門	加左衛門	七左衛門	六兵衛	半七郎	次右衛門	三右衛門	清左衛門		
加左衛門	七左衛門	六兵衛	半七郎	次右衛門	三右衛門	清左衛門	長右衛門	半右衛門	
七左衛門	六兵衛	半七	次右衛門	三右衛門	清左衛門	長右衛門	半右衛門	善三郎	六右衛門
六兵衛	半七	次右衛門	三右衛門	清左衛門	長右衛門	半右衛門	善三郎	六右衛門	惣右衛門
判七郎	次右衛門	三右衛門	清左衛門	長右衛門	半右衛門	善三郎	六右衛門	惣右衛門	隼人
□	三右衛門	清左衛門	長右衛門	半右衛門	善三郎	六右衛門	惣右衛門	隼人	十左衛門

参考3　稲敷市羽賀(根古屋坪)のブシャ日記における人名一覧

年	人名								
元和 7	二郎兵衛	神十郎	源右衛門	藤右衛門	与三郎	主計	藤八	淡路	宇兵衛
8	(なし)								
9	二郎兵衛	甚十郎	丹波	主計	藤八	与三郎	清二郎	源兵衛	助二郎
10	二郎兵衛	神十郎	丹波	藤右衛門	主計	藤八	助二郎	与三郎	清二郎
寛永 2	二郎兵衛	神十郎	丹波	藤右衛門	主計	藤八	助二郎	清二郎	源兵衛
3	甚十郎	丹波	主計	藤八	助二郎	清二郎	小三郎	源兵衛	太郎左衛門
(4)	二良兵衛	神十郎	惣四郎	主計	藤八	助二郎	清二郎	小三郎	源兵衛
5	二良兵衛	甚十郎	惣四郎	主計	市右衛門	清二郎	小三郎	源兵衛	太郎左衛門
6	二良兵衛	甚十郎	惣四郎	主計	市右衛門	清二郎	小三郎	源兵衛	太郎左衛門
7	二良兵衛	甚十郎	善二郎	主計助	市右衛門	清二郎	小三郎	源兵衛	太郎左衛門
8	(なし)								
9	太郎左衛門	小左衛門	善右衛門	二良兵衛	六右衛門	善二郎	主計助	市右衛門	清二郎
10	小左衛門	善右衛門	次郎兵衛	六右衛門	善二郎	主計助	市右衛門	清二郎	小三郎
11	善右衛門	次郎兵衛	六右衛門	善次郎	主計助	市右衛門	清次郎	小三郎	源兵衛
12	二郎兵衛	六右衛門	善次郎	主計	市右衛門	清左衛門	小三郎	源兵衛	太郎左衛門
13	六右衛門	善二郎	主計	市右衛門	清左衛門	小三郎	源兵衛	太郎左衛門	小左衛門
14	善兵衛	主計	市右衛門	清左衛門	小三郎	源兵衛	太郎左衛門	小左衛門	善右衛門
15	主計	市右衛門	清左衛門	小右衛門	源兵衛	太郎左衛門	小左衛門	善右衛門	庄五郎
16	●市右衛門	清左衛門	小右衛門	源兵衛	太郎左衛門	小左衛門	善右衛門	次郎兵衛	六右衛門
17	清左衛門	小右衛門	太郎左衛門	小左衛門	善右衛門	二郎兵衛	六右衛門	善兵衛	美濃
18	小右衛門	太郎左衛門	小左衛門	善右衛門	二郎兵衛	六右衛門	善兵衛	美濃	市右衛門
19	太郎左衛門	小左衛門	善右衛門	二郎兵衛	六右衛門	善兵衛	美濃守	市右衛門	木工助
20	小左衛門	善右衛門	二郎兵衛	六右衛門	善兵衛	美濃守	市右衛門	木工助	清左衛門
21	●善右衛門	二郎兵衛	六右衛門	善兵衛	美濃	市右衛門	木工助	清左衛門	小右衛門
正保 2	(なし)								
3	●善兵衛	小右衛門	六右衛門	美濃	市右衛門	木工助	清左衛門	小左衛門	惣右衛門
4	●美濃	小右衛門	六右衛門	市右衛門	木工助	清左衛門	小左衛門	惣右衛門	隼人
5	●市右衛門	小右衛門	六右衛門	木工助	清左衛門	小左衛門	太郎左衛門	惣右衛門	隼人
慶安 2	●木工助	清左衛門	小右衛門	六右衛門	小左衛門	太郎左衛門	惣右衛門	隼人	善八
3	清左衛門	小衛門	六衛門	小左衛門	太郎左衛門	惣衛門	隼人	善八郎	善衛門
4	●六右衛門	惣右衛門	隼人	善右衛門	小左衛門	太郎左衛門	二郎兵衛	善八	善兵衛
5	●惣右衛門	隼人	善右衛門	小左衛門	太郎左衛門	二郎兵衛	善八	善兵衛	庄九郎
承応 2	●隼人	善右衛門	小左衛門	太郎左衛門	次郎兵衛	加兵衛	善兵衛	庄九郎	主計
3	善右衛門	小左衛門	善兵衛	太郎左衛門	次郎兵衛	加兵衛	善兵衛	庄九郎	主計
4	●小左衛門	太郎左衛門	和泉	賀兵衛	善兵衛	六兵衛	主計	次右衛門	市右衛門
明暦 2	●太郎左衛門	和泉	加兵衛	善兵衛	六兵衛	主計	次右衛門	三右衛門	壱岐
3	●和泉	加兵衛	善兵衛	六兵衛	主計	次右衛門	三右衛門	木工助	清左衛門
4	●加兵衛	善兵衛	六兵衛	半七郎	次右衛門	三右衛門	木工助	清左衛門	権三郎
万治 2	●六兵衛	半七	次右衛門	三右衛門	木工助	清左衛門	権三郎	惣右衛門	隼人
3	●半七	次右衛門	三右衛門	木工助	清左衛門	権三郎	惣右衛門	隼人	十左衛門
4	●次右衛門	三右衛門	木工助	清左衛門	権三郎	惣右衛門	隼人	重左衛門	善右衛門
寛文 2	●三右衛門	木工助	清左衛門	権三郎	惣右衛門	隼人	十左衛門	善右衛門	小左衛門
3	●清左衛門	半右衛門	権三郎	惣右衛門	隼人	十左衛門	善右衛門	小左衛門	太郎左衛門
4	●半右衛門	権三郎	惣右衛門	隼人	十左衛門	善右衛門	小左衛門	太郎左衛門	因幡
5	●六右衛門	惣右衛門	隼人	十左衛門	善右衛門	小左衛門	太郎左衛門	因幡	仁左衛門
6	●惣右衛門	隼人	十左衛門	善右衛門	小左衛門	太郎左衛門	因幡	仁左衛門	加左衛門
7	●隼人	十左衛門	善右衛門	小左衛門	太郎左衛門	因幡	仁左衛門	加左衛門	七左衛門
8	●十左衛門	善右衛門	小左衛門	太郎左衛門	因幡	仁左衛門	加左衛門	七左衛門	六兵衛
9	●善右衛門	小左衛門	伊予	因幡	仁左衛門	加左衛門	七左衛門	六兵衛	半七郎

年	人　名							
享保 5	小左衛門	七左衛門	長右衛門	善右衛門	源兵衛			
6	七左衛門	長右衛門	善右衛門	源兵衛	市郎右衛門			
7	長右衛門	善右衛門	源兵衛	市郎右衛門	七左衛門			
8	善右衛門	源兵衛	市郎右衛門	七左衛門	長右衛門			
9	源兵衛	市郎右衛門	七左衛門	長右衛門	善右衛門			
10	市郎右衛門	七左衛門	長右衛門	善右衛門	源兵衛			
11	七左衛門	長右衛門	善右衛門	源兵衛	市郎右衛門			
12	長右衛門	善右衛門	源兵衛	市郎右衛門	七左衛門			
13	善右衛門	源兵衛	市郎右衛門	七左衛門	長右衛門			
14	源兵衛	市郎右衛門	七左衛門	長右衛門	善右衛門			
15	市郎右衛門	七左衛門	長右衛門	善右衛門	源兵衛			
16	七左衛門	長右衛門	善右衛門	源兵衛	市郎右衛門			
17	長右衛門	善右衛門	源兵衛	市郎右衛門	七左衛門			
18	善右衛門	源兵衛	小左衛門	七左衛門	長右衛門			
19	源兵衛	小左衛門	七左衛門	長右衛門	善右衛門			
20	小左衛門	七左衛門	長右衛門	善右衛門	源兵衛			
21	七左衛門	長右衛門	善右衛門	源兵衛	小左衛門			
元文 2	長右衛門	善右衛門	源兵衛	小左衛門	七左衛門			
3	善右衛門	源兵衛	小左衛門	七左衛門	長右衛門			
4	源兵衛	小左衛門	七左衛門	長右衛門	善右衛門			
5	小左衛門	七左衛門	長右衛門	善右衛門	源兵衛			
6	七左衛門	長右衛門	善右衛門	源兵衛	小左衛門			
寛保 2	長右衛門	市右衛門	源兵衛	小左衛門	七左衛門			
3	宇平次	市右衛門	源兵衛	小左衛門	七左衛門	長右衛門		
4	市右衛門	源兵衛	小左衛門	七左衛門	長右衛門	宇右衛門		
延享 2	源兵衛	小左衛門	七左衛門	長右衛門	宇右衛門	市右衛門		
3	小左衛門	七左衛門	長右衛門	宇右衛門	市右衛門	源兵衛		
4	七左衛門	長右衛門	宇右衛門	市右衛門	源兵衛	小左衛門		
5	長右衛門	宇右衛門	市右衛門	小左衛門	七左衛門			
寛延 2	●宇右衛門	市右衛門	小左衛門	七左衛門	長右衛門			
3	市右衛門	小左衛門	七左衛門	長右衛門				
4	小左衛門	七左衛門	長右衛門	市右衛門				
宝暦 2	七左衛門	長右衛門	市右衛門	小左衛門				
3	市右衛門	小左衛門	七左衛門					
4	長右衛門	小左衛門	市右衛門					
5	●小左衛門	市右衛門	▲長右衛門					
6	市右衛門	長右衛門	小左衛門					
7	長右衛門	小左衛門	市右衛門					
8	小左衛門	市右衛門	長右衛門					
9	市右衛門	長右衛門	小左衛門					
10	長右衛門	小左衛門	市右衛門					
11	(なし)							
12	市右衛門	八十右衛門	長右衛門	小左衛門				

稲敷市羽賀(根古屋坪)のブシャ日記(稲敷市立歴史民俗資料館寄託)により作成。

年号欄に(　)としたものは、推定であることを示す。

人名の漢字表記は適宜修正した。人名欄に(なし)としたものは、当該年の記録が残されていないことを示す。

名前の前の記号は、それぞれ次の記載があることを示す。
▲ 今当(当番)　● 来当(来番)　◎ 当年または当とう(来年の意味)

207　参考3　稲敷市羽賀(根古屋坪)のブシャ日記における人名一覧

年	人　名							
寛文10	●小左衛門	七左衛門	半七郎	長右衛門	善三郎	弥十郎	善十郎	
11	●七左衛門	半七郎	長右衛門	善三郎	源兵衛	善右衛門	加右衛門	小左衛門
12	◎半七郎	長右衛門	善三郎	源兵衛	善右衛門	加右衛門	小左衛門	七左衛門
13	●長右衛門	善三郎	源兵衛	善右衛門	小左衛門	七左衛門	半七	
延宝 2	●源兵衛	弥十郎	善右衛門	加右衛門	小左衛門	七左衛門	半七郎	長右衛門
3	●弥十郎	善十郎	小左衛門	七左衛門	半七郎	長右衛門	源兵衛	
4	●善十郎	小左衛門	七左衛門	半七郎	長右衛門	源兵衛	弥十郎	
5	●小左衛門	七左衛門	半七郎	長右衛門	源兵衛	弥十郎	善十郎	
6	◎七左衛門	半七郎	長右衛門	源兵衛	弥十郎	善十郎	小左衛門	
7	◎主計	長右衛門	源兵衛	弥十郎	善十郎	小左衛門	七左衛門	
8	◎長右衛門	源兵衛	弥十郎	善十郎	小左衛門	七左衛門	主計	
9	◎源兵衛	弥十郎	善十郎	小左衛門	七左衛門	主計	長右衛門	
天和 2	◎善拾郎	小左衛門	七左衛門	主計	長右衛門	源兵衛		
3	◎小左衛門	七左衛門	主計	長右衛門	源兵衛	善十郎		
4	七左衛門	主計	長右衛門	源兵衛	善十郎	小左衛門		
貞享 2	主計	長右衛門	源兵衛	善拾郎	小左衛門	七左衛門		
3	●長右衛門	源兵衛	善重郎	小左衛門	七左衛門	主計		
4	●源兵衛	善拾郎	小左衛門	七左衛門	主計	長右衛門		
5	●善十郎	小左衛門	七左衛門	主計	長右衛門	源兵衛		
元禄 2	●小左衛門	七左衛門	主計	長右衛門	源兵衛	善十郎		
3	七左衛門	主計	長右衛門	源兵衛	善拾郎	小左衛門		
4	主計	長右衛門	源兵衛	善右衛門	小左衛門	七左衛門		
5	長右衛門	源兵衛	善右衛門	小左衛門	七左衛門	主計		
6	源兵衛	善右衛門	小左衛門	七左衛門	主計	長右衛門		
7	善右衛門	小左衛門	七左衛門	主計	長右衛門	源兵衛		
8	小左衛門	七左衛門	主計	長右衛門	源兵衛	善右衛門		
9	七左衛門	主計	長右衛門	源兵衛	善右衛門	小左衛門		
10	主計	長右衛門	源兵衛	善右衛門	小左衛門	七左衛門		
11	◎長右衛門	源兵衛	善右衛門	小左衛門	七左衛門	主計		
12	◎源兵衛	善右衛門	小左衛門	七左衛門	主計	長兵衛	長右衛門	
13	◎善右衛門	小左衛門	七左衛門	主計	伝兵衛	長右衛門	源兵衛	
14	小左衛門	七左衛門	主計	伝兵衛	長右衛門	源兵衛	善右衛門	
15	七左衛門	主計	伝兵衛	長右衛門	源兵衛	善右衛門	小左衛門	
16	主計	伝兵衛	長右衛門	源兵衛	善右衛門	小左衛門	七左衛門	
17	伝兵衛	長右衛門	源兵衛	善右衛門	小左衛門	七左衛門	主計	
宝永 2	長右衛門	源兵衛	善右衛門	小左衛門	七左衛門	主計	伝兵衛	
3	源兵衛	善右衛門	小左衛門	七左衛門	主計	伝兵衛	長右衛門	
4	善右衛門	小左衛門	七左衛門	主計	伝兵衛	長右衛門	源兵衛	
5	小左衛門	七左衛門	主計	伝兵衛	長右衛門	源兵衛	善右衛門	
6	七左衛門	主計	伝兵衛	長右衛門	源兵衛	善右衛門	小左衛門	
7	主計	伝兵衛	長右衛門	源兵衛	善右衛門	小左衛門	七左衛門	
8	伝兵衛	長右衛門	源兵衛	善右衛門	小左衛門	七左衛門	主計	
正徳 2	長右衛門	源兵衛	善右衛門	小左衛門	七左衛門	伝兵衛		
3	善右衛門	源兵衛	小左衛門	七左衛門	伝兵衛	長右衛門		
4	源兵衛	小左衛門	七左衛門	伝兵衛	長右衛門	善右衛門		
5	小左衛門	七左衛門	長右衛門	善右衛門	源兵衛			
6	七左衛門	長右衛門	善右衛門	源兵衛	小左衛門			
享保 2	長右衛門	善右衛門	源兵衛	小左衛門	七左衛門			
3	善右衛門	源兵衛	小左衛門	七左衛門	長右衛門			
4	源兵衛	小左衛門	七左衛門	長右衛門	善右衛門			

6　板橋区茂呂稲荷神社の茂呂御毘沙台帖

（東京都板橋区小茂根一・三・五丁目）

板橋区小茂根《こもね》は、近世の武蔵国豊島郡上板橋村の字小山・茂呂《もろ》・根上に相当し、小茂根なる地名は昭和四〇年（一九六五）にその頭文字を合わせてつくられた住居表示である。その中の茂呂地区は北に石神井川が流れ、西は練馬区（下練馬村）と接し、南は、現在は環状七号線で一部が分断されている。地区北部のオセド山という小丘陵は昭和二六年に群馬県の岩宿遺跡に次いで日本で二番目の旧石器が発見された茂呂遺跡である。茂呂地区の人々が祀る稲荷神社はこのオセド山に鎮座しており、境内からも旧石器が出土している。

この稲荷神社のオビシャ行事は毎年二月の初午の日に行われる。そのオビシャ講の宿帳には元禄八年（一六九五）からの記録があり、オビシャが一七世紀から今日まで地区の人々によって行われてきたことがわかる。

所蔵・組織　茂呂稲荷神社の祭祀は、茂呂地区の二六軒が茂呂稲荷講（オビシャ講）を組織して行うもので、この二六軒が輪番で当番を勤めている。その年の当番を「家所（やど）」といい、行事執行の中心になるとともに、祭礼後の宴会の場所を提供する。宿は当たる順番が決まっている。二六軒の家は五～六軒ずつ五つの班に分かれており、大きくみると一班から五班の順に

写真１　茂呂御毘沙台帖の外観

回り、班の中でも宿に当たる順番が決まっている。班内の当番が一巡すると、次の班に移る。宿の順番になると前年の宿から宴会に飾る掛軸を納めた木箱と宿帳や講の文書類を納めた木箱が回ってくる。

オビシャ行事の執行は宿だけでなく、次の年の宿（叺）と前の年の宿（近年は送、古くは銭集）も協力して行い、宿帳にはこの三役の名前が記入される。このような宿を中心とする三名でのオビシャの執行のあり方は、元禄一〇年から確認でき、「家所」「叺（かます）」「銭集（ぜにあつめ）」の三役の名が宿帳に書き留められている。古くは「家所」等の役に当たる順番に規則性は認められないが、三役の組み合わせを分析してみると、戸数十数戸を二つのグループに分けることができ、三役は同じグループのメンバーで構成するのが原則だったとみられ、一つのグループから二〜三年三役が出て、次に別のグループから二〜三年三役が出るという傾向が認められる。

昭和二五年に農業協同組合の茂呂支部が組織され、支部の構成員とオビシャ講の講員が同じであることから、オビシャは農協茂呂支部の行事となった。これに伴い、宿帳に記載される役は「家所」のみとなったが、昭和六〇年から、現行の「家所」

表1　東京都板橋区茂呂のオビシャ文書の構成

期間	形態	表題	法量	冊数
元禄８年〜大正11年	横帳	元禄八年 きのえ井　二月二日	325×130	1
大正12年〜平成29年	横帳	大正拾弐年 弐月拾日	325×125	1

「法量」欄はタテ×ヨコ（単位ミリメートル）で示す。

写真2　茂呂御毘沙台帖の記載項目

「叺」「送」の三役の名が記帳されるようになり今日に至っている(写真1・2)。

内容　記載事項は、年(干支)月日、家所・叺・銭集の名前が中心である。明治一九年(一八八六)から苗字が書かれ、それまでは家ごとの当主の通名での記名であったのが、以後は個人名での記名となっていく。

初期の頃(元禄~延享)には小豆・大根・薪などの集物が書き加えられている。また明治三五年から「肴代」(昭和二五年からは「会費」)の集金も書き込まれるようになる。

形態・保管　帳簿は二点(表1)。いずれも半紙二つ折の横型の帳簿。一冊は元禄八年から大正一一年(一九二二)までの記録で、表紙に「元禄八年　きのえ井(亥)　二月二日」とある。嘉永四年(一八五一)から安政六年(一八五九)までの九年分の記録がない。この帳簿は昭和四六年に村の鎮守社である東新町氷川神社に設けられた郷土資料館に寄託され、現在も同館で展示・保管されている。

二冊目は大正一二年から始まり現在も使われている。表紙に「大正拾弐年　弐月拾日」とある。宿が管理する木箱は三箱あり、うち二つには掛軸を中心に収納し、他の一つに文書類が収められているが、宿帳もこちらに保管されている。この木箱の蓋の裏には「大正拾弐年二月拾日　奉納　竹内仁三郎」の書き入れがあり、宿帳の更新にともなってこの年の宿によって新調されたことがわかる。

記帳　宿帳の記入は宿の主人が行事のあとに行う。引き継ぎまでに記入するのが原則だが、近年記帳しないまま次の宿に引き継がれることが多くなり、オビシャが行われているにもかかわらず記載のない年が目立つようになった。

儀礼　オビシャ行事は二月初午の日に行われる。午前一〇時ごろ、宿と翌年の宿(叺)と前年の宿(送)の三名が稲荷神社を参拝する。その際清酒二本、鯛二匹、赤飯重箱二つ、油揚げ七枚、ハマグリ七個を供える。供物はすぐ下ろして持ち帰る。神職がきて祭式を行うこともなく、講員全員の参拝もなく、極めて質素に行われる。午後一時から宿にて宴会が行われる。宿では床の間に掛軸三幅、中央に「稲荷神社」、向かって右に「八雲神社」、向かって左に「岩樹神社」の掛軸が掛けられる。掛軸の

写真3　オビシャの宴会（平成21年〈2009〉2月6日）

前に神社にお供えして下ろしてきた鯛と赤飯を供える。出席者がそろうと、最初に謡曲「高砂」「四海波」「この御代に」を朗詠して開宴となる。その後床の間の鯛と赤飯を全員にまわして取り分ける。二時間くらいの歓談で閉宴となる。なお現在では住宅事情もあり、宴会を宿で行うことができない場合は、近隣の料理屋や地域センターで行うこともある（写真3）。

指定　「東新町氷川神社郷土資料館所蔵品一括」板橋区指定有形民俗文化財、昭和五九年一二月

文献　板橋区史編さん調査会編　一九九七『板橋区史資料編五　民俗』板橋区。會田和則・田村大悟・石井健太　二〇〇九「大山高校前の稲荷神社をお祭りしてきた人々―茂呂おびしゃ講の調査」『第七回櫻井徳太郎賞受賞作文集』板橋区教育委員会

（菊地照夫）

7　越谷市越巻稲荷神社の産社祭礼帳

（埼玉県越谷市新川町二丁目）

　武蔵国越巻村は、越谷市の南部、綾瀬川左岸の低地に位置し、江戸時代初期に開発された新田村である。越巻村を構成する集落のひとつ中新田（現、越谷市新川町二丁目）の鎮守である稲荷神社では、例年二月の最終日曜日にオビシャ行事が行われている。オビシャの当番が引き継いでいる資料のひとつに承応三年（一六五四）から現在も続く毎年の記録がある。

　越巻稲荷神社のオビシャ記録は、一七世紀なかばに始まる点で武蔵国では稀有の例であるだけでなく、自然災害や村の大事件など、毎年のニュースが克明に書き留められている。明治二〇年代にはますます詳細をきわめ、「村の年代記」ともいうべき質と量を備え、とくに日清・日露の両戦役の時期の記述の充実ぶりは一驚に値する。『越谷市史』第四巻史料二に明治五年（一八七二）までの翻刻が掲載されている。

所蔵・組織　新川町二丁目町会は、現在は約二百戸からなる。このうち稲荷神社の氏子は、旧来の農家世帯である一八戸である（平成二九年〈二〇一七〉調査時点）。氏子の家々は四つの「組」にわかれ、一年ごとに順に祭りを担当する。その年の担当の組を「当番」、翌年の組を「受け当番」とよぶ。当番にあたった組では、そのなかの一軒が「宿」となる。この宿の当主が祭り当日に帳簿一式を預かり、一年間これを自宅で保管する。

　当番の名前をみると、明暦～寛文年間には一定の規則性があり、八名の百姓が二人ずつ組んで輪番で担当している。村落構成との関わりは不明であるが、ほぼ全戸が参加していたようである。当番は次第に三～四名の「組」を単位とするものに移行し、宝暦二年（一七五二）には四名ずつの三組によるローテーションが確立している。昭和一八年（一九四三）ごろ組の分割を経て、現在の四組体制に至っている。

内容　基本的にオビシャの年月日、当番の組のメンバーの名前、および「集物」の量が書かれる。集物は細字で添え書きされる程度で、あくまで中心は当番の人名にある（したがってこの帳簿の本来的な機能は当番の記録にある）。のち集物の記載は姿を消すが、年月日と名前は今日まで続いている。

見逃せないのは、できごとの記録で、延宝六年（一六七八）に「御検地入」とあるのを皮切りに、領主の動向や法令、火災、水害や日照り、地震や降灰などの自然災害、普請や助郷の負担など、内容は多岐にわたる。当初は一行程度のわずかな分量であるが、徐々に本格的な記録の体裁をとる。

写真1　産社祭礼帳の外観

形態・保管　帳簿はあわせて六〇点を数えるが、主なものは分厚い竪型の帳簿三点である（表1）。一冊目は承応三年から文化二年（一八〇五）までの記録である。

表紙に「享保五年庚子此帳ニ写」と添え書きがあるように、享保期の写しである。実際に冒頭から享保一〇年（一七二五）ころまでは同筆で規則的に書かれている。二冊目は嘉永七年（一八五四）～大正一三年（一九二四）まで

表1　埼玉県越谷市越巻中新田のオビシャ文書の構成

期間	形態	表題	法量	冊数
承応３年～文化２年	竪帳	産社祭礼帳　中新田	288×170	1
嘉永７年～大正13年	竪帳	鎮守明観照稲荷大明神産社修行帳 中新田氏子連	268×185	1
昭和３年～昭和42年 ※８年分欠あり	竪綴	なし	—	1
昭和43年～平成28年	竪帳	なし※1年ごとに別帳	—	57

「法量」欄はタテ×ヨコ（単位ミリメートル）で示す。

の記録で、一番帳と二番帳の間（文化三年から嘉永六年まで）の約五〇年間の欠落が惜しまれる（写真1）。

三冊目は昭和三年～昭和四二年までの記録で、一年ごとのばらばらの冊子をまとめて合綴してある。このほか昭和四三年以降、現在までの分は、一年ごとに独立した冊子の状態で保管されている。

帳箱は三つある。一冊目と二冊目は、近世の製作と思われる木箱に収納されている。三冊目と一部の個別の冊子（主に昭和五四年までのもの、一七点）は戦後の寄贈の箱に、これ以外の個別の冊子（主に昭和五五年以降のもの、四〇点）は最近の既製品の箱に納めている。これらは風呂敷包みでまとめられている。

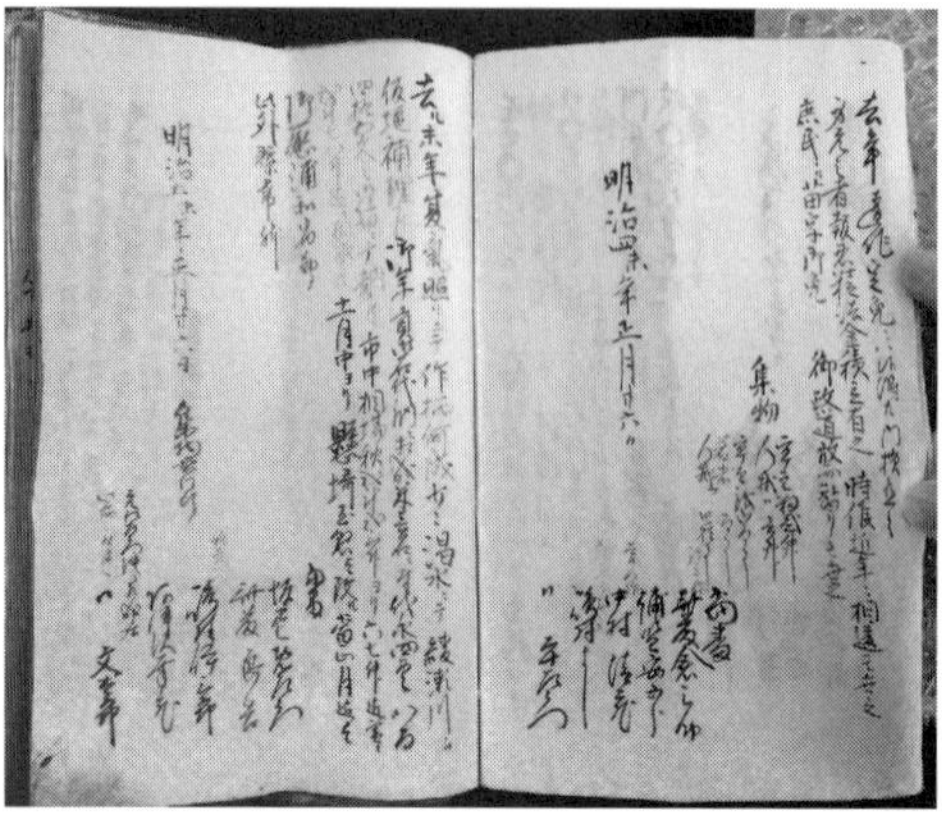

写真2　記載項目（その年のできごとの記録、集物、年月日、当番の順に記載がある）

記帳　現在は、宿の人が自宅で引き継ぎの直前に作成しておき、当渡し当日に持参する。宿自身が書く場合のほか、組のなかで得意な人に頼む場合も多い。過去の記録を読み返す機会はほとんどなく、せいぜい宿になった年に、太平洋戦争など大事件の部分を拾い読みする程度である。

記録は国内と世界の政治・経済・重大事故や事件、皇室やスポーツまで多岐にわたる（写真2）。地元のできごともこれに加わるが、最近は平和で書くことがあまりないので、結局新聞に出ているようなことばかりになるという。ニュースを忘れてしまわないように、心がけて新聞の記事をとっておく。

儀礼　オビシャ行事は、集落内の稲荷神社で、二月の最終日曜日の午後一時半ごろから一時間ほどかけて行われる。メンバー全員が集まると、まず神職による通常の神事がある。お神酒を酌み交わしたあと、その年の記録を宿が読み上げ、つぎの宿の人に引き渡す。記録の朗読はかなりの時間がかかる。現在は簡素化されているのでこれで解散となる。

写真３　宿による記録の読み上げ（2017年2月26日）

簡素化以前の会場は宿を務める個人宅で、座敷に全戸が集まり、組内の年寄りがショウバントウをして盛大な宴会がもたれた。当時の当渡しは宴会の途中で行われた。まず宿の人が記録を読み、引き継ぎをした。つぎに当番の組と翌年の受け当番の組、および「見届け人」（「証人」とも）の組の三者が盃を交わした。

越巻中新田の一七世紀代にさかのぼる書き継ぎは、今日もなお宿による文書の保管と引き継ぎが健在であり、神事でも読み上げの対象とされている。また明治二〇年代ごろには、各年の記録が「読者」を意識し、読み上げの儀礼の場を離れた一種の読み物としての性格を併せもつようになる。びっしりと書き込まれた記録は、総体としてみると、「村の年代記」としての歴史認識を窺わせる貴重な素材となる。

指定　「越巻中新田の産社祭礼帳」越谷市指定有形文化財、平成七年四月

文献　越谷市役所編　一九七五・一九七二『越谷市史』第一巻通史上・第四巻史料二、越谷市役所。渡部圭一　二〇一七「近代移行期の「村の年代記」」『埼玉民俗』四二

（渡部圭一）

8　相模原市「田名の的祭」の祭礼人数帳

（神奈川県相模原市中央区田名）

神奈川県相模原市中央区田名《たな》は、相模川の左岸の河岸段丘に位置する。近世には相模国高座郡田名村と称し、『旧高旧領取調帳』では村高一六五九石の規模を誇る大村で、下野烏山藩の飛び地領として一給支配を受けていた。家数も多く、『新編相模国風土記稿』では五六九軒を数え、これらが久所《ぐぞ》・滝・半在家・堀之内・清水・陽原《みなばら》など一一の集落を構成していた。年頭のオビシャ行事である「田名の的祭《まとまち》」（相模原市指定無形民俗文化財、平成一三年〈二〇〇一〉四月一日）の舞台、田名八幡宮は久所の集落の一画にある。

田名の的祭をめぐっては、「祭礼人数帳」などと題された近世中～後期の文書八点（以下、人数帳と略記）の存在が知られている。オビシャ文書としては比較的早くから研究が進み、一部は『相模原市史』に翻刻され、現行事例とからめた論考も公にされている。現在の祭祀組織は、近世の文書が作成された時点のそれとは大幅に変化しているので、ここでは披見しえた文書原本を中心に、近世期の儀礼と文書のありかたについて若干の考察を加えることにしたい。

所蔵・組織　祭礼人数帳やそれに類する文書（表1）は、江成家文書四〇〇点あまりのうち六点、篠崎家文書およそ三五〇点のうち二点で、いずれも相模原市立博物館の所蔵または寄託（以下、家別・年代順に①～⑧としておく）。江成家は、後北条氏の小代官として給分を与えられていた有力者で、近世には五郎左衛門を名乗り、名主を世襲したこともあって年貢の管理や村政に関わる文書が多い。篠崎家でも、幕末期を中心に、やはり村政に関する文書が散見される（『相模原市立博物館資料目録』六）。

後述する的祭の座配では、江成五郎左衛門家は筆頭に着座する立場で、篠崎利右衛門家もそれに近い地位にあった。前者は、宝暦一〇年（一七六〇）に「草分ケ筑後子孫改帳」と題した系譜を作成しており（『相模原市史』第二巻）、嘉永五年（一八五二）の人数帳（②）にも、「草分由緒之事」と題して江成姓の家々の出自をまとめた一節がある。名主を務め行政村の中心にあるだけでなく、村のなかで突出した家柄をもち、かつ儀礼上の優位を誇っている様相を知ることができる。

的祭の当屋は、近世には村内の特定の家々が輪番負担していたが、ここでいう人数帳は当屋の引き継ぎではない。もっとも古い年号をもつ宝暦一三年の人数帳（①）の表紙に「持主江成五郎左衛門」、また明和六年（一七六九）の人数帳（⑦）の表紙に「篠崎利右衛門」と署名があるように、当時から特定の有力な家の作成・所持にかかる。ここまで紹介してきたオビシャ文書のなかでは例外に属するが、当屋の引き継ぎ文書ではなく、名主文書の一部を構成しているのである。

内容　表2に一覧するように、宝暦一三年帳（①）の段階から複数の要素で構成され、その項目も成員の一覧、座配図、献立、米集めの記録など多岐にわたっている。続く嘉永五年帳（②）にA・B・C・Dがほぼそのまま収録されるなど、総じて②③⑤⑥⑦⑧には同一の内容の繰り返しが多い。

ここで留意されるのは、これら各項目が前例の写しの体裁をとっていることで、たとえば①のAの末尾には「正月六日鎮守ニ而祭礼人数書面之通写置者也」、Dの末尾には「右ハ任古例写置者也（略）江成五郎左衛門写之」（いずれも傍点筆

表1　神奈川県相模原市「田名の的祭」のオビシャ文書の構成

	作成年	形態	表題	法量	冊数	出所
①	宝暦13年（1763）	横半帳	鎮守祭礼人数帳	120×170	1	江成家
②	嘉永5年（1852）	横半帳	鎮守祭礼人数帳	140×199	1	江成家
③	安政6年（1859）	横帳	天地大明神祭礼人数並献立之控	121×344	1	江成家
④	安政6年（1859）	横帳	天地大明神祭礼勤番之控	123×345	1	江成家
⑤	年欠	横帳	鎮守祭り当番之次第	120×334	1	江成家
⑥	年欠	横半帳	なし	124×162	1	江成家
⑦	明和6年（1769）	横帳	八幡宮祭礼人数帳	—	1	篠崎家
⑧	天保7年（1836）	横帳	天地大明神祭礼人数帳	—	1	篠崎家

「法量」欄はタテ×ヨコ（単位ミリメートル）で示す。
①は2冊の横半帳を合綴してあるが1冊として扱った。②は寛政5年（1793）作成のものを嘉永5年に「再写」したとある。

表2　「田名の的祭」の祭礼人数帳の内容

	項目名	概要
①	A 天地明神祭礼人数	集落ごとの成員45名の一覧
	B 当番籤本相番次第	鬮本と相番の組み合わせの一覧
	C（座配図）	楕円形に描かれた24席の配置図
	D 五郎左衛門当番覚	米・糀の徴収先と分量の記録
	E（祭りの流れの説明）	1月3日の玄米の徴収ほかについて
	F 正月四日献立	1月4日の的踏み時の献立
	G 正月六日鎮守ニ而献立	1月6日の祭礼当日の献立
	H 相州高座郡田名村天地明神祭礼之事	慶安2年4月朔日付の由緒書の写し
	I 祭礼入用	買い物・酒の仕込み量・金銭収支
	J 文化十四丑年当番	御神酒の仕込み量
	K（江成家由緒書）	天正18年から万治3年の江成家と村の事蹟
②	A 天地明神祭礼人数	集落ごとの成員43名の一覧
	B 当番鬮本相番附	鬮本と相番の組み合わせの一覧
	C 正月四日献立	1月4日の的踏み時の献立
	D 正月六日鎮守ニテ献立	1月6日の祭礼当日の献立
	E 米集之枡寸法	枡の寸法・スケッチ・銘文
	F（的の寸法）	的の寸法・スケッチ・弓矢の数量
	G 相州高座郡田名村天地大明神由緒之事	延享元年3月12日付の神社由緒書の写し
	H 相州高座郡田名村草分由緒之事	江成筑後の子孫5名と現在の百姓名との対応
③	A 当番鬮本相番附	鬮本と相番の組み合わせの一覧
	B（座配図）	楕円形に描かれた24席の配置図
	C（祭りの流れの説明）	1月3日の玄米の徴収ほかについて
	D 正月四日的踏之節献立	1月4日の的踏み時の献立
	E 正月六日鎮(ママ)ニ而祭礼之節献立	1月6日の祭礼当日の献立
④	当番名と成員一覧の記載…安政6・7、万延2、文久2、明治2・17・38・43 当番名の記載のみ…文久3～慶応4、明治19～26・28～37・39～42 *明治3～16・18・27は記載そのものを欠く	
⑤	A 正月六日祭り人数	鬮本と相番の組み合わせの一覧
	B（米集めの記録）	米・糀の徴収先と分量の記録
⑥	A 天地明神祭礼人数	集落ごとの成員41名の一覧
	B 当番鬮本相番附	鬮本と相番の組み合わせの一覧
	C 正月四日献立	1月4日の的踏み時の献立
	D 正月六日鎮守ニ而献立	1月6日の祭礼当日の献立
⑦	A（当番鬮本相番附）	鬮本と相番の組み合わせの一覧
	B 献立之次第	1月6日の祭礼当日の献立
	C 米請取之覚	米の徴収先と分量の記録
⑧	A（天地明神祭礼人数）	集落ごとの成員24名の一覧
	B（米集めの記録）	米の徴収先と分量の記録
	C（酒造りの説明）	御神酒の仕込み量

①以下の番号は表1に対応する。「項目名」欄のA以下の記号は、筆者が便宜的に内容の切れ目ごとに与えた。原文に項目名がある場合はそれをとり、ない場合は(　)で補足した。

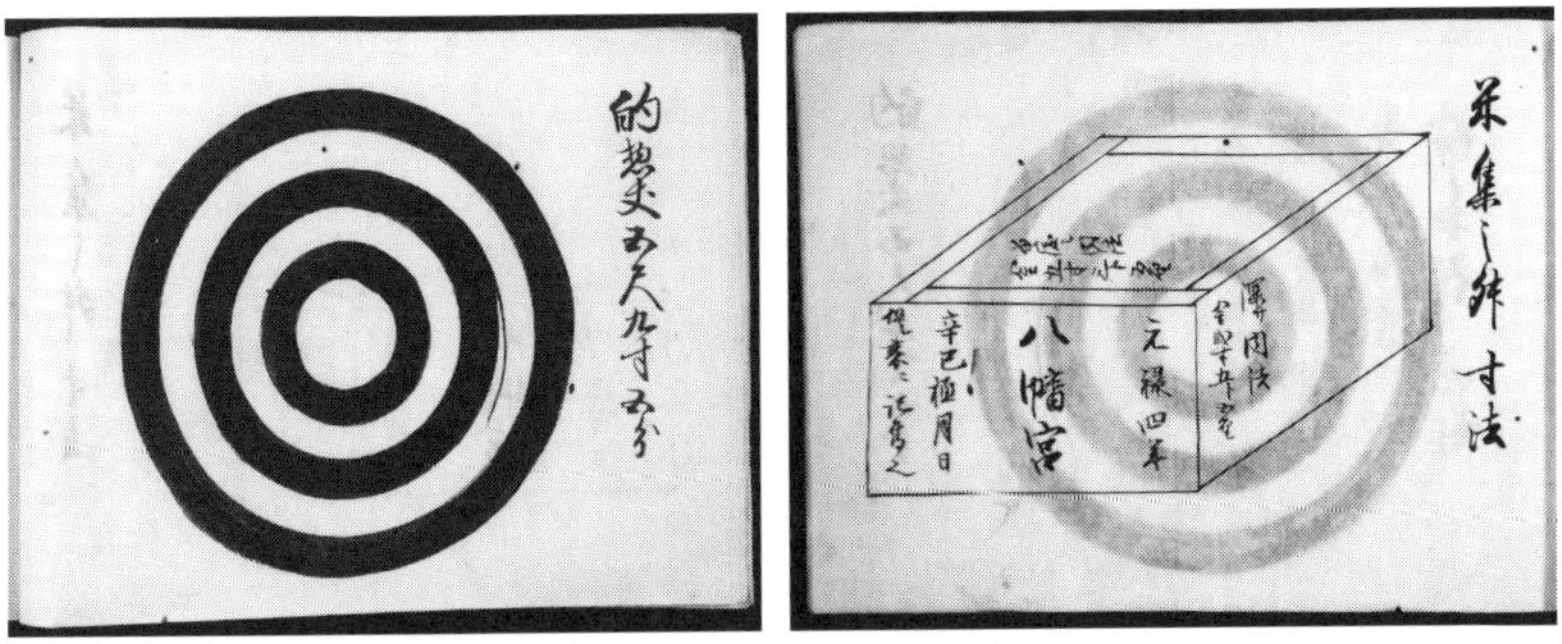

写真1　嘉永5年帳（②）のうち枡・的のスケッチ（E・F）

者）とある。右のことからすると、人数帳の記載は、その年の祭りの記録というよりは、その年の祭りを執行するにあたっての規約やマニュアルとして作成されたものと考えられる。

ちなみに前例の写しの形をとるのは年代が下がっても同じで、安政六年（一八五九）帳（③）のEの末尾には「右者旧例之通記置もの也」とある。また、②には米集めの枡、弓神事に使われる的のスケッチや寸法の記載も加わっているが（写真1）、これなどはマニュアルのさらなる整備をめざしたもののように見受けられる。

内容上の中心を占めるのは成員の書き上げで、①ではA・B・Cがそれにあたる。A（写真2）は、久所・瀧などの集落ごとに成員を書き上げたもので、計四五名を掲げる。B（写真3）は、当屋の役である「鬮本」と「相番」の組み合わせを一覧するもので、人数は計三一名。C（写真4）は座配図で、二四席を楕円形に描き、計二八名を数える。なお①と②の間で同種のリストを比較してみると、ほとんど差はなく、当時は村のなかの一部の家に成員が固定していたことが確かめられる。

リストのひとつ（A）を一覧すると表3のとおりである。ここには集落ごとの小計も書かれているが、その数え方は「八本」「五本」など「本」が単位になっている。この「本」の合計は二四で、Aの末尾には「人数合廿四人」と集計してある。当時、二四という定数には強い意味が込められていたようであるが、実際には二～三名が連名で一「本」を担当することが多い。結果として、現実の祭りには、「廿四人」の二倍近い数の家々が関わっていたことになる。

写真2　宝暦13年帳（①）のうち「天地明神祭礼人数」（A）の一部

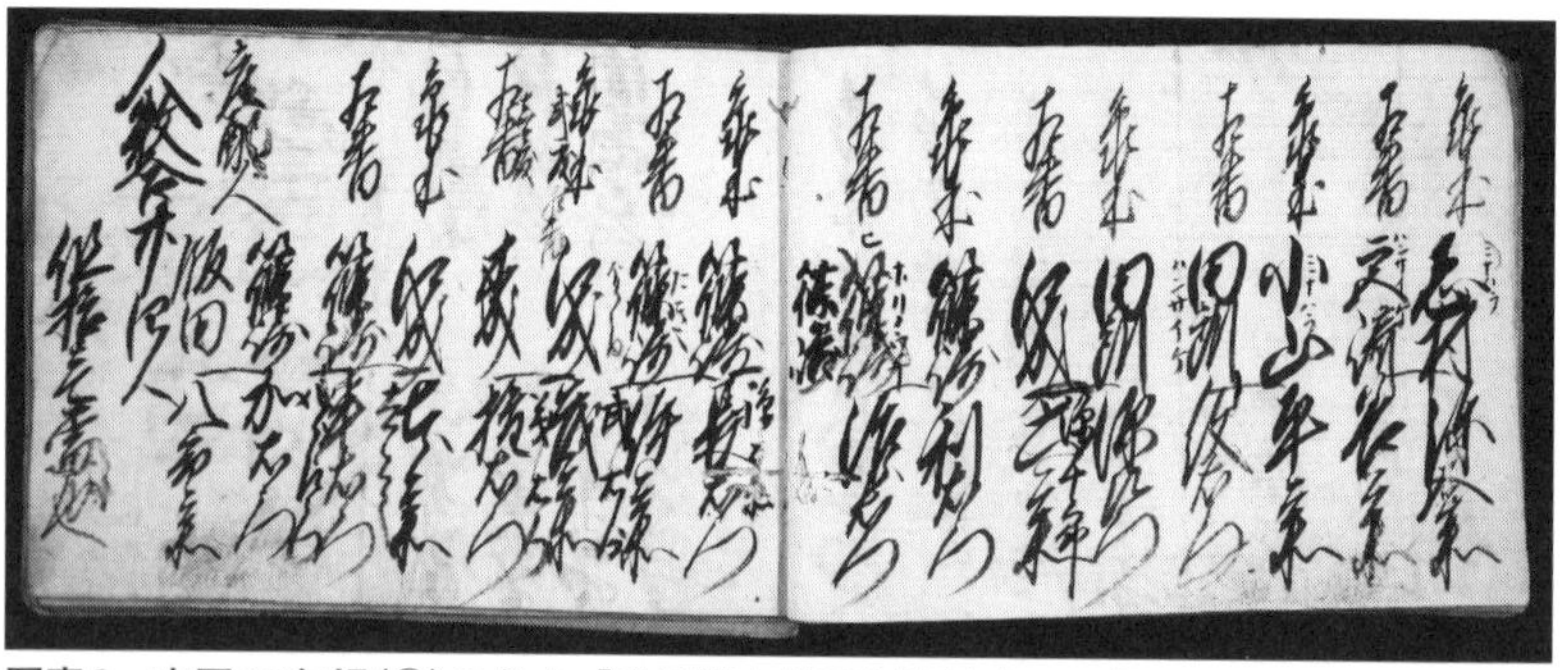

写真3　宝暦13年帳（①）のうち「当番籤本相番次第」（B）の一部

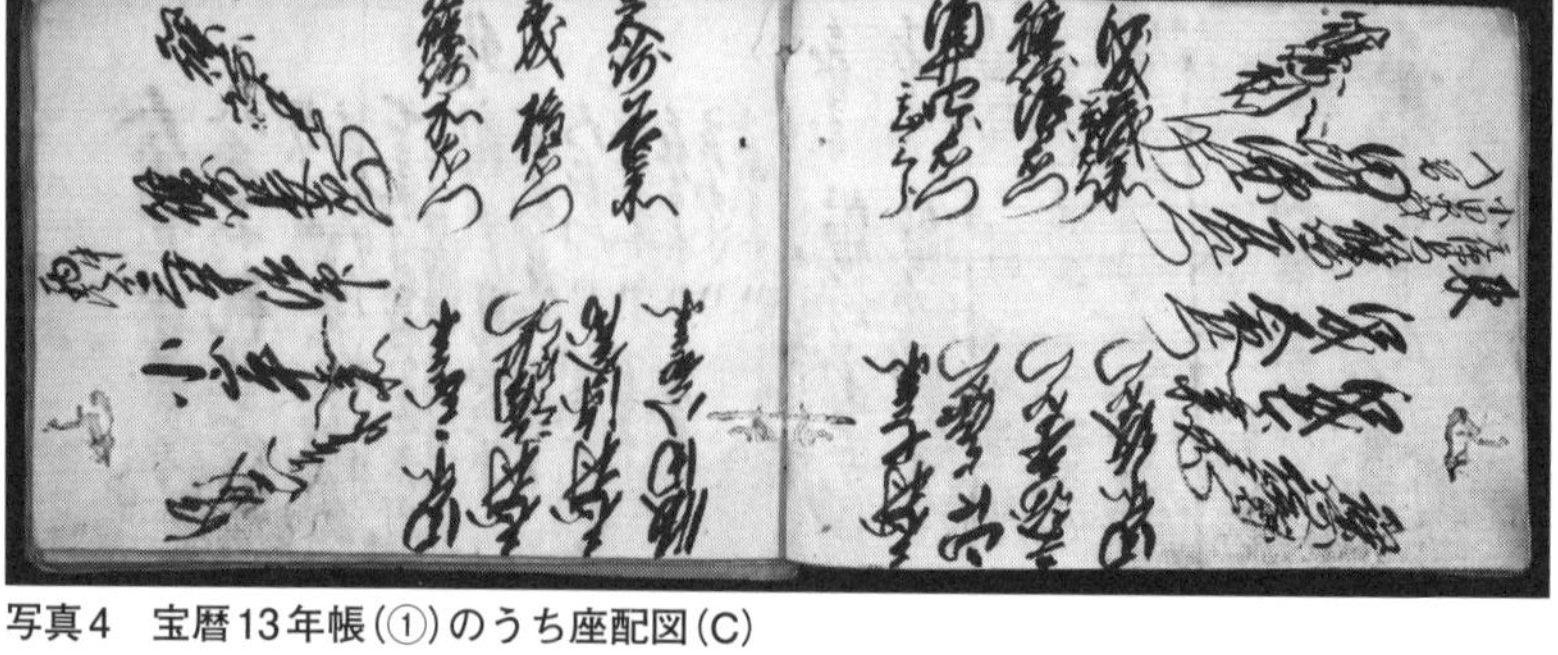

写真4　宝暦13年帳（①）のうち座配図（C）

こうした分割所持が一般化した背景は何であろうか。当番があたった年には、酒の仕込みや宴会料理の準備、その材料や費用をまかなう米の拠出(これは当番ではない年にもある)など、「鬮本」と「相番」にはさまざまな負担が課せられた。連名化することで、これら負担の軽減を図ったものであろう。ただ連名といっても、脇に細字で添え書きされるものも多く、両者は対等ではなかったようである。とくに座配図には連名記載は少ないので、儀礼の場には、主たる資格をもつ側が着座したのかもしれない。

当屋に関しては、①のBの末尾に「人数合廿四人、但拾壱番也」とある。一一番というのは、座配人を除く二二名がペアになって「鬮本」と「相番」を勤め(後者は各地の当屋祭祀でいう相当《あいとう》や助当《すけとう》にあたる)、結果一一年で一巡するサイクルをつくっていたことによる。ここでいう家々の組み合わせは固定で、「相番」の家はいつも「相番」である。なお明治四四年(一九一

表3　祭礼人数帳に記載された成員一覧

肩書	人名	小計
久所	江成　五郎左衛門	八本分、七人半也
同所	田所　源左衛門	
同所、元川端	江成　七郎兵衛 太兵衛	
同所、瀧	篠崎　半右衛門 藤右衛門	
同所、元井上	江成　六兵衛 伝左衛門 権右衛門	
久所	江成　茂兵衛 権兵衛(勘助事)	
同所	酒井　四郎右衛門 甚三郎	
同所	飯田　八郎兵衛	
瀧	篠崎　長右衛門 太郎左衛門	五本分
同所	篠崎　庄左衛門	
同所、堀内	篠崎　伊兵衛 武右衛門	
瀧	篠崎　利右衛門	
同所	篠崎　加右衛門 大谷　治郎右衛門	
半在家	田所　甚兵衛 三郎兵衛	六人半
同所	田所　紋右衛門 文右衛門	
はけ畑	森　権右衛門	
半在家	宮崎　平右衛門 長八 佐五兵衛	
堀ノ内	篠崎　治郎右衛門	
半在家	宮崎　善兵衛 井上　(空欄、ママ)	
南原	小山　十左衛門 ~~平兵衛~~ 八左衛門	五本
同所	志村　角左衛門 三郎左衛門	
同所	志村　弥五兵衛 又兵衛	
同所	山口　勘左衛門 与治右衛門 市郎兵衛	
同所	志村　七兵衛 八郎右衛門	

一)から的祭は田名全体の行事となり、一一ある集落が単位となって当番を順に勤めるかたちへと移行して現在に至っている〔仁科　一九八四、加藤　二〇〇九〕。

形態・保管・記帳　一連の人数帳は旧名主家文書の一部であり、往時の文書管理のありかたを知る手がかりは乏しいが、ここでは残された八冊の帳簿をもとに、形態・保管とその記帳に関する情報をまとめておこう。形態の点で目をひくのは、ハンディな横半帳が多くを占めている点である。なかでも年欠の一冊(⑥)は、各丁の端が手ずれで磨り減ったように傷んでおり(写真5)、現用文書として頻繁に活用されていた形跡がある。

管理の面では、すでに述べたように特定の家の所蔵にかかる点が特徴である。たとえば宝暦一三年帳(①)のDは、当時の五郎左衛門が相番や「親類」などの関係者から集めた米・糀を書き留めたもので、あくまで江成家の立場で作成されている。これはその後の②③⑤や篠崎家の⑦⑧も同様である。つまり一連の人数帳は一義的には〝家の記録〟であり、それがまた組織全般のマニュアルとしても機能したものと理解される。

ところで①より古い帳簿は存在したのであろうか。年欠の二冊のなかでも、⑤の墨色や字体は近世でもやや早い段階のものを思わせる。⑤の成員一覧(A)をみると、①とは一二名分ほど名前の違いがあって、両者はある程度の年代を隔てている可能性がある。また⑤に限っては、文中のどこにも「写置者也」に類する文言がなく、これが初めて作られた人数帳であったかもしれない。

さて先述の〝家の記録〟に対し、異なる文脈で作成されているのが安政六年帳(④)である。冒頭には二名の「当番」の名前が書かれ、続いて安政六年正月の祭りに参加した成員二四名の一覧がある。その末尾には「右之通相勤候ニ付、未正月六日久所和吉殿・峡端龍助殿江当番相渡申候、以上」とあって、前年に引き継ぎを受けた二名が、その年(安政六年)の当番を勤め、無事に当渡しを完了したことを明記している。ここでは個々の当屋の立場からの記録となっている点が注目される。

このスタイル(当番名+成員の一覧)は、以後、安政七・万延二(一八六一)・文久二(一八六二)・明治二・同一七・同三八・

写真5　年欠の横半帳(⑥)のうち「天地明神祭礼人数」(A)の一部

同四三年と続く。一方で、文久三～慶応四年(一八六八)までの七年間は、当番の二名の名前に「右之通相勤申候以上」と書き添えるだけで、成員の一覧は省かれている(明治一九～二六、同二八～三七、同三九～四二の各年も同様である)。簡略化された形ではあるが、逆に、安政六年に始まる④の役割が〝当屋の記録〟にあったことがここでも明確になっている。

この④は、内容の面で当屋が中心になっているだけでなく、明治一七年以降は筆跡もばらばらで、書き手も当屋自身であった可能性が高い。当時の保管形態こそ明らかではないが、記帳自体は組織内の当屋の持ち回りで行われたものとみてよい。また一冊の帳簿が長期的に書き継がれ、かなり大部なものになっている点でも、他の人数帳とは違いがある。近世中期に始まる〝家の記録〟のスタイルが、安政年間にひとつの変化を迎え、集団的な書き継ぎへと徐々に移行したのである。

儀礼　毎年一月六日、田名八幡宮の境内に的を設置して矢を射る。現在、射手は三歳から五歳の男児四名で、一一の集落が一年交代で出す。その数日前から的踏みとよばれる的作りがある。このほか現状についてはすでに詳細な報告があることから〔加藤　二〇〇九〕、現行の儀礼は右の報告に委ね、ここでは人数帳から読み取れる祭りの実態に関わる情報として、米集めのありかたを紹介しておきたい。

宝暦一三年帳(①)のDによると、江成家が「鬮本」を勤めた年には、「相番」

の二名から米二斗と肴の代金、八郎兵衛なる者から糀二斗の代金、「親類」の六名から米をそれぞれ受け取っている。同じく①のⅠでは、相番の二名から玄米二斗、太郎兵衛から粕二斗、「講中」の二一名から玄米を出し、これに加えて「外ニ地分方先々出候事不定見合」（傍点引用者）とある。これら米の徴収先は、年欠⑤のBでもほぼ同じである。

　このうち「講中」からの米集めについては、安政六年帳③のCによると、正月三日に「羽織袴ニ而弐人ツ、連中江相廻り」とあり、メンバーからひとり玄米一升二合を枡で集めている。嘉永五年帳②にスケッチされた枡（E）とは、この米集めの用具である。ちなみに③によると、これらの糀と米を使い、当時は旧年のうちに「鬮本」の者が酒を仕込んでいたという。

　以上のような当屋と講中の負担とはべつに、「鬮本」にあたった年には、その「親類」にも負担を求めている。右の「親類」と「地分」は同義であると思われるので、いわゆるジワケとよばれる系譜関係でつながる同姓の家々も、間接的に祭りに関与していたことが知られる。ちなみに先述した成員の連名記載でも、二人目の者は一人目と苗字を同じくしているが、これも系譜関係にあった者どうしと考えられる〔仁科　一九八四　一三一〕。

　総じて田名の祭礼人数帳は、組織が確立した一八世紀段階のもので、それ以前の形成過程を知ることは難しい。とはいえ当該期の組織が、家々の系譜関係を大いに取り込んで柔軟に運用されていたことは、いわゆる「株座」の展開を考える上で示唆に富む。あわせて座配における家々の格差や、「鬮本」と「相番」の格差のもつ意味はなにか、また宝暦期に由緒書や祭礼マニュアルが相次いで作成される背景になにがあったのかなど、いくつかの興味ぶかい課題が見出される。

文献　加藤隆志　二〇〇九「田名の的祭（相模原市）」神奈川県教育委員会編『神奈川県の祭り・行事　神奈川県祭り・行事調査報告書』神奈川県教育委員会。仁科義典　一九八四「近世祭祀組織の展開―神奈川県高座郡田名村（現在相模原市の内）」『社会と伝承』八(三)

付記　江成家・篠崎家文書の撮影にあたっては、加藤隆志氏（相模原市立博物館）のご高配をいただいた。

（渡部圭一）

翻刻　次浦惣態神社・妙見社の奉社日記

凡例

一、ここに翻刻するのは、千葉県多古町次浦の「惣態神社の奉社日記」(慶長五年〈一六〇〇〉～現在)および「妙見社の奉社日記」(元和一〇年〈一六二四〉～現在)である。翻刻の対象期間は、両史料とも明治二八年(一八九五)までとした。

二、惣態神社の奉社日記は、寛保二年(一七四二)に書写され、それ以降も書き継がれた横半帳一冊による。妙見社の奉社日記は、寛延二年(一七四九)に書写され、それ以降も書き継がれた横帳一冊(四号文書)によるが、原本の残る寛永二一年(一六四四)～享保七年(一七二二)までは適宜原本(一号～三号文書)を併用した。書誌の詳細は本文を参照されたい。

三、惣態神社の奉社日記を上段に、妙見社の奉社日記を下段に示した。比較の便宜上、それぞれの年号が上下で一致するように配置したため、実際にはなかった空間が生じている。

四、翻字にあたっては、以下の原則にしたがった。

(1) 漢字については、可能な限り原史料の字体を用い、異体字等も原史料にしたがうように努めた。これは本史料の内容の多くが人名と地名であり、旧字・略字・異体字の混用が多く、そのまま翻刻して後の便宜に資するためである。ただし人名の「衛」を「ヱ」「エ」と表記する場合はすべて「衛」に直した。

(2) 変体仮名は平仮名に直したが、助詞の「者」などは残した。また合字の「ゟ」はそのまま使用した。

(3) 仮名の清濁は原史料にしたがった。読点は筆者が適宜補った。

(4)　文字が抹消されている箇所は、原史料にしたがって取り消し線(――)で示した。正しい字が書き加えられている場合には、誤字に取り消し線を付し、正字を右に出して頭に△記号を付した。
(5)　明らかな誤字は、行の右側に(ママ)とするか、(　)で正しいと考えられる文字を示した。なお人名で「衛」を省略した箇所が散見されるが、この場合は(衛)の注記は省いた。
(6)　虫損・欠損等による不可読文字は、字数にあわせて□で表した。
(7)　合点は「ヘ」記号で示した。原史料では本書61頁の写真10のような状態である。
(8)　細字(小字)で書かれた箇所は、可能な限り原史料どおりとした。
(9)　編者による注記は(※　)で示した。
(10)　惣態神社の奉社日記の特徴として、人名の上部に、明らかな別筆で名字が付記されている。この別筆の付記は後筆と判断されるので、他と区別するため(　)内に小字で示した。ただし安永ごろ以降は時に後筆とすることができないので、(　)は付さなかった。
(11)　惣態神社の奉社日記では、人名の右側または左側に小字で地名が注記されているが、この付記は史料当初のものと判断されるので、括弧などは付けず小字でそのまま翻字した。一方、妙見社の奉社日記では、地名は人名の上部に付記されており、本文と同じ文字サイズで翻字した。

五、史料の体裁は、可能な限り原史料にしたがうことを原則としたが、印刷の都合上改めたものもある。
六、本史料の翻刻はおもに水谷類が担当し、一部、鈴木努氏のご協力を得た。鈴木氏には感謝の意を表します。

惣態神社奉社日記

（※表紙）

慶長五庚子歳ヨリ寛保二壬戌年マテ百四十三年ノ間、
古帳ヲ写申候
惣躰大明神
奉社古日記写

霜月廿七日改元　（藤崎）西雅樂之助
慶長五年庚子年　（米本）与市
此年四人シテ　市之丞
相勤申候　（平野）主計
同六辛丑年　新七郎
與七郎
同七壬寅年　（佐藤）谷助三郎
彦四郎

妙見社奉社日記

寛延二年
妙見奉社御日記
己巳正月吉旦

同八癸卯年　縫《サク》右衛門
清右衛門
同九甲辰年　新左衛門
甚助
同十乙巳年　新兵衛
（佐藤）五郎兵衛
同十一丙午年　（米本）形(刑)部
新右衛門
同十二丁未年　（佐藤）宗《小や》右衛門
七右衛門
同十三戊申年　主計
（佐藤）甚左衛門
同十四己酉年　雅《西》樂之助
九郎兵衛
同十五庚戌年　内匠
十右衛門
同十六辛亥年　甚四郎
（佐藤）惣《サク》右衛門
同十七壬子年　（黒田）次《坂中》郎右衛門

同十八癸丑年
(平山)ヲヤノ源右衛門
市之丞
壱人シテ

同十九甲寅年
彌七郎(ママ※以下同)
(藤崎)玄番

七月十三日改元
元和元乙卯年
平右衛門
壱人して

同二丙辰年
三郎左衛門
壱人シテ

同三丁巳年
泉光院
壱人シテ

同四戊午年
清三郎
内匠

同五己未年
谷与右衛門
東新三郎

同六庚申年
宝蔵院
壱人シテ

同七辛酉年
(佐藤)サク名主宗右衛門

同八壬戌年　（平山）源右衛門《名主》
此年當番無之京桝壱舛ツツ取候而西之坊ニ作申候
同九癸亥年　（藤崎）隼人
（香取）正右門（※「衛」脱、以下同じ）
寛永元甲子年（二月三十日改元）　（高橋）與《コヤ》右衛門
（藤崎）次《西》左衛門
同二乙丑年　（藤崎）勘解由
三《坂中》右衛門
同三丙寅年　清蔵
二郎《カフノス》右衛門
同四丁卯年　（土屋）丹波守
（佐藤）市《ハ、小ヤ》右衛門
同五戊辰年　（土屋）小《坂中》右衛門
勘解由
同六己巳年　（平野）主計
（平山）孫左衛門
同七庚午年　（佐藤）五郎兵衛

次浦之郷御妙見奉社、二月初未之日也、掛米ハ四盃入舛ニて壱舛ツヽ、大途壱門ニて弐人ツヽ、
一元和十巳星（寛永元年甲子）　作　加賀守
一同弐年乙丑　源右衛門
一同三年丙寅　雅楽之助
一同四年丁卯　小右衛門
一同五年戊辰　隼人
一同六年己巳　勘ケ由左衛門
一同七年庚午　西之坊

同八辛未年　弥十郎
坂中助右衛門
同九壬申年　(平山)同処藤右衛門
(藤崎)賀右衛門
同十癸酉年　弥左衛門
西(藤崎)雅樂之助
同十一甲戌年　(平山)東半右衛門
小ヤ新次郎
同十二乙亥年　(室岡)坂中新右衛門
(平野)孫右衛門
同十三丙子年　壱人シテ
東新四郎
同十四丁丑年　西新七郎
(堀井)仁左衛門
寛永十五戊寅年　壱人シテ
平山弾右衛門
同十六己卯年　坂中弥右衛門
清右門
三郎左衛門

一同八年辛未　へへ三郎左衛門
一同九年壬申　へへ与右衛門
一同十年癸酉　へへ次左衛門
一同十一年甲戌　へへ主計
一同十二年乙亥　へへ東之坊
是ヨリ以上八十二人之数終リ
一同十三年丙子　へ縫殿之助
一同十四年丁丑　へ源右衛門
一同十五年戊寅　へ雅楽之助
一同十六年己卯　へ小右衛門

同十七庚辰年　東之坊
大臺三郎右衛門
同十八辛巳年　西之坊
（土屋）西弥右門
同十九壬午年　（平山）源右門
（佐藤）縫之助
同二十癸未年　（香取）正吉
（岡村）与兵衛
十二月十六日改元
正保元甲申年　（藤崎）西勘解由
（藤崎）次左衛門
同二乙酉年　甚蔵
（穴沢）源五左衛門
正保三丙戌年　（佐藤）坂中四郎左衛門
與作
同四丁亥年　西勘十郎
二月十五日改元　平野主計
慶安元戊子年　（小ヤ高橋）三右衛門
（藤崎）玄番

一同十七年庚辰　勘ケ由
一同十八年辛巳　西之坊
一同十九年壬午　三郎左衛門
午ノ年天下一同不作
一同廿年癸未　與右衛門
（※これより享保七年まで一～四号文書による。（　）は五号で補う）
（正保元ト改）同廿一年甲申
此年遺跡宮クハン（官）　（中坊）
正保元年　宗八郎（ニ成ル）
（正保二年ト成）同廿二年乙酉　宗右衛門
同三年丙戌　主計
此年ゟ孫左衛門人数ニ成
正保四年丁亥　源右衛門尉
慶安元　正保五戊子　雅樂之助

同二己丑年　角助
助次郎
慶安三庚寅年　(小ヤ佐藤)市右衛門
(高橋)與左衛門
同四辛卯年　(平山)孫左衛門
(古屋)小右衛門
九月十八日改元
承応元壬辰年　甚十郎
坂中 宗八郎
同二癸巳年　(藤崎)勘ケ由
七郎左衛門
承応三甲午年　(代佐藤)惣兵衛
(高橋)与左衛門
四月十三日改元
明暦元乙未年　弥吉
次郎代 (佐藤)市右衛門
同二丙申年　小ヤ (藤崎)雅樂之助
(佐藤)甚左衛門
同三丁酉年　(佐藤)五郎兵衛
(平山)四郎右衛門
七月廿三日改元
萬治元戊戌年　次郎代(高橋) 新右衛門

慶安二己丑年　甚蔵
慶安三庚寅年　孫左衛門尉
慶安四辛卯年　長七(良)
慶安五壬辰 承応元年　はやと
承応二年癸巳　東之坊
同三年甲午　新右衛門尉
(明暦元)
同四年乙未　勘太郎
明暦弐年丙申　勘解由左衛門尉
明暦三年丁酉　宗八郎
(万治元)
明暦四年戊戌　主計

同二己亥稔　清右門
(藤崎)次左衛門
(堀井)仁左衛門
同三庚子稔　(藤崎)隼人
(黒田)次郎右衛門
寛文元辛丑年（四月廿五日改元）　西之坊
(佐藤)宗《サク》右門
萬治二壬寅年（△寛文）　東之坊
(平山)五兵衛
同三癸卯年　(香取)正右門
(岡村)與兵衛
同四甲辰年　新右門
(堀井)平右門
同五乙巳年　(椎名)太左衛門
角左衛門
寛文六丙午年　養福寺
長右門
同七丁未稔　加左衛門

万治二年己亥　西之坊
万治三年庚子　新七郎
(寛文元)万治四年辛丑　勘七郎
(寛文)二壬寅　三郎左衛門
(寛文)三(年癸卯)　(宗右衛門)
(小右衛門)
寛文四甲辰　勘解由左衛門尉(五兵衛)
寛文五乙巳年　庄右衛門
寛文六丙午年　隼人助
(寛)文七丁未年　小七郎

同八戊申年
同九己酉稔
寛文十庚戌年
同十一辛亥稔
同十二壬子年
延寶元癸丑稔　九月廿一日改元
延寶二甲寅年
同三乙卯年
同四丙辰年

(平野)孫左衛門（△右）
新七郎
長三郎
(香取)庄兵衛
(佐藤)四兵衛
与左衛門　カフノス(佐藤)
七左衛門
小七郎　内小ヤ
作十郎　東
内蔵之助　東
宗四郎　坂中
次右衛門
(藤崎)勘左衛門
四郎左衛門　小ヤ(佐藤)
小左衛門(土屋)
仁左衛門(堀井)
四郎左衛門(佐藤)
佐左衛門(藤崎)
(土屋)太郎右衛門

寛文八年戊申　与左衛門尉
寛文九年己酉　与右衛門尉
寛文十年庚戌　次左衛門
寛文拾一年辛亥　小左衛門
寛文拾弐年庚子(ママ)　勘解由左衛門尉
~~寛文三年~~
延寶元年癸丑　主計
延寶二甲寅　庄兵衛
延宝三年乙卯　養福寺
延宝四年丙辰　新十郎

同五丁巳稔
小ヤ惣右衛門
坂中七兵衛

延寶六戊午年
小や（佐藤）惣右衛門
坂中久五郎

同七己未歳
（佐藤）縫之助
（平野）重兵衛

同八庚申年
（平山）五兵衛
（平野）主計

天和元辛酉年　九月廿九日改元
坂中（藤崎）勘解由
サク（佐藤）惣右門

天和二壬戌歳
坂中（平山）新左衛門
ハ、小ヤ（佐藤）藤左衛門

同三癸亥星
内小ヤ（高橋）與左衛門
小西久次郎（平山）

貞享元甲子稔
西（藤崎）雅樂之助

延宝五年丁巳　定正代 泉光院

延宝六年戊午　雅楽之助

延宝七年己未　佐左衛門尉

延寶八年庚申　与右衛門

延宝九年辛酉　作左衛門

延宝十年壬戌　三右衛門

天和三年癸亥　五兵衛

天和四年甲子　縫之助

（佐藤）五郎兵衛
同二乙丑歳　小西（平山）源右門
東（山倉）清左衛門
貞享三丙寅年　（高橋）与右衛門
（藤崎）玄番
同四丁卯歳　（藤崎）勘ケ由左衛門
九月三十日改元　次左衛門
元禄元戊辰年　新右門
（平山）四郎右衛門
同二己巳歳　市郎兵衛
（香取）権兵衛
元禄三庚午年　（藤崎）所左衛門
（高橋）三郎兵衛
同四辛未歳　作左衛門
（黒田）次郎右衛門
同五壬申稔　清兵衛
（平野）孫右衛門
同六癸酉年　（藤崎）ひかし七兵衛
（室岡）新左衛門

天和五年乙丑　賀加（ママ）之助
貞享三天丙寅　久右衛門
貞享四天丁卯　所左衛門
貞享五天戊辰（元禄元年）　宗右衛門
貞享六歳巳（元禄二年）　利兵衛
元禄三年庚午　与左衛門
元禄四年辛未　孫右衛門
元禄五年壬申　四兵衛
元禄六年癸酉　五郎兵衛

元禄七甲戌年　坂中　西七右衛門
サク(佐藤)惣右衛門
惣右衛門義西東両寺ニ而まかない申し候
同八乙亥年　さく(香取)庄兵衛
同吉兵衛
同九丙子歳　東善三郎
小や(佐藤)四郎左衛門
同十丁丑稔　(穴沢)源五左衛門
(岡村)与次右衛門
元禄十一戊寅年　(藤崎)次郎兵衛
(山倉)清左衛門
同十二己卯歳　新七郎
(米本)四五右衛門
同十三庚辰年　(岡村)角右衛門
(藤崎)次左衛門
同十四辛巳歳　高津原村長五郎
(土屋)利兵衛

元禄七年甲戌　市郎兵衛
元禄八年乙亥　東　仁左衛門
元禄九年丙子　次兵衛
元禄十年己牛(丁丑)　主計
元禄十一年己寅(戊寅)　勘解由左衛門
元禄十二年戊寅(己卯)辛未　庄兵衛
元禄十三庚辰歳　泉光院
元禄十四年辛巳年　養福寺

元禄十五壬午歳　（佐藤）武兵衛
（平山）五右衛門
同十六癸未稔　泉光院
（平山）孫左衛門
三月三十日改元
△寶
寛永元甲申歳　（佐藤）五郎兵衛
（山倉）喜左衛門
同二乙酉年　（山倉）喜右衛門
東清重郎
宝永三丙戌歳　（堀井）仁左衛門
（佐藤）四兵衛
同四丁亥年　（土屋）小右衛門
（佐藤）惣兵衛
カフノス
同五戊子年　（岡村）喜兵衛
（佐藤）半右衛門 八郎兵衛事
同六己丑年　（佐藤）四郎兵衛
（佐藤）藤左衛門
小や
宝永七庚寅年　（佐藤）惣右衛門
（藤崎）隼人

元禄十五壬午年　三郎兵衛
元禄十六癸未年　隼人
宝永元年甲申
元禄十七年甲申年　与左衛門
宝永二乙酉年
元禄十八年乙酉年　雅楽之助
寶永(三)酉(丙)戌　四郎左衛門
寶永四年酉(ママ)亥年　久左衛門
寶永五年子　三右衛門
宝永六丑年　五兵衛
宝永七年寅　与右衛門

五月朔日改元
正徳元辛卯歳　（藤崎）次兵衛
（土屋）太兵衛
同二壬辰年　勘重郎《カフノス》
久右衛門
同三癸巳年　（藤崎）伊兵衛
（平山）源右衛門
正徳四甲午歳　（藤崎）勘ケ由
（平山）藤兵衛
同五乙未年　（佐藤）小や市右衛門
（平野）井土作吉兵衛
七月朔日改元
享保元丙申年　（平山）賀兵衛
（平山）孫左衛門
同二丁酉年　（高橋）小や三右衛門
（岡村）臺市郎右衛門
享保三戊戌年　（佐藤）谷縫之助
（藤崎）雅樂之助
同四己亥歳　（平野）主計
（平山）五兵衛

宝永八庚卯（辛卯）　政右衛門尉
宝永九年壬辰　作　庄兵衛
正徳三癸巳　平兵衛
正徳四年午　源五左衛門
正徳五年乙未　太左衛門尉
正徳六年丙申　申ノ七月七日享保元年ニ成也　安兵衛
正徳七丁酉　享保弐年　西　次左衛門尉
享保三年戊戌　玄蕃
享保四年己亥　弥五兵衛
市右衛門尉

同五庚子年　（高橋）作下与右衛門
　　　　　　（藤崎）傳兵衛
同六辛丑年　（椎名）太左衛門
　　　　　　（高橋）新右衛門　次郎臺
享保七屯（△壬）寅歳　（平山）坂中甚右衛門
　　　　　　（佐藤）善左衛門　井土作
同八癸卯年　（跡絶候）坂中彦兵衛
　　　　　　（堀井）平右衛門
同九甲辰歳　（高橋）東三郎兵衛
　　　　　　（藤崎）平左衛門
同十乙巳年　（藤崎）玄番
　　　　　　（跡絶候）佐五右衛門
享保十一丙午歳　（藤崎）西平兵衛
　　　　　　（跡絶）吉郎兵衛　小や
同十二丁未歳　（藤崎）西佐左衛門
　　　　　　（佐藤）甚左衛門　小や

享保五年庚子　賀兵衛
享保六辛丑年　こや　太郎右衛門（尉）
享保七壬寅年　久右衛門尉
（※一～四号文書ここまで。ここから五号文書）
一享保八癸卯　サク　惣右衛門
一享保九甲辰　コや　惣右衛門
一同十乙巳　サク　縫之助
一同十一丙午　次甫　与左衛門
一同十二丁未　鴻巣　四五右衛門

同十三戊申年　(土屋)弥右衛門《中屋敷》

同十四己酉歳　(藤崎)勘右衛門
(堀井)仁左衛門《イトサク》
(平山)忠兵衛《同処》

享保十五庚戌年　(穴沢)四五左衛門《サク》
(岡村)與次右衛門《ツキホ》

同十六辛酉《△亥》年　(米本)刑部《カフノス》
(高橋)与左衛門《次甫》

同十七壬子歳　(平山)孫左衛門《小西》
(佐藤)惣兵衛《臺》

同十八癸丑年　(高橋)与右衛門《小や》
(土屋)小左衛門《坂中》

同十九甲寅歳　(平野)源兵衛《カフノス》

一同十三戊申　小西　孫左衛門

一同十四己酉　内小や　三郎兵衛

一同十五庚戌　代　与兵衛

一同十六辛亥　カウノス　孫兵衛

一同十七壬子　ハヽ井土　喜兵衛

一同十八癸丑　小ヤ　久左衛門

一同十九甲寅　坂中　主計

（室岡）坂中 新右衛門

同二十乙卯歳　（山倉）坂中 清兵衛

（黒田）同処 次郎右衛門

七月七日改元
元文元丙辰年　（佐藤）坂中 四郎左衛門

（佐藤）小や 四兵衛

同二丁巳歳　（岡村）臺 与兵衛

（佐藤）小や 太兵衛

同三戊午歳　（高橋）小や 久左衛門

（高橋）喜兵衛

同四己未　（藤崎）傳兵衛

（佐藤）小や 惣右衛門

同五庚申歳　（平山）藤兵衛

（平山）藤右衛門

△寛
閘保元辛酉年　（藤崎）加右衛門

六月寛保ト改元　（佐藤）与五右衛門

此年大雷数度、新田不残水腐長雨関八刕不作、穀
物下直、金給

一同廿乙卯　井戸作　仁左衛門

一元文改元丙辰　小や　与右衛門

一元文二丁巳　中屋敷　小右衛門

一元文三戊午　同　弥右衛門

一元文四己未　同　勘ケ由

一元文五庚申　坂中　理右衛門

五月中寛保ト改元

一同六辛酉　西　隼人

寛保二壬戌歳　（米本）紋右衛門
慶長五庚子年より　（平山）四郎右衛門
寛保二年迄
百四拾三年ニなり申候
（※ここまで一綴り）

（※表紙）

寛保三龍次癸亥歳
惣躰大明神奉社日記
正月七日

寛保三癸亥年　（佐藤）四兵衛《ハ、小や》
（平山）源左衛門《東》

延享元甲子歳　（佐藤）惣右衛門《谷》
（佐藤）五郎兵衛《坂中》

延享二乙丑歳　（平山）源兵衛《小西》

一寛保二壬戌　内小や　三右衛門

一寛保三癸亥　松山　傳兵衛
此年霜月ヨリ西天ニハ、キ星出、翌年正月七日方マテ出、諸国ニテ霊社仏閣ニテ祈願致申候、同八日頃ヨリ東方ニ暁ニ同星出申候、江戸増（上）長寺・上野ニテ星祭リ被仰付候

一延享改元甲子　西　平兵衛
此年御神木相改申候ニ壱丈七尺壱寸御座候

一延享二乙丑　西　雅楽之助

此年三月當社拝殿修復仕候　（平山）同処孫左衛門
延享三丙寅歳　（平野）井土作清右衛門
（高橋）西喜兵衛
延享四丁卯年　（高橋）内小屋久右衛門
（平山）井土谷五右衛門
寛延元戊辰稔　（佐藤）坂中四郎兵衛
（藤崎）東嘉右衛門
御地頭本間長藏様時代、當巳ノ年百年ニモ覚へ無之不作
ニテ世中（※二行後の「及困窮」に続く）
寛延二己巳歳　（佐藤）谷口喜四郎弥左衛門之事
（藤崎）小西久兵衛
及困窮ニ候、関八州之悪作ニ候得共、下総上総常陸大不
作ニ候、別シテ當地川間通リ皆無ニ候、六月廿九日八月
十三日大嵐　（山倉）東金兵衛
寛延三庚午稔　（佐藤）坂中長右衛門

一延享三丙寅　西　次左衛門
一延享四丁卯　臺　与兵衛
一寛延改元戊辰　谷下　佐兵衛
一寛延二己巳　小西　源兵衛
一寛延三庚午　東　文左衛門

宝暦元辛未星　（平野）坂中 主計
　　　　　　　（高橋）内小や 与右衛門
宝暦二壬申歳　（藤崎）西 雅樂之助
　　　　　　　（藤崎）同処 隼人
御地頭本間長蔵當年九月本間修理ト御名改申候
宝暦三癸酉歳　（椎名）谷 太左衛門
　　　　　　　（藤崎）西 次左衛門
宝暦四甲戌歳　（佐藤）井土谷 善兵衛
　　　　　　　（高橋）佐兵衛
　　　　　　　（山倉）作下 清左右（衍カ）衛門
宝暦五乙亥稔　（藤崎）同処 次兵衛
　　　　　　　（平山）次郎臺 嘉兵衛
宝暦六丙子年　（高橋）内小や 三右衛門
宝暦七丁丑歳　（香取）谷 権兵衛

（同前）
一宝暦改元霜月改元辛未　西　喜兵衛
一宝暦二壬申　坂中　四郎左衛門
一宝暦三癸酉　西　次兵衛
一同　四甲戌　谷　庄兵衛
一同　五乙亥　東寺
一同　六丙子　次郎代　新右衛門
一同　七丁丑　鴻ノ巣　孫右衛門

宝暦八戊寅年　(佐藤)忠右衛門［谷下］
(香取)庄兵衛［谷］
(佐藤)八郎兵衛［東］
當年五月四日ヨリ諸国一同ノ洪水、別シテ新嶌領皆無依
之男女物貫□
宝暦九己卯歳　(高橋)新右衛門［次郎臺］
(平山)源兵衛［小西］
宝暦十庚辰稔　(藤崎)平兵衛［西］
(藤崎)次兵衛［同処］
宝暦十一辛巳歳　(平野)源右衛門［鴻之巣］
(高橋)與左衛門［ツキホ］
當年八月十七日夜世間一同ノ大風ニテ、民家破損数多シ、
七十歳余ノ老人不レ覚大風ニ候
宝暦十二壬午歳　(平山)五兵衛［東］
(堀井)仁左衛門［井土谷］

一同　八戊寅　内小や　三郎兵衛
一同　九己卯　賀兵衛
一同　十庚辰　松山　傳兵衛
一同　十一辛巳　ハ、小や　太郎右衛門
一宝暦十二壬午星　サク　太左衛門

宝暦十三癸未星　（佐藤）ハ、小や惣右衛門

（高橋）ハ、井戸喜兵衛

當年六月十二日明和ト改元

宝暦十四甲申歳　泉光院

（平山）小西孫左衛門

慶長五庚子年ヨリ宝暦十四年マテ百六十五年ニナリ申候

明和二歳

一宝暦十五乙酉歳　（佐藤）馬場小屋市右衛門

（佐藤）同藤左衛門

一明和三丙戌歳　（岡村）與兵衛

（佐藤）惣兵衛

一明和四丁亥歳　（藤崎）坂中平左衛門

（黒田）同次郎右門

一明和五戊子年　（藤崎）西勘ケ由

（土屋）ハ、小や太郎右門

一明和六己丑星　（佐藤）谷縫之助

（平山）ヤヨフチ伊右門

一同十三癸未星　松山　玄蕃

一明和元甲申星　内小や　久右衛門

一明和二乙酉星　坂中　五郎兵衛

一明和三丙戌星　イトサク　仁左衛門

一明和四丁亥星　バ、井土　喜兵衛

一明和五戊子星　西　隼人

一明和六己丑　バ、小や　四兵衛

一明和七庚寅星　（岡村）角右衛門《ヤヨウチ》
（岡村）小兵衛《バヽイト》
一明和八辛卯歳　（土屋）小右衛門《中ヤシキ》
（室岡）新兵衛《坂中》
當卯ノ不作二三百年ニモ覚ヘ不申候日損ニテ仕付不申処
百石余
一明和九年壬辰《十一月廿五日安永改元》　（藤崎）勘右衛門《バヽコヤ》
（土屋）弥右衛門《中屋敷》
風雨数度、別而八月四日同九月十七日大風ニ而半作、二
月廿九日江戸大火、明暦此来也、其後上野御本坊消失、
大凶年トゾ
一明和十癸巳《安永二》　（佐藤）甚左衛門《バヽコヤ》
（岡村氏）市郎右衛門《臺》
當巳ノ年満作、米下直両ニ二石余、銭相場五貫四百文
一安永三甲午　（平山）新左衛門《坂中》
（山倉）清兵衛《同》

一明和七庚寅　　　西坊
一明和八辛卯　　西　雅楽之助
一安永元壬辰　ハヽ小や　惣右衛門
一安永二癸巳　サク　縫之助
一安永三甲午　次甫　与左衛門

當巳ノ御地頭本間十右衛門様大阪御目付、二月廿二日ニ
御出立、御帰り九月下旬、中年鉄銭鋳止申候、返り御触
に而在辺迄廻申候、四文銭ハ半分之儀ニ候
一(ママ)
一安永四乙未　(岡村氏)仁右衛門《かうノす》
　　　　　　　(米本氏)同 四五右衛門
去午ノ極月下旬御地頭十右衛門様御使番御奉書頂戴
一安永五丙申　(平野氏)坂中 主計
　　　　　　　(平山氏)東 藤兵衛
御公方大将軍徳川家康第十代之末葉家治《ハル》公、日光山御社
参四月十七日、人馬之義千石ニ付人足九人馬六疋、当村
之義者多古村助右衛門入山埼兵蔵右両人触次相承申候、
金子之義者当村之分拾五両、惣入用相渡申候、但シ千石
ニ付才料二人、当村ハ才料共右申助右衛門兵蔵相頼申候
右御社参ニ付多古村會所勝圓寺四拾六ケ村、右惣高壱萬
六千三百石余、御触出伊奈半左衛門様、当時西之御丸源
之氏家基公
一弐朱銀未之年触出シ、当国等ハ申之暮ゟ通用申候、但
シ御触出之義者此年ゟ四五年以前ゟ触出申候

一安永四乙未　　中屋敷　小右衛門
一安永五丙申　　坂中　四郎左衛門

一安永六丁酉　　小左衛門《坂中》
　　　　　　　　作左衛門《西》
九月九日大風雨、表谷へ大水出事四ヨリ九ツ迄也、ヲタ
ニ掛置候稲夥敷流レ申候
一安永七戊戌　　源五左衛門《穴沢》
　　　　　　　　甚兵衛《坂中》
　　　　　　　　雅樂之助《西藤崎》
一安永八己亥　　四郎左衛門《佐藤》
八月廿二日御地頭本間十右衛門様大坂御目附御本使ニ而
御出立
同廿五日晝《ヒル》時分ヨリ大雨降り出シ、夜中ノ大雨夥敷水出
在々所々山崩れ候ヿ、前代未聞ノ希異也、当村ノ山崩れ
四拾弐ケ所、砂押等所々有之候、在々村々ニ而家々押シ
破り在々ニ而人馬共ニ押打れ、死スル物多ク有之候
穀殊外下直、上米壱両ニ壱石五斗ヨリ、下米三石迄致し
候、但シ三石ハ殊外悪米也、銭相場六貫四百文ゟ五拾文
付合
一安永九庚子　　五郎兵衛《佐藤》
　　　　　　　　平右衛門《堀井》

一安永六丁酉　　中屋敷　弥右衛門
一安永七戊戌　　ハ、小や　甚左衛門
一安永八己亥　　東　五兵衛
一安永九庚子　　坂中　主計

天明ト改元　大不作

一安永十辛丑　坂中佐藤　長右衛門
東山倉　喜左衛門

一天明二壬寅　バ、コヤ佐藤　惣右衛門
東平山　源左衛門

一天明三癸卯　谷下　佐兵衛
井土作　善兵衛

信刕浅間山焼出し、七月六日七日八日砂降ル、昼夜ノ差別なし、畑秋物成リ皆無御座候
米相場五斗三升打続キ、雨数度降リ関九刕大変、大不作ニ御座候、銭相場両ニ五貫四百文

一天明四甲辰　カウノス　久右衛門
坂中　與五右門

其ゟ夏迄米相場両ニ四斗銭相場六貫文也、
ヲナジク閏二月廿六日夜四ツ時ゟ焼出シ、暁廿七日暮六ツ迠京橋通りゟ大名かうじ芝陸奥守迠延焼、築地門跡ゟ海邊迠残ツやけ申候、数合大名三拾頭やけ申候

一天明五乙巳　岡村　與兵衛

一安永十辛丑（天明ト改元）　小や　市右衛門

一安永十一壬寅（天明二）　松山　傳兵衛

一天明三癸卯　西　次左衛門

一天明四甲辰年　小屋　甚左衛門

一天明五乙巳　代　與兵衛

平野　清右衛門

御殿様本間十右衛門様京都へ御登リ、仙洞様ヱ御守御名
御改、本間佐渡守九月十六日ニ御登リ
天和（明）六丙午　東　賀右衛門
八夜内　角右衛門
一七月十三日ヨリ大雨ニテ関東筋大凶作、御歳貢米四分
ノ納、已来其沙汰ヲ不聞、実ニ大悪歳也
一天明七丁未　西　次左衛門
松山　傳兵衛
米相場両ニ四斗二升
夏米相場両ニ貳斗六舛
一天明八戊申　紋右衛門
太左衛門
一天明九己酉　平野　経右衛門
岡村　仁右衛門
一寛政二庚戌　堀井　仁左衛門
佐藤　忠右衛門
一寛政三辛亥　藤崎　治郎兵衛
山倉　清左衛門

一天明六丙午　五郎兵衛
此年ヨリ佐藤與五右エ門人数ニナル
同七月大雨降、（例）関八州大高水、悉ク悪作ニテ人民大
難儀、已来其列ヲ不聞
一天明七丁未　平兵衛
去丙午凶作ニテ末夏米相場貳斗六升
一天明八戊申　作左衛門
一天明九己酉　坂中　與五右衛門
寛政元歳
一寛政貳庚戌　賀右衛門
一寛政三辛亥年　二郎臺　新右衛門

一寛政四壬子　東　八郎兵衛
一寛政五癸丑　二郎臺　新右衛門
　　東　四郎兵衛
　　谷　六兵衛
一寛政六甲寅　谷下　彌左衛門
　　小西　久兵衛
一寛政七乙卯年　臺　長左衛門
　　谷下　嘉兵衛
寛政七乙卯年三月四日
御鹿狩於ニテ小金原ニ仕、諸入用金高二拾三両、人足三拾六
人、才料三人、右通印置有之
寛政八丙辰天　二郎臺　嘉兵衛
　　西　平兵衛
寛政九丁巳歳　坂中　新右衛門
　　中屋敷　小右衛門
寛政十戊午星　東　金兵衛
　　西　次兵衛
寛政十一己未　坂中　次郎右衛門

一寛政四壬子年　古屋　太兵衛
一寛政五癸丑年　谷　太左衛門
一寛政六甲寅星　東　治郎兵衛
一寛政七乙卯天　同所　喜左衛門
同歳三月五日、将軍様小金原御鹿狩御入用弐拾三両、
人足三拾六人、才拝(采配)三人、荷持三人、朔日ヨリ六日
迠右之通仰者也
御祈祷両寺日護摩
寛政八丙辰　坂中　新右衛門
寛政九丁巳星　坂中　小左衛門
寛政十戊午歳　井戸作　仁左衛門
寛政十一己未星　馬場井戸　喜兵衛

小屋 太兵衛
寛政十二庚申天　坂中 平左衛門
小屋 市右衛門
寛政拾三辛酉星 改歳享和　東 五兵衛
坂中 甚右衛門
享和二壬戌歳　カウノス 四五右衛門
坂中 小兵衛
享和三癸亥天　坂中 五郎兵衛
長右衛門
享和四甲子星　谷 恒右衛門
二月十日 文化改元　小西 伊右衛門
文化二乙丑星　谷下 嘉兵衛
西 作左衛門
文化三丙寅
正月七日　五右衛門
勘兵衛
文化四乙卯年
正月七日　与左衛門
久左衛門

寛政十二庚申歳　井戸谷　清右衛門
寛政十三辛酉歳 年号改ルナリ二月也　西　治兵衛
一享和二壬戌歳　松山　傳兵衛
一享和三癸亥天　谷下　金兵衛
一享和四甲子星　二郎臺　賀兵衛
文化二乙丑星　小西　久兵衛
文化三寅星　代　与兵衛
文化四丁卯星　坂中　長右門

文化五年戊辰
正月七日
物兵衛
平右衛門
文化六巳年
正月七日
茂右衛門
四郎左衛門
文化七午年　正月七日
武右衛門
清右衛門
文化八未年　正月七日
五兵衛
紋右衛門
文化九壬申年　正月七日
次左衛門
九兵衛
文化十酉年　正月七日
四兵衛
与次右衛門
文化十一戌年　正月七日

文化五戊辰星　坂中　甚右門
文化六己巳星　坂中　平左衛門
文化七午星　中屋敷　小右衛門
文化八未星　物右衛門
文化九壬申星　勘兵衛
文化十酉年　市右衛門
文化十一年正月廿二日

文化十二乙亥天
　弥惣右衛門
　正月七日　与五右衛門
ハ、コヤ惣右衛門
坂中清兵衛
文化十三丙子天
　正月七日　東五兵衛
坂中茂右衛門
（代理人）藤兵衛
文化十四丁午歳
　正月七日　清兵衛
善兵衛
文化十五戊寅天　コヤ藤兵衛（△左衛門）
　正月七日　定右衛門
文政二年　長左衛門
己卯正月七日　小兵衛
文政三辰年　平兵衛
　正月七日　角右衛門
金納相場両ニ壱石九斗五舛、賣米弐石弐斗

次左衛門
文化十二乙亥年
　正月廿二日　中谷（ママ）敷　九兵衛
文化十三乙（丙）子
　正月廿二日　坂中　與五右衛門
文化十四丁丑
　正月廿二日　小西　與左衛門
文化十五戊寅
　正月廿二日　谷　長左衛門
文政二己卯正月廿二日
米壱石七斗買　佐左衛門
文政三辰年　次郎代　新右衛門
　正月廿二日
此ノ年金納、相場両ニ一石七斗五升売米貳石貳斗、

文政四巳年　　嘉右衛門
正月七日　　太左衛門
文政五午年
正月七日　高橋《ハシ》　新右衛門
平野　主計右衛門
當巳年豊年
米相場九斗五升位
名主四郎左衛門勤役
文政六未年　　四五右衛門
正月七日　　又兵衛
文政七申年　　平左衛門
正月七日　　弥左衛門
文政八酉年　東　喜左衛門
正月七日　西　喜兵衛
文政九戌年　□　仁左衛門
正月七日　同　五右衛門

此年豊作ニて金給
文政巳年　　嘉右門
正月廿二日
文政五壬午
正月廿二日　　佐右衛門
文政六未年
正月廿弐日　　平兵衛
文政七申年
正月二十二日　　傳兵衛
文政八酉年
正月二十二日 馬場井戸　喜兵衛
文政九丙戌年
正月廿二日　　五兵衛
昨年凶作、上州地震、雪降、並奥刕凶作ト聞候、米
相場七斗五升、八斗五升替、秋上旬頃箒星似星出ル

文政十丁亥年
正月七日　　弥右衛門
　　　　　　四郎兵衛

文政十一子年
正月七日　　次郎右衛門
　　　　　　源左衛門
文政十二己丑
正月七日　　永福寺
　　　　坂中　藤右衛門
　　　　　　（泉光院）千光院
文政十三寅
正月七日　　与五右衛門
文政十四卯　五郎兵衛
正月七日　　恒右衛門

一天保三辰　作左衛門
　　　　　　□兵衛
天保四癸巳　佐右衛門
正月七日　坂中　新右衛門

文政十丁亥星
正月廿二日　　中西　九兵衛
昨年極月十五日夜、大雪降ル、雷電嚴鳴、近辺大木ヲ倒ス
明年正月六日夜、亦大雪七日鎮守奉社雪掻分勤ム
文政十一戊子年
正月廿二日　　東　賀右衛門
文政十二己丑年
正月廿二日　　小屋　四兵衛
文政十三寅年
正月廿二日　　小ヤ　市右衛門
文政十四卯　　小西　源右衛門
正月廿二日
去年凶作、当春米□
両ニ七斗五升かへ
一天保三年壬辰　　平兵衛
正月廿二日
一天保四癸巳　　小屋　惣右衛門
正月廿二日

天保五甲午　　與兵衛
正月七　　小右衛門
此年両四斗壹舛替
御地頭所三分御引米
天保六乙未　　治郎兵衛
正月七日　　清左衛門
去午年夏米両三斗八升替、近年之不作村方豊作
天保七丙申　　小左衛門
正月七日　　庄兵衛
天保八丁酉　　小ヤ　市右衛門
正月七日　　鴻巣　仁右衛門
去申大凶作、奉社掛米半納、御地頭所四分御引米、米相
場弐斗八舛、小前百姓御籾米願出、去申年七月十八日大
風雨、八月朔亦々大風雨、土用中冷気而已本田□テ入□
（※綴じ代のために読めず）
五拾ケ年以ゼン酉午大飢饉ヨリ十倍ナリ、新田皆無
一天保九戊　　小ヤ　四兵衛

去年ゟ打続雪烈しく降候、七十五度□之分此高五斗
二升
一天保五甲午　　坂中　勝右衛門
正月廿二日
去年ヨリ米相場四斗壱升ゟ、当町四斗八升加三斗八
升迠御引方三分被下直候
一天保六未年　　平左衛門
正月廿二日
一天保七丙申年　　久兵衛
正月廿二日
一天保八丁酉年　　市右衛門
正月廿二日
去七月十八日・八月朔日大風雨、殊ニ寒立ニ而田方
不定、御引方四分、米相場出来秋三斗壱升ゟ両春弐
斗ゟ壱斗八升迠、大麦三斗八升、大豆四斗、小豆弐
斗五升、豆腐壱箱ト三拾六文
前代不聞古今之飢饉可恐〳〵
一天保九戊戌　　永福寺

正月七日　　惣々右衛門
去酉年米相場両ニ弐斗百文ニ三合ゟ弐斗七夕、田畑農作
去秋米相場両ニ四斗壱廾ゟ大暮五斗七升位
一天保十亥　　西冶左衛門
正月七日　　東平右衛門
去戌年凶作、米相場出来四斗八升ゟ五斗、大暮五斗弐升
ゟ當春五斗五六升、又壱弐升、相場不定、給人田原藤助
殿二度山本逸作殿十二月来リ、諸掛リ甚タし
金銀吹替當百通用
一天保十一子　　清右衛門
正月七日　　長左衛門
去亥七月山本逸作殿出役、又及十月給人林源太左衛門芦
川安兵衛出役
一天保十二丑　　仁左衛門
正月七日　　傳兵衛
去子九月大般若料御寄進、御祈願所被仰付實恕代
四郎左衛門持字向山井戸向御林成

正月廿二日
去々申年飢饉故、来頭無之、去酉年豊作、田畑登リ
十分也、然トモ米相場出来、秋三斗九升ゟ五斗四升、
当戌正月下旬五斗三升新穀□之
去酉四月、御代譲リ御入札九月
一天保十亥年　　坂中　新右衛門
正月廿二日
去戌年凶作、新穀四斗七升ゟ亥年相成、五斗二三升
位、累年之不作故諸色相場益昇
天保十一庚子　　與兵衛
正月廿二日
去亥年豊作
利八斗ヨリ冬石二斗、春石一斗
天保十二辛丑　　小右衛門
正月廿二日
去子八月、御地頭御代替、清五郎様、四郎左衛門持
山二ケ所御林ト成ル

出役　林源太左衛門

（※綴じ代読めず）

（※ここまで一綴）

（※表紙）

天保十三寅正月
惣躰大明神
奉社御日記

一天保十三寅　長右衛門
正月七日　四五右衛門
一天保十四　此年頭無　西之坊
正月七日　勒之
一天保十五辰年　源右衛門
正月七日　角右衛門
此年村内去ゟ疱瘡流行ス
米相場九斗御引方少々有之
一弘化二年巳　弥右衛門
正月七日　惣兵衛
去辰不作、御引方八十俵
別御扶持米二十俵拝借

永福寺大般若料御□□高張拝領、御祈願所ト成ル

一天保十三壬寅　谷下　金兵衛
正月廿二日
一天保十四癸卯　久左衛門
正月廿二日
一天保十五甲辰　佐右衛門
正月廿二日
一弘化二乙巳　佐左衛門
正月廿二日
去辰年不作、御引方有之

一弘化三丙午年　平兵衛
正月七日　勘右衛門
去ル巳年違作ニ付御引方四歩百八拾六俵、内拾俵拝借
一弘化四丁未年　與左衛門
正月七日　彌惣兵衛
去丙午年日光道中筋満水雖尓山郷者七八分作
一弘化五戊申年　仁右衛門
正月七日　与次右衛門
去丁未年三月下旬、信州善光寺辺大地震、人大ニ損シツ
ブレ村数多御座候、尤川辺山郷共八九分作
一嘉永二己酉年　小右衛門
正月七日　藤左衛門
一嘉永三庚戌　仁右衛門
正月七日　金兵衛
去ル酉年三月十八日、小金原ニ而　御鹿狩、諸入用金高
弐拾両餘、人足三拾六人才料三人、右之通リ被仰渡者也
閏年《違作》七月廿一日大雨、山崩数郷洪水ニ而、御引方四分、
米相場高直ニ付凡六斗七八舛位、銭相場六貫四百文

一弘化三丙午年　四兵衛
去年違作付、御代替四分
一弘化四年　治左衛門
丁未　正月廿二日
一弘化五戊申年　勘右衛門
正月廿五日
去未年三月下旬、信州善光寺幷ニ近郷山津浪ニテツ
ブレ村、古今稀成地震也
一嘉永二己酉年　弥惣兵衛
正月廿二日
一嘉永三庚戌年　勘兵衛
正月廿二日
去ル酉年三月十八日、小金か原淳和修学両院別当源
氏長者、右小金か原におへて御鹿狩、当村諸懸リ、
金二拾両余、人足三拾六人、才料(宰領)三人、先年者両寺
三月之間日護摩、去年ハ無之候
扨酉年殊之外大洪水ニ而水腐ニテ勿論凶作ニ而、御

一嘉永四辛亥年
　正月七日　　　　　　　与兵衛
　　　　　　　　　　　　四郎兵衛
戊年大豊作秋相場五斗位
一嘉永五子年　　　　　　佐左衛門
　正月七日　　　當番　　市右衛門
米相場九斗位
銭相場六貫弐百文
嘉永六癸丑　　　　　　　□右衛門
　正月七日　當番　　　　忠右衛門
(安政元)
嘉永七年
　寅正月七日
　　　　　　當番　　　　六兵衛
嘉永八年　　　　　　　　孫左衛門
卯正月七日
　　　　　　　　　　　　藤右衛門

殿様四分切、今之通相違ハ記帳不仕候、已上
一嘉永四辛亥年
　正月廿二日　　　　　　与右衛門
一嘉永五子年
　正月廿二日　　　　　　与右衛門
一嘉永六丑年　　　　　　平兵衛
　正月廿二日
此年正月十六日明六ツより十八日暮六ツ迄、三日三
晩雪降リ、凡三尺程フリ
一嘉永七甲寅年　　　　　市右衛門
　正月廿二日
一安政二卯年　　　　　　四兵衛
　正月廿二日

浅右衛門
大ジシン十一月四日東海道四十四ケ國、近代未聞候
安政三年
辰ノ正月七日　當番　次郎右衛門
伊右衛門
十月二日大地震、別〆御府内大騒動、前代未聞ニ候
安政四丁巳年
正月七日　當番　勘兵衛
新右衛門
去辰年八月廿五日夜、大風雨ニ而諸方大木折れ所々ニ而
人家潰れ、難儀仕申候
此年米相場九斗四五舛位
安政五戊午
与右衛門
佐兵衛
安政六己未年
次兵衛
正月七日　當番　坂中　新右衛門
去年七月、異国船至（到）来、又同八月中諸国コロリ病流行、
人多く死

一安政三年
辰ノ正月廿二日　当番　次兵衛
去卯十月二日、大地震、別而御府内大騒動仕候
安政四年
巳正月廿二日　当番　藤左衛門
去辰年八月廿五日夜辰巳、大風雨ニ而所々大木たお
れ、村々人家潰れ
此年悪作なれと、嵐ニ而少々引米有、米相場九斗四
五升位
安政五年
午正月廿二日　当番　仁左衛門
安政六年
未正月廿二日　当番　嘉左衛門

尚又　御将軍様八月御他界ニ付、御養君入紀州より
　　十二月朔日将軍遷化
安政七庚申年
　正月七日　　　　　　清右衛門
　　　　　　　　　　　次郎兵衛
申ゟ三月より萬延元年改メ
去未年七月廿五日同八月十三日、大風雨ニ而凶作、諸村
難儀仕候、此年異国船交易流行
萬延二辛酉年
　正月七日　　　　　　小兵衛
　　　　　　　　　　　五兵衛
文久二壬戌年
夏ヨリ麻疹國中流行、人多ク死ス
　正月七日　　　當　　嘉右衛門
　　　　　　　　番　　喜左衛門
十二月十五日、一橋様御上洛
文久三癸亥年
　春公方様御上洛
正月七日　　　　當　　嘉左衛門

安政七庚申年
　正月廿二日　　当番　四兵衛
去未年七月廿五日又ハ八月十三日、両度之大風雨ニ
而近村一同不作仕候故、冬米相場両ニ四斗七八升位
ゟ段々春ニ至り五斗二三升位
同年異国船交易流行致し
万延二辛酉年
　正月廿二日　　当番　太兵衛
文久二戌年
　正月廿二日　　当番　治郎兵衛
文久三亥年
　正月廿二日　　当番　新左衛門

十二月、再御上洛　　　番　平左衛門
文久四甲子年　　　　當　藤左衛門
正月七日　　　　　　番　五郎兵衛
三月朔日、元治ト改元
水府浪人追討ニ付、諸家様御出陳（陣）有之、京都兵乱幷長門
御征伐國□（持カ）諸大名御出陳（陣）
東金在八日市バ浪人共集屯、為追討佐倉多古新開一ノ宮
東金其外御取締方正月十七日討入
元治二丑年
正月七日　　　　當番　勝右衛門
　　　　　　　　　　　与五右衛門
長劦御征伐ニ付五月十六日　将軍様御進發、軍勢二十万
餘騎、当村方ヨリモ御代官所御供付人夫八人出ル
閏五月慶應改元
米相場丑六月両ニ一斗八升
同秋ヨリ暮ハ二斗二三舛
　青四文銭十二文

文久四甲子年
正月廿二日　　当番　與左衛門
去ル子三月元治ト改
一元治二年正月廿二日
　　　　　当番　小右衛門

文久四文　八文　通用
真鍮銭　六文
水府浪人追討、諸家様御人数御通行繁付、水戸道中松戸
宿ゟ当分助郷御印状被
高百石ニ付金三両弐朱ツ、差出ス
東照権現（衍）現様弐百五十年忌、宮様方幷公家様方多御下り
候付、五海道五ケ年之間被仰付候、但し関八夘之外十ケ
国〆十八ケ国也
慶應二寅年
正月七日　勤役中
当番　善左衛門
紋右衛門
去寅年、将軍様御他界、御尊骸芝増上寺へ納、同五月頃
ゟ米相場両ニ壱斗五升位ゟ追々二斗、高値壱斗一二舛位
之ワリ、夫故諸方打破抔多分有之、世上之人気不穏
慶應三丁卯年
正月七日　忠右衛門
物兵衛

慶應二丙寅年
正月廿二日　当番　勝右衛門
慶應丁卯星
正月廿二日　当番　惣右衛門
同年
一妙見尊　一幅

慶應四年
辰正月七日
九月七日　　　当番　　勝右衛門
明治元年ト改元　　　　佐右衛門
　米相場弐斗二三斗
昨卯末春、米相場両ニ一斗、酒十駄、拾石百十五両、干
鰯両ニ六分七分、田舎向金詰リ立廻り銭斗両銭九〆文ニ
十二月廿三日二ノ丸御焼失、同二十五日芝三田薩刕屋敷
浪人六百人余屯集、酒井左門様外御大名方取囲ミ焼討、
生捕打取数十人前代未聞也
明治二巳年　　当番　　四五右衛門
　正月七日　　　　　長右衛門
辰正月三日、京都伏見大戦争也、将軍家大坂ゟ蒸気船ニ
而同十二日江戸え御着船、夫ゟ諸大名官軍之御印師を付
数十万人関東え下ル、五月十五日、江戸上野東叡山大合
戦、七ツ時焼失、宮様事正儀隊五百人御供ニ而奥刕へ落
ち、四月七日市川八幡ニ而官軍脱走、大合戦引続上サ五
油八幡

　　　　仁郎代　新右衛門　寄付之
慶應四辰年
　正月廿二日　　当番　勝右衛門

明治二己巳年
　正月廿二日　　当番　宇左衛門

最寄大合戦、徳川家旗本四十万餘御暇ニ成、荒増脱走ニ
成、江戸勿論関東所々ニ而戦争夥敷上下之混鈍（沌）筆紙ニ難
盡、荒々余ハ勘考可致もの也
作方ノ儀ハ閏四月上旬ゟ大雨降続、諸国大洪水、土手堤
畔抔損し人馬往来六月迄止ル、当北新田ば土用ニ相成値
候得共、九月上旬迄降続ニ而皆無、八月中旗本知行分一
圓知県事支配所ニ成、地頭本間縫殿助奥方始御家族十五
人、四月十五ゟ土着、七月廿五日出立、八月六日八日市
バ松山庚申塚ニ大戦ひ、是ハ水府藩也、此付江戸ゟ官軍
数十人出張大乱、当夏中ゟ数万之官軍奥刕発向、討死手
負何十万と云数を知らす、乍去大軍故奥羽平定、極月ゟ
追々引取當八月江戸ヲ東京府ト改　今上皇帝様十月十三
日御東幸着十二月廿日発輦ニ
一ト先穂ニ相成候、田方引四分五厘、畑方永納と相成申
候　金銀銭相場麦米直段、世の中の変レ逆浪のうつをし
悪徳暴行若民難渋村々鎮守伐木ス、上下之混乱右之事件
ニ而考知ルべし

明治三年　　　當番　与治左衛門
庚午正月七日　　　治左衛門

明治三庚午年
正月廿二日　　　当番　佐右衛門

寺院御廢止神主持、米相場八斗ニ付七両壱分位、銭相場
拾貫文、正金通用相止ミ、札と為り、御引方三分二厘、
多古親村相離れ牛尾村附属と相成申候
大名方御方十分一トなり
明治四未正月七日
高橋新右衛門
祭當　佐藤忠右衛門
平民苗氏差許ニ相成、米相場両ニ壱斗五升位、當年ヨリ
宮谷縣ヨリ御出役と為在検見原と相成、發願主浅右衛門
并長左衛門両家ニテ田地四俵附奉納仕候、則御日記箱ニ
證文入置申候、奉社式之儀ハ當年ヨリ略シ、皆當番持ト
相成もの也
明治五申ノ正月七日
祭當　堀平右衛門
藤嵜平兵衛
去未ノ十一月、宮谷縣常刕新治縣ニ相成申候、米相場両
ニ三斗七升位、銭相場拾弐貫五百文但し當百八厘青四ツ
弐リン文久一リン半耳白銭壱リン

去ル辰年ゟ上総宮谷縣御支配所
寺院之義午ノ年ゟ出席不仕候
明治四辛未年
正月廿二日　　当番　嘉右衛門
一明治五龍集
壬申二月廿二日　　当番　與右衛門
去辛未年中ニ、金一両ヲ一圓ト申新金出、是ハ当申
年春ニ至リ候而茂未夕世ノ中一統通用ト申候御触モ
無之候
米相場弐俵ノ代金弐両弐分位ノ事候、銭相場十二貫
五百文
当百八十、青銭廿文、文久十五文

明治六年二月四日
是日明治六年正月七日也
祭主　佐藤善兵衛
藤崎治郎左衛門
大陰暦廃止太陽暦トナル、旧年十二月三日ヲ一月一日トナル、平民断髪之御規則、地絵図サシ上トナル、畑永二倍マシ、小物ナリ二分マシ、其外変革紙上ニ尽シカタシ
明治七年
正月七日
祭当　佐藤四郎兵衛
岡村角右衛門
（※ここで一綴り終る）
（※表紙）

惣態神社 奉社御日記 明治七年十二月二十三日更　当所氏子 但旧暦正月七日当ル　七十五戸

右之通明治六年十月従
新治縣廳村社ニ被定候、其後追々御出役之上社寺共ニ

一明治六龍集　当番　佐左衛門
癸酉正月廿二日
去壬申十二月、太陽暦大定、其三日ヨリ一月一日ト相定メ村中一同、戸長堀平左衛門宅ニテ一統年礼相済候
申ノ年ヨリ常州土浦新治縣ノ御管下ニ相成、地券御調帳村ノ手数相掛、尤絵図面巨細ニ調ヘ候旨、被仰候
祭日ハ二月十九日ニ相当
紀元二千五百卅四年
明治七甲戌年ニ当ル
当番　高橋三郎兵衛
去酉年諸縣小学校相定
米ハ弐俵ノ代金四円一分弐朱位、銭相場十貫文

境内地所御改メ相成、竪十八件横八間全ク社地ニ被立候、其余之分ハ官有地ニ相成申候
一村々道路定杭相改マリ、当村之儀者古内村境ヨリ谷三倉村境迄道幅二間、其外村往還モ同様之事
　但田畑ハ勿論原野之小路ニ至ル迄見計ヒ之上道幅定杭相改候事
一村々地券取調被仰出、右ニ付地引帳并絵図面銘々名寄帳仕立方村々差支え手数相掛リ入費多ニ而困入申候、然ル処是迄取調候所亦々御改正ニ相成、田畑ヲ初メ村々縄入相始マリ正副戸長之者ハ農業等ハ一切相成不申候事
一作方之儀者三月頃ヨリ雨不足ニ而植仕付相成兼候場所多分ニ有之、然ル所暑中ヨリ大かんぱつニ而海岸附村々ハ不申及皆無同様ニ候得共、御定免ニ而必至与難渋仕候、当最寄ハ格別之凶作ニも無之処、従前之御定免ニ而御上納仕候米相場之儀者九月頃ヨリ八斗に付金弐両弐分位、暮相庭四両余ニ相成申候
一石高之称ヲ廢シ総テ反別取扱候事
一村々小学校設立相成候事

一諸証文書換聊之請取書ニ而も規則之無印紙其他金高ニ
応シ印紙帖用致シ不申候テハ後日御裁判ニ不相成候付、
村々書換混雑之事
一田畑之称ヲ廢シ総テ耕地ト相改マリ候事
一年齢廿才、身ノ丈五尺一寸余ノ男兵役ニ被召出、当村
佐左衛門二男亀吉、市右衛門二男寅吉、東京宇津之宮
両所鎮臺詰相成候事、是ヨリ始マリ
一村々人壹人ニ付鶏一羽宛飼立、一羽十銭ニ積リ代価ヲ
以上納可致旨被仰出候事
　　但シ是人税ト可申哉
一諸寺院諸宗ヲ不論常州阿波安穏寺ニ於テ専ラ教導被行、
神官僧侶平民ヲ不論検査ニ相成候事
一鉄四文鐚銭貫通用無之候
右之外筆紙ニ尽シ難候得共、凡相記シ置申候
　　　　　　　　　　戸長
　　　　　　　　　　　堀平右衛門
　　　　　　　　　副戸長
　　　　　　　　　　　土屋小右衛門
　　　　　　　　　　　米本四郎右衛門

明治八乙亥二月十二日
祭当番　堀井仁左衛門
椎名太左衛門
此年支那臺灣出兵之上全ク平均穀物之ケ為ニ下直ニ相成
候、貢米壱石ニ付六円六拾銭六厘也
明治九子二月一日
祭当番　佐藤四兵衛
佐藤宗右衛門
第八年五月六日千葉縣管轄相成画〻区改正第十五大区四
小区ト相成、本三倉村え扱所設立村々撰挙人相立投票ノ
上詰合ノ役員撰定、子二月一日役所開キ村方ノ儀者戸長
退役後戸長土屋小右衛門地券取調未タ落成不仕候、作柄
之義者大平ノ事ニ候、米相場八斗ニ付金三円五十銭位、
東京府へ太神宮御造営村々寄附仕候

明治八乙亥年旧正月廿二日
当番　高橋源五兵衛
紀元二千五百卅六年
明治九丙子年ニ当ル
正月廿二日　当番　平山孫左衛門
御布達ニ付
扱所　本三倉村へ定
十五大区　次浦村
十四区　古内村
十四ケ村　大門村
榎木村
出沼村
谷三倉村
本三倉村
西田部村
高萩村

同十年二月十九日
旧正月七日ニ当る
祭当番　佐藤常右衛門
香取六兵衛
同年米相場金壱円ニ付二斗四五升位、田畑宅地丈量検査
彌相濟、同十月ヨリ地位等級調相首メ、当四小区ノ如キ
ハ模範地荒北村ニ相成、同月比ヨリ肥後熊本旧士族縣廳
ヲ襲フ、其外三重縣人民茨城縣モ同様一揆鎮臺ヨリ出兵
相治リ帝西京江御発車、其他小事尽シカタシ
同十一年二月八日
旧暦正月七日ニ当る
祭当番　平野清右衛門
高橋與左衛門
去九年一月中鹿兒嶋縣下逆徒従陸海軍所属同縣下ノ彈薬

助沢村
岩部村
刈毛村
荒北村
澤村
紀元二千五百卅七年
明治十年旧正月廿二日
太陽暦二月六日ニ当ル
祭當　室岡新左衛門
当日晴天
明治十一年　旧正月廿二日
新二月廿三日
祭當　平山嘉左衛門
拾壱ケ村合併
號久賀村

庫へ多人數不意ニ押入□護官吏ヲ暴辱シ銃器彈藥ヲ始倉
庫アル所ノ物品悉皆奪取其他縣廳エモ亂入、尚又二月中
元鹿兒嶋藩西郷隆盛桐野利秋篠原国幹等政府へ尋問ヲ名
トシ逆徒ヲ引率シ擅ニ兵器ヲ携帯セシメ、熊本縣下へ亂
入シ鎮臺ヲ始メ人民ヲ妨害イタシ候ニ付、九州地方ノ士
民逆徒ニ加ハリ暴行候ニ付、朝廷ヨリ征討ノ大命ヲ下シ
二品親王有栖川ノ宮ニ節刀ヲ授ケテ征討ノ大総督ニ任、
陸海軍少将大中少佐ヲ始諸兵隊出発仕、大戰争ニ相成、
各地方ノ人民営業モ不相成実ニ辛苦ニ候処、昨十年九月
中平定仕候
九年五月中次浦古内御所臺寺作井戸山高津原大門檜木出
沼谷三倉本三倉十壱ヶ村正副戸長農税代一同協議ノ上合
併仕、将来ノ便利ヲ開カンカ為千葉縣廳エ出願仕置候処、
昨十年二月中御聽合相成、十壱ケ村ノ旧名ヲ廃シ更ニ久
賀村ト改稱仕候
昨十年七月コロヨリ九月迠諸国コレラ病流行仕候
明治十二年一月廿八日
旧正月七日ニ当ル
祭當番　平山藤兵衛

昨十年、元鹿児島士卒熊本縣下え乱入致候ニ付、追
討被仰出、平定十一月
同年コレラ病流行

明治十二年　　当番
旧正月廿二日　　藤崎治兵衛
晴天

藤嵜友吉

去明治九年ヨリ新租御施行被仰出候ニ付、九年十年分貢租内納ニ相成候、漸ニして昨十一年落成ニ相成、新租ニ而徴収候也、昨十一年十二月大小区扱所及ヒ町村用掛ヲ廃シ郡区制法被仰出候、尚香取郡役所位置ハ佐原驛ニ確定シ郡長房州ノ産吉田謹等拝命、町村之義一二ケ村乃至四五ケ村ヲ聯合戸長壱名附属筆生ヲ置、筆生之義者箇数八万一□以□□トシ反別三町ヲ以一箇トシ合百箇ニ付一名ヲ以定、事ム取扱候事
久賀村之義ハ一村区ニシテ戸長壱名、筆生六名、戸長ハ堀平右衛門拝命、尚永福寺ヲ戸長役場ト定、戸長筆生日々出勤致事務取扱候也
明治十三年二月十六日　但シ旧正月七日ニ当ル
当番　土屋太兵衛
藤崎勘右衛門

一本年ハ田方豊作川添地ハ至テヨシ、米相庭ハ八斗ニ付金六円三四十銭位
一十二年十二月中本社囲垣新キ設建、此入費凡金百円ニコユル、但シ花表モ同様新キ建設也棟札改ル奉之

昨十二月、大小區扱所、反町村用掛ヲ廃、古ニ復シ郡區之法ニ更生シ、当香取郡役所位置ハ佐倉邨ニ定、郡長安房ノ国ノ産吉田謹爾拝命ス
町村ノ義ハ一二ケ邨乃至四五ケ村聯合シ戸長一名ヲ置、付属筆生ハ箇数法ヲ戸数一ヲ以一箇トス、反別三町ヲ以一ケトス、合テ百ケヲ以一名ヲ以定事務取扱候
当邨之義者一村一区ニ而、戸数一名ヲ置永福寺ヲ戸長役場ニ設置久賀邨事務取扱

一明治十三年
太陰正月廿二日　当番
太陽三月二日　藤崎次郎左衛門
去十二年十二月一日、皇太神御臨幸被為（居）在、当村鎮守ニ於テ説教被遊候、依而鎮守鳥井玉垣新築、拝殿修繕相決め申候也

一同年中コレラト云フ病ハヤル
一同年琉球藩ヲ廃シテ沖縄縣ヲ置ク、清国ヨリ同地処分
　ノ義ニ付云々アリ
一同年救荒豫備石積立に相成候事
明治十四年二月五日　但シ旧正月七日
　　　当番　岡村小吉
　　　　藤崎大助
一作方ハ八分ノ作柄ナリ米相庭ハ斗付金八円位ナリ
一山久原野再調査アリ帳簿確定ス
明治十五年二月廿四日正月七日
　　　当番　米本四五右衛門
　　　　佐藤嘉兵衛
一田方ハ七分位ノ作柄ニシテ米価至テ安シ、八斗ニ付金
　七円位ナリ
一聖上公十四年北海道エ御順幸アリ同年十月十一日還御、
　翌十二日国会開設ノ勅諭仰出サレ来廿三年期シ候事
一十四年三月廿五日村方一同エ地券証附与アリ
一新キ幟一本奉納
　　　　平山五兵衛

明治十四年
　旧正月廿二日　　　当番
　　　　　　　　　　　　高橋豊松
紀元二千五百四十二年
明治十五年旧正月廿二日
　　　祭當　香取六兵衛
　旧正月三日ノ夜、黒砂降
　米八斗ニ付金六円七十銭前後
　外ニ吉凶記スヘキ事無之候
　祭事之記録　村中無事ヲ書

高橋豊松
佐藤四郎兵衛
一八月中三里塚へ聖上公還御アリ
明治十六年二月十四日執行
旧正月七日
当番　岡村昌作
平野孫兵衛
一明治十五年九月頃ハ米相場ハ八斗ニ付金六円七八拾銭位ニ候へ共追々下落ニ相成、同十二月頃ハ金四円弐三拾銭位ノ相場ニ候事、同十二月三十日ヨリ大雪風有之、十六年正月一日弐時頃迄止事ヲ得す降続き候事
同拾五年八月中ハ土佐ノ国伊豫木川ト言処ニ於テ目方三拾弐三貫ノウナキ取候トノ噂アリ
明治十七年二月三日　旧正月七日執行
当番　室岡新左衛門
平山嘉左衛門
一明治十六年三月中拝殿屋根替仕候
一同年七八月頃米相場八斗ニ付金五円、以上ノ処追々下落、尚諸物品モ同様直下米価ハ秋ニ至リ八斗三円二円

明治十六年
旧正月廿二日
当番　堀井仁左衛門

明治十七年二月十八日
旧暦正月廿二日
当番　藤崎富蔵

五六十銭ニ下リ、実ニ金員不融通ニシテ十二月ニ至金
員遣取無之、代償人民共ニ困却致候也
明治十八年二月廿一日旧正月七日　執行
当番　香取六兵衛
高橋与右衛門
一明治十七年八月廿七日稀ナル慕風（ママ）ニテ田方違作致シ、
次第ニ米価高直ニ相成、秋ニ至リ米相場八斗ニ付金五
円リ（ママ）上リ、乍去不融通、年柄ニ付人民一統困却致シ候
也
明治拾九年二月九日　旧正月七日　執行
当番　平山藤右衛門
平山甚兵衛
明治拾八年豊年米相場
七月中八斗ニ付六円マテニ引揚、尤田方仕付後慕（暴）風雨ノ
為ニ格外引上、追々下直ニ相成、暮相場四円三十銭位ニ
相成候也
明治廿年二月廿九日旧正月七日　執行
当番　米本四五右衛門
黒田由松

明治十八年旧暦正月廿二日　当番　藤崎友吉
明治十九年旧正月廿二日　当番　高橋與右衛門
当明治十九年旧正月中、鎮守屋根替及不動明王御堂
新築相成、米相場之値者旧十八年度四円ヨリ、騰貴
〆六円廿銭進畢
明治廿年正月廿二日　当番　高橋與右衛門
大（太）陽暦正月十四日
今般政府ヨリ登記所設置被仰出、当久賀村ノ如キハ

明治拾九年二月中本社屋根替致シ候事
同年五月ヨリ近年稀成日照ニテ村内一統呑水ニ差支、一同迷惑致シ候極旱田違作致シ候、得共水入田地ノ分ハ豊年ニテ米相場八斗ニ付四円位ナリ
明治廿一年二月十九日旧正月七日　晴天執行
当番　佐藤力之助
佐藤善兵衛
明治廿年作物平均大豆九分、小豆十一分水米収穫八分、米相場九月十月頃三円六七十銭位、暮相場三円四十銭位ニ相成候也
明治廿二年正月七日
当番　土屋小右衛門
山倉清左衛門
一地図改正費用多シ
一皇城新築一月十日御移轉
一内閣ニテ樞密院ヲ置ク
一仝、總理大臣黒田清隆
一米相場八斗ニ付三円四十銭

多古村登記所ノ管下ニ付、詰所ニ於テ売買ト譲与及貸借ノ公訴ヲ取扱候也
明治廿一年旧正月廿二日　当番　藤崎勘右衛門
大暦三月四日
昨廿年度、土地台帳調製被仰出候ニ付、当千葉縣之義、実地地押再調、香取郡・匝瑳・海上郡地図、見取絵図ニテ不定、全テ是因テ今般分見縮図ニ調製所地押可被□旨被申渡、地主総代ヲ撰挙シ、什長・伍長立会、旧正月上旬ヨリ着手シ、日々勉励シ候
明治廿二年旧正月廿二日
当番　藤崎傳蔵

明治廿三年正月七日
当番　佐藤栄助
岡村角右衛門
一二月十一日憲法ヲ発布セラレ同ク盛典式ヲ行ル
一九月暴風ノ為米穀実ラズ、米価ハ次第ニ沸騰シテ高價ナルモノハ金六円貳拾銭ニ至ル
一自治政度施行セラレ戸長役場ヲ改革シテ町村役場トナシ久賀村ニ議員十二人ヲ撰挙ス
一十二月新内閣定マル、山縣有朋総理大臣トナル
明治廿四年正月七日
当番　平山群司
佐藤亀吉
一廿三年十一月廿八日帝国々會々設セラル、同廿四年一月廿日午前零時議事焼失セリ
一米價非常ニ沸騰シテ最モ高價ナルモノハ九円ニ至ル
一農作ハ米ハ十分ノ作ナレトモ麦ノ如キハ六分位ニシテ其内小麦ノ如キハ尤モ不熟ノモノ多シ
一七月知事更迭藤嶋正健殿本縣知事ニ任命セラル
一特別地價修正セラレ明治廿四年一月ヨリ施行セラル、

明治廿三年　旧正月廿二日
当番　藤崎嘉右衛門
去ル廿二年四月一日ヨリ町村制御施行ニ付、當久賀村へ元下埴生郡十余三村内一番編入シ久賀村ト称ス
仝年二月十一日記（紀）元節ノ祝日ヲ以テ憲法頒布式ヲ被行候
仝年季候不順、冷気勝チノ処当旧八月十六日暴風ノタメ意外ノ凶作、因テ諸穀騰貴、米價八斗ニ付金六円以上ニ登リ候
明治廿四年三月二日
旧正月廿二日
当番　岡村鎌吉
去廿三年十一月廿八日衆貴両議院開会ス
仝年ヨリ田方地價修正、金壱円ニ付四銭余減ス

地租金壱円付テ五銭ヲ軽減

明治廿五年正月七日

當番　佐藤常右衛門

高橋忠蔵

一廿四年十一月廿五日帝国議會衆議員會散《（ママ）》セラル

一同十月廿八日愛知・岐阜両縣下大ニ震災ノ難ニ遇ヒ各縣各地方ヨリ義損ス

一同九月十一日久賀学校新築

一同四月滋賀縣大津ニ於テ魯西亜皇太子遭難御輦大坂ニ慰労ス、加害者三津三蔵ナルモノ無期徒軽《（刑）》ニ処セラル

一農作ハ麦小麦大豆共ニ宜シク、米作ハ十二分ノ作ニテ米價ハ金六円位ニ達シ、九十九里ハ大漁ナリ

明治廿六年正月七日

当番　山倉作次郎

土屋弥右衛門

一昨廿五年十一月帝国第四朝議會開會セラル、不幸ニモ再度ノ休會アリ

一昨十二月英国ヨリ購求ノ千島号紀州沖ニ沈澄アリ

一農作ノ義者水陸田共ニ八九分ノ作柄、米價ノ義者八斗

明治廿五年

旧正月廿二日

当番　藤崎関之助

明治廿六年　旧正月廿二日

当番　高橋与右衛門

去ル廿五年旧二月廿二日、久賀校新築、同日落成式ヲ挙行ス

幷ニ玄米八斗、此代金五円四十銭

ニ付五円四五十銭位ヒ、寒入リニシテ再三ノ降雪アリ
一昨廿五年旧十一月十六日本郡佐原町人家凡八百余戸焼
失セリ、本次浦ヨリ廿円余ヲ義捐セリ
一作（昨）廿六年五月朝鮮防穀談判大石公使ヲシテ償金拾壱萬
円ヲ償フ、十一月帝国第五ノ議会廿五日ヲ以テ召集ス、
廿八日開院式執行、十二月十九日條約厲行案提出、廿
八日迠十日間停會、仝廿九日再度停會、仝卅日解散令
下ル
十月当社松枯損木特別払下相成、米價ノ儀者五円六七拾
銭位ヒ、作柄平作
明治廿七年一月七日
当番　佐藤四郎左衛門
佐藤幸四郎
明治廿八年正月七日
当番　山倉浅右衛門
岡村鎌吉
昨廿七年五月末ヨリ一雨ナク近来未曾有ノ大旱、水田亀

明治廿七年　旧正月廿二日
当番　平山寅之助
去ル廿六年米上相場金六円廿五銭、通相場金五円五
六拾銭
明治廿七年三月中、天皇陛下銀婚式ヲ執行ニ及、仝
年七月ヨリ朝鮮及支那両国ハ日本陸海軍戦争ニ着手
シ、仝廿八年旧正月廿二日迠前記土地ヨリ支那内地
ヘ侵入シ仝日、威海衛内地迠ヲ占〆未タ其次第ハ定

裂稲草枯死ス、栗山川水涸レテ河底顕ル、別シテ県下山
辺夷隅大旱秋収ナシ、米価八円上下
夏六月栗山川下条本□内挙テ凶器ヲ携帯シ乱暴ノ所為ヲ
以テ玉造水樋ヲ切ラントシ、爰ニ一場ノ紛擾ヲ来シ双方
喧争中条本□輩銃鎗ノ為メ即死スル二名
夕刻八日市場ヨリ検事予審判事出張　裁判沙汰トナル
朝鮮国独立ニ就キ清国容喙事兵力ニ訴ヘザルヘカラサル
ニ至リ、八月宣戦公布、即時膺懲ノ師ヲ清国ニ出シ戦端
ヲ開ク　恐レ多クモ　陛下大□ヲ広島ニ進メ賜ヘ続テ予
備後備兵悉ク招集セラル
六月、大震、県下被害ナシ、東京潰屋家屋ノ破損多シ、
死者凡数十人、負傷者無算
（以下略）

マラザレトモ、日本軍□々ノ大勝ニヨリ全国大勝□
□日□ヲ輝シ天皇陛下万歳ヲ祝シ候事
次浦
明治廿八年　当番　高橋金之助
旧正月廿二日
（以下略）

あとがき

本書でたびたび触れた千葉県市川市の所願寺で、宮久保のオビシャ文書を拝見したときの感動は、今も忘れることができない。正保四年（一六四七）のオニッキを封筒から取り出して見とれていると、糊離れの二枚目の一行目に、ひときわ大きいが見慣れない文字があった。

皆々氏子共無残候

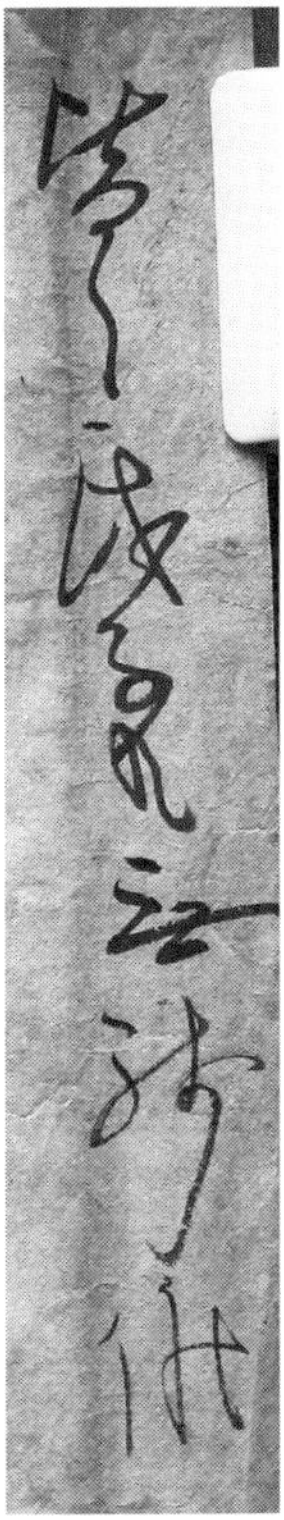

氏子の「氏」の字が異様に力強い。筆が妙に勿体を付けた曲がりかたをしていて、とても氏とは読めず、最初は「民」と読んでいたのだが、それが「氏」だと気付いたとき、私にはハッと思い出すことがあった。

もう四〇年以上も前、明治大学大学院で萩原龍夫先生から一対一のゼミを受けていたときのこと、先生の宮座論に関連して、「氏子村人」という言葉にまつわるエピソードをお聞きする機会があった。

「中世の宮座文書のなかに、カタカナで「ミンニンムロウト」と書いてあるのを時々目にした。いったい何のことか最初は分からなかった。ムロウトは「村人」で言うまでもないが、「ミンニン」が分からない。あるとき、これはもともと「氏人村人」と書いてあったところを、当時の人は「氏」の字を特別大きく書くので、「民」の字と間違いやすい。「氏人」を「民人」と読んだので、カタカナ書きになったときにミンニンムロウトとなってしまったと分かった」と、感動気味におっしゃった。いかにも関西地方で膨大な数の宮座文書を調査してこられた萩原先生らしい、中世人との出会いのお話として、私には特に印象深かったのであった。なおこのことについては、『中世祭祀組織の研究』増補版に掲載された「田遊びと中世村落」に詳述されている。

はからずも所願寺で、そのときのお話がありありと再現された。関東でも、近世初期の文書ともなると、村落文化の先進地である関西のそれと書き方が似ているんだ。そう直感したものである。

宮久保のオニッキの文字も「民」と読んでもおかしくないほど「氏」の字の存在が際立っている。その後の正保五年や承応二年(一六五三)の年号のある文書でも同じだ。それはいったい何を表しているのだろう。

正保四年という、まだまだ関東では村落の屋台骨さえしっかりしていない時代、祭りの運営主体を表す「氏子」という言葉に、このオニッキの書き手は強い思いを込めているのではないか。オニッキの書き手は、中世の気風をいまだ身体いっぱいに漲らせつつ、中世から近世へと移行する新しい時代を、祈りとともに押し開いたように、私には感じられたのである。

萩原先生がかつて抱いた感動を、一瞬なりとも共有できたことの喜びは、その後の関東地方各地のオビシャ文書の調査のなかで、ますます大きく、かつ確信にみちたものとなった。その成果は本書の随所で披露してきたとおりである。千葉・茨城・埼玉・神奈川と、各地のオビシャ文書の撮影に、また厳寒のなかで行われるオビシャ行事の見学に歩き回る日々は、文字どおり「発見」の連続であった。近世の関東の村で、このような魅力にあふれた素材が、手つかずのまま残されていることは信じがたいことでもあった。

本書に収めた資料編を含めて、各地の調査を進める過程では、じつに数多くの話者の方や文書所蔵者のお世話になり、また関連する研究者の皆さんに惜しみない情報提供をいただいた。ひとりひとりのお名前は各章に掲げたのでここでは繰り返さないが、そのご厚意には感謝のことばが見つからない。各地のオビシャ文書について原稿をお願いした執筆陣の皆さんには、早々に原稿をお寄せいただきながら、刊行が予定より遅れてしまったことをお詫びしたい。

茨城県稲敷市羽賀のブシャ日記の史料紹介をお願いした平田満男氏は、私の長年の畏友。オニッキの宝庫のなかに住んでおられるようなうらやましい方で、今も新たなオニッキの発見に奔走してくださっている。板橋区茂呂稲荷神社の御毘沙台帖をご報告いただいた菊地照夫氏とは、今回のオニッキをきっかけにして初めて知己を得ることができた。縁は異なものとはまさにこのことであろう。皆さんに心から感謝申し上げる。

もうひとりの編者である渡部圭一氏には、本書の構成や校正作業など一切を取り仕切っていただいた。また岩田書院の岩田博さんには、私たちの思いを受け止めて本書の刊行を引き受けていただき、かつ原稿の完成をじっくりと待っていただいた。この場を借りて厚くお礼申し上げたい。

水谷　類

菊地 照夫（きくち・てるお）1959年生まれ
法政大学兼任講師
専門分野　日本古代史、民俗学
おもな著書・論文　『古代王権の宗教的世界観と出雲』(同成社、2016年)

平田 満男（ひらた・みつお）1952年生まれ
元稲敷市歴史民俗資料館館長、稲敷市郷土史料調査員
専門分野　日本中世史
おもな著書・論文　「土岐原氏と南常陸の国人層の動向」(東国戦国史研究会編『関東中心戦国史論集』名著出版、1980年)

編者紹介

水谷　類（みずたに・たぐい）1952年生まれ

博士(歴史学)、元明治大学文学部 兼任講師、日本民俗学会会員(第32期評議員)、市川市史調査編集委員

専門分野　日本信仰史・日本宗教文化史

おもな著書・論文　『廟墓ラントウと現世浄土の思想』(雄山閣、2009年)、『墓前祭祀と聖所のトポロジー』(同上)、『中世の神社と祭り』(岩田書院、2010年)、『墓制・墓標研究の再構築―歴史・考古・民俗学の現場から』(共著、岩田書院、2010年)、『村落・宮座研究の継承と展開』(共著、岩田書院、2011年)、「国司神拝の歴史的意義」(『日本歴史』472号、1982年)、「「髯籠の話」ふたたび」(『神道宗教』242号、2016年)、「生まれ死ぬるけがらひ」(『歴史評論』816号、2018年)、その他。

渡部 圭一（わたなべ・けいいち）1980年生まれ

博士(文学)、滋賀県立琵琶湖博物館研究部 学芸技師

専門分野　歴史民俗学

おもな著書・論文　「周縁の史料学の可能性」(『日本民俗学』275号、2013年)、「頭役祭祀の再編と近代村落―頭人差定儀礼における神籤の変化を中心に」(『史境』70号、2015年)、「頭人差定文書の儀礼と管理―近江大篠原天王社の頭役祭祀を事例に」(『宗教民俗研究』24・25号、2016年)、「コンテクストにおける文書の民族誌」(古家信平編『現代民俗学のフィールド』吉川弘文館、2018年)

執筆者紹介(執筆順)

金子 祥之（かねこ・ひろゆき）1985年生まれ

博士(人間科学)、日本学術振興会特別研究員PD(立教大学)

専門分野　民俗学・村落社会学

おもな著書・論文　「川のなかの定住者たちの災害対応―利根川・布鎌地域における水神祭祀」(鳥越皓之編『自然利用と破壊(環境の日本史5)』吉川弘文館、2013年)、「桧枝岐村の疱瘡神縁起―疱瘡神をめぐる物語と災厄への適応策」(『福島の民俗』46号、2018年)、「里山はなぜ桜の山になったのか―福島市渡利地区の花見山をめぐって」(松崎憲三先生古稀記念論集編集委員会編『民俗的世界の位相―変容・生成・再編』慶友社、2018年)

内田 幸彦（うちだ・ゆきひこ）1970年生まれ

埼玉県教育局市町村支援部文化資源課 主査

専門分野　民俗学

おもな著書・論文　「低地農村地帯における内水面漁撈―溜井、掘上田を中心に」(地方史研究協議会編『北武蔵の地域形成―水と地形が織りなす歴史像』雄山閣、2015年)、「外来作物の民俗的受容―埼玉の民俗行事「モメンボウズ」をめぐって」(『紀要〈埼玉県立歴史と民俗の博物館〉』10号、2016年)、「空き地と土管の民俗学―郊外民俗誌の試み」(『埼玉民俗』41号、2016年)

オビシャ文書《もんじょ》の世界　関東の村の祭りと記録

2018年(平成30年) 10月　第1刷　600部発行　　定価[本体3800円＋税]

編　者　水谷 類・渡部圭一

発行所　有限会社 岩田書院　代表：岩田　博　　http://www.iwata-shoin.co.jp

〒157-0062　東京都世田谷区南烏山4-25-6-103　電話03-3326-3757 FAX03-3326-6788

組版：伊藤庸一　　印刷・製本：シナノパブリッシングプレス

ISBN978-4-86602-053-2 C3039 ¥3800E

Printed in Japan

コピーOK

岩田書院 刊行案内（26）

			本体価	刊行年月
983	佐藤　博信	中世東国の政治と経済＜中世東国論６＞	7400	2016.12
984	佐藤　博信	中世東国の社会と文化＜中世東国論７＞	7400	2016.12
985	大島　幸雄	平安後期散逸日記の研究＜古代史12＞	6800	2016.12
986	渡辺　尚志	藩地域の村社会と藩政＜松代藩５＞	8400	2017.11
987	小豆畑　毅	陸奥国の中世石川氏＜地域の中世18＞	3200	2017.02
988	高久　　舞	芸能伝承論	8000	2017.02
989	斉藤　　司	横浜吉田新田と吉田勘兵衛	3200	2017.02
990	吉岡　　孝	八王子千人同心における身分越境＜近世史45＞	7200	2017.03
991	鈴木　哲雄	社会科歴史教育論	8900	2017.04
992	丹治　健蔵	近世関東の水運と商品取引　続々	3000	2017.04
993	西海　賢二	旅する民間宗教者	2600	2017.04
994	同編集委員会	近代日本製鉄･電信の起源	7400	2017.04
995	川勝　守生	近世日本石灰史料研究10	7200	2017.05
996	那須　義定	中世の下野那須氏＜地域の中世19＞	3200	2017.05
997	織豊期研究会	織豊期研究の現在	6900	2017.05
000	史料研究会	日本史のまめまめしい知識２＜ぶい＆ぶい新書＞	1000	2017.05
998	千野原靖方	出典明記　中世房総史年表	5900	2017.05
999	植木・樋口	民俗文化の伝播と変容	14800	2017.06
000	小林　清治	戦国大名伊達氏の領国支配＜著作集１＞	8800	2017.06
001	河野　昭昌	南北朝期法隆寺雑記＜史料選書５＞	3200	2017.07
002	野本　寛一	民俗誌・海山の間＜著作集５＞	19800	2017.07
003	植松　明石	沖縄新城島民俗誌	6900	2017.07
004	田中　宣一	柳田国男・伝承の「発見」	2600	2017.09
005	横山　住雄	中世美濃遠山氏とその一族＜地域の中世20＞	2800	2017.09
006	中野　達哉	鎌倉寺社の近世	2800	2017.09
007	飯澤　文夫	地方史文献年鑑2016＜郷土史総覧19＞	25800	2017.09
008	関口　　健	法印様の民俗誌	8900	2017.10
009	由谷　裕哉	郷土の記憶・モニュメント＜ブックレットH22＞	1800	2017.10
010	茨城地域史	近世近代移行期の歴史意識・思想・由緒	5600	2017.10
011	斉藤　　司	煙管亭喜荘と「神奈川砂子」＜近世史46＞	6400	2017.10
012	四国地域史	四国の近世城郭＜ブックレットH23＞	1700	2017.10
014	時代考証学会	時代劇メディアが語る歴史	3200	2017.11
015	川村由紀子	江戸・日光の建築職人集団＜近世史47＞	9900	2017.11
016	岸川　雅範	江戸天下祭の研究	8900	2017.11
017	福江　　充	立山信仰と三禅定	8800	2017.11
018	鳥越　皓之	自然の神と環境民俗学	2200	2017.11
019	遠藤ゆり子	中近世の家と村落	8800	2017.12
020	戦国史研究会	戦国期政治史論集　東国編	7400	2017.12